自治体職員のための

鈴木秀洋 著

LGBTQ
理解増進法
逐条解説ハンドブック

第一法規

目　次

装丁　篠 隆二

序説

本書は、令和５年６月16日成立・同23日公布となった性的指向及びジェンダーアイデンティティの多様性に関する国民の理解の増進に関する法律（令和５年法律第68号）、いわゆるLGBT理解増進法の逐条ごとの解説を行い、当該法律が正しく理解され、運用されることで、この法律の目的たる「性的指向及びジェンダーアイデンティティの多様性に寛容な社会の実現に資すること」を目指すものである。

本法律は、成立に至るまで様々な変遷があった。今現在も様々な言説、見解が見受けられる。こうした中、日々住民と向き合う行政実務担当者（特に自治体担当者）等が行うべきは、法律の正確な理解と運用である。それは目の前に生き辛さを抱えている住民（国民）がいる以上、待ったなしである。

それゆえ、本書では、これまでの立法経緯を辿るとともに、わが国の法体系すなわち法令との整合的な解釈を示すこととする。

なお、本法律は、内閣提出法案ではなく議員立法のため、立法事実等の詳細なエビデンスや資料が必ずしも示されていない。

そこで、本書では、衆議院及び参議院における立法提案者側の答弁を丁寧に拾うとともに、今後の実務執行を担う政府側答弁も正確に拾っている。その上で、憲法及び他の法令との整合的な解説を行うことで、今後の実務への指針とすることを目的とする。

上記目的のため、本書は、専門家（行政法学者）・法制執務経験者の立場から、価値中立的、客観的観点を重視して執筆を行ったものである。そのため、本書で筆者の主義主張を開陳・展開することは行っていない。

ちなみに、筆者は本法律に関して、特定の政党のアドバイザーを務めたり、講師として勉強会に参加したりということも行ってきていないため、入手資料は、誰もが入手できる公開資料を基にしている。そして、衆議院インターネット審議中継及び参議院インターネット審議中継において公開されている審議経過をすべて視聴し、筆記起こしを行うなどして、文字通り手間と労力をかけて執筆したものである。議事録の要約や一部抜粋等とは異なる国会での正確な実況答弁記録として、特に地方公共団体の施策を遂行する場合や職員の研修等を行っていく場合に、必携の書になるものと確信している。

第1部

立法経緯と法案骨子

1　立法の経緯

法律を理解するためには、時系列での縦糸と他の類似法律との横糸との比較が重要である。

ここでは、本法律が成立に至るまでの立法経緯（詳細は、第4部【資料編】参照）を辿ってみる。[1]

(1) 2016（平28）年　第190回国会　衆法【資料⑥】［野党案］

2016年第190回国会（法務委員会）に、民進党・無所属クラブ、日本共産党、生活の党と山本太郎となかまたち、社会民主党・市民連合により、「性的指向又は性自認を理由とする差別の解消等の推進に関する法律案」として、提出された。

(2) 2016（平28）年　自民党　性的指向・性自認に関する特命委員会案【資料⑦】

上記（1）に対して、自由民主党では、特命委員会の下で、「性的指向及び性自認の多様性に関する国民の理解の増進に関する立法措置の概要」、「性的指向及び性の同一性の多様性に関する国民の理解の増進に関する法律案要綱」案が作成されていたが、法案提出には至らなかった。

(3) 2018（平30）年　第197回国会　衆法　議案12［立民、国民、共、社民、自由］

2018年には、第197回国会（内閣委員会）に、立憲民主党・市民クラブ、国

1　筆者は、鈴木秀洋『虐待・DV・性差別・災害等から市民を守る・社会的弱者にしない自治体法務』（第一法規、2021年）第5章「SOGI・LGBTQ対応と危機管理」において、「性的少数者に関する二法案の比較考察」、「LGBT／SOGI施策における行政の原理と具体的施策実現過程」、「性的マイノリティへの行政の組織対応と裁判例」との論稿を執筆している。同書で関連書籍及び論稿についても注などで紹介している。また過去の法制化の動きについて中西絵里「LGBTの現状と課題―性的指向又は性自認に関する差別とその解消への動き―」立法と調査394巻（2017年）などがある。

民民主党・無所属クラブ、無所属の会、日本共産党、社会民主党・市民連合、自由党により、「性的指向又は性自認を理由とする差別の解消等の推進に関する法律案」が提出された。内容としては、上記（1）2016年（平28）第190回国会衆法 野党案【資料⑥】と同じである。

（4）2021（令３）年　与野党実務者合意案

2021年（４月中旬）には、自民党におけるいわゆる理解増進法案（上記（2））と立憲民主党を中心とするいわゆる差別解消法案（上記（1）（3））との歩み寄り、法案一本化の協議が超党派の「LGBTに関する課題を考える議員連盟」により重ねられてきた。その結果、「性的指向及び性自認の多様性に関する国民の理解の増進に関する法律案」の合意がなされた（法案は後述（7）2023（令５）年 衆法 議案14【資料③】に同じ）。2021年開催の東京オリンピック・パラリンピック前の成立が目指されていたが、結果的には、議案提出には至らなかった。

（5）2022（令４）年　第208回国会　衆法　議案55【資料⑤】［立民・国民・共・れいわ］提出案

2022年第208回国会に、立憲民主党・無所属、国民民主党・無所属クラブ、日本共産党、れいわ新選組により、「性的指向又は性自認を理由とする差別の解消等の推進に関する法律案」が提出された。

内容としては、上記（1）2016年（平28）第190回国会衆法 議案57【資料⑥】と同じである。

（6）2023（令５）年　衆法　議案13（修正前）【資料②】［自民・公明］提出案

2023年には、首相補佐官の差別的発言への批判の声があがったこと、またＧ７広島サミット前に首相からの下命があったこと、こうした背景下、自民党、公明党による「性的指向及び性同一性の多様性に関する国民の理解の増進に関する法律案」が提出された。

(7) 2023（令5）年　衆法　議案14【資料③】
［立民・共］提出案

上記（6）**自民・公明提出案**に対して、立憲民主党・無所属、日本共産党は、「性的指向及び性自認の多様性に関する国民の理解の増進に関する法律案」を提出した。

この提出案は、上記（4）2021（令3）年 **与野党実務者合意案**と内容が同じものである。

(8) 2023（令5）年　衆法　議案16【資料④】
［維新・国民］提出案

上記（6）いわゆる性同一性案、及び上記（7）いわゆる性自認案が別々に議案提出される中、第三の案として、日本維新の会・国民民主党が、「性的指向及びジェンダーアイデンティティの多様性に関する国民の理解の増進に関する法律案」を提出した。

(9) 2023（令5）年　第211回国会　衆法　議案13（修正後）
成立法案【資料①】

上記（6）、（7）、（8）の三案が提出される中、自民党・公明党・日本維新の会・国民民主党による修正案がまとまり、上記（6）**議案13**の修正案として、「性的指向及びジェンダーアイデンティティの多様性に関する国民の理解の増進に関する法律案」が成立した。

2　本法律制定（審議経過）：第211回国会（常会）・修正可決

(1) 件名

性的指向及びジェンダーアイデンティティの多様性に関する国民の理解の増進に関する法律案

(2) 議員発議

新藤義孝外５名　（提出日　令和５年５月18日）

(3) 衆議院（内閣委員会・本会議）

付託日　令和５年６月７日（内閣委員会）

議決日　令和５年６月９日（議決：修正）

衆議院本会議議決　令和５年６月13日（議決：修正。採決態様：多数）

(4) 参議院（内閣委員会・本会議）

付託日　令和５年６月14日（内閣委員会）

議決日　令和５年６月15日

参議院本会議議決　令和５年６月16日（可決・多数）

＊参議院HP（議案情報　第211国会（常会）議案審議情報参照

https://www.sangiin.go.jp/japanese/joho1/kousei/gian/211/meisai/m211090211013.htm

(5) 成立・公布日

令和５年６月16日成立・同23日公布・施行

令和５年法律第68号

3　議案要旨（内閣委員会）（衆第13号）

性的指向及びジェンダーアイデンティティの多様性に関する国民の理解の増進に関する法律案（衆第一三号）（衆議院提出）要旨

本法律案の主な内容は次のとおりである。

一、この法律において「性的指向」とは、恋愛感情又は性的感情の対象となる性別についての指向をいい、「ジェンダーアイデンティティ」とは、自己の属する性別についての認識に関するその同一性の有無又は程度に係る意識をいう。

二、性的指向及びジェンダーアイデンティティの多様性に関する国民の理解の増進に関する施策（以下単に「国民の理解の増進に関する施策」という。）は、全ての国民が、その性的指向又はジェンダーアイデンティティにかかわらず、等しく基本的人権を享有するかけがえのない個人として尊重されるものであるとの理念にのっとり、性的指向及びジェンダーアイデンティティを理由とする不当な差別はあってはならないものであるとの認識の下に、相互に人格と個性を尊重し合いながら共生する社会の実現に資することを旨として行われなければならない。

三、国民の理解の増進に関する施策に関し、国及び地方公共団体の役割並びに事業主等の努力について定める。

四、政府は、毎年一回、国民の理解の増進に関する施策の実施の状況を公表しなければならない。

五、政府は、二の基本理念にのっとり、国民の理解の増進に関する施策の総合的かつ計画的な推進を図るため、国民の理解の増進に関する基本的な計画を策定しなければならない。

六、国民の理解の増進に関する施策に関し、学術研究等の推進及び知識の着実な普及等について定める。

七、政府は、関係行政機関の職員をもって構成する性的指向・ジェンダーアイデンティティ理解増進連絡会議を設け、国民の理解の増進に関する施策の総合的かつ効果的な推進を図るための連絡調整を行うものとする。
八、この法律に定める措置の実施等に当たっては、性的指向又はジェンダーアイデンティティにかかわらず、全ての国民が安心して生活することができることとなるよう、留意するものとする。この場合において、政府は、その運用に必要な指針を策定するものとする。
九、この法律は、公布の日から施行する。

4　法律全文
【令和５年６月16日成立・同23日公布・施行。令和５年法律第68号】

(1)　成立法案

性的指向及びジェンダーアイデンティティの多様性に関する国民の理解の増進に関する法律案　⇒【資料編①】

(2)　修正前提出法律案

性的指向及び性同一性の多様性に関する国民の理解の増進に関する法律案　⇒【資料編②】

【成立法律概要】内閣府HP

https://www 8 .cao.go.jp/rikaizoshin/law/pdf/gaiyo.pdf

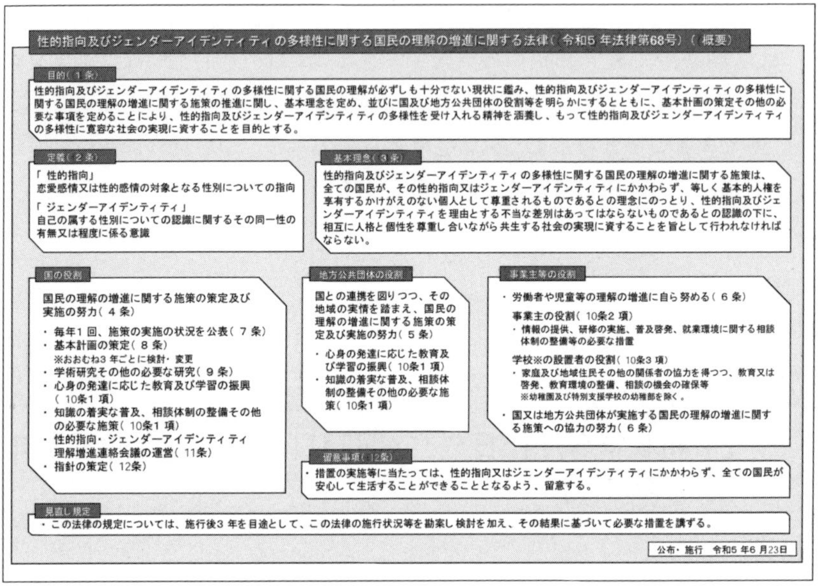

性的指向及びジェンダーアイデンティティの多様性に関する国民の理解の増進に関する法律（令和5 年法律第68号）（概要）

目的（1 条）

性的指向及びジェンダーアイデンティティの多様性に関する国民の理解が必ずしも十分でない現状に鑑み、性的指向及びジェンダーアイデンティティの多様性に関する国民の理解の増進に関する施策の推進に関し、基本理念を定め、並びに国及び地方公共団体の役割等を明らかにするとともに、基本計画の策定その他の必要な事項を定めることにより、性的指向及びジェンダーアイデンティティの多様性を受け入れる精神を涵養し、もって性的指向及びジェンダーアイデンティティの多様性に寛容な社会の実現に資することを目的とする。

定義（2 条）

「性的指向」
恋愛感情又は性的感情の対象となる性別についての指向

「ジェンダーアイデンティティ」
自己の属する性別についての認識に関するその同一性の有無又は程度に係る意識

基本理念（3 条）

性的指向及びジェンダーアイデンティティの多様性に関する国民の理解の増進に関する施策は、全ての国民が、その性的指向又はジェンダーアイデンティティにかかわらず、等しく基本的人権を享有するかけがえのない個人として尊重されるものであるとの理念にのっとり、性的指向及びジェンダーアイデンティティを理由とする不当な差別はあってはならないものであるとの認識の下に、相互に人格と個性を尊重し合いながら共生する社会の実現に資することを旨として行われなければならない。

国の役割

国民の理解の増進に関する施策の策定及び実施の努力（4 条）

・毎年1 回、施策の実施の状況を公表（7 条）
・基本計画の策定（8 条）
　※おおむね3 年ごとに検討・変更
・学術研究その他の必要な研究（9 条）
・心身の発達に応じた教育及び学習の振興（10条1 項）
・知識の着実な普及、相談体制の整備その他の必要な施策（10条1 項）
・性的指向・ジェンダーアイデンティティ理解増進連絡会議の運営（11条）
・指針の策定（12条）

地方公共団体の役割

国との連携を図りつつ、その地域の実情を踏まえ、国民の理解の増進に関する施策の策定及び実施の努力（5 条）

・心身の発達に応じた教育及び学習の振興（10条1 項）
・知識の着実な普及、相談体制の整備その他の必要な施策（10条1 項）

事業主等の役割

・労働者や児童等の理解の増進に自ら努める（6 条）

事業主の役割（10条2 項）
・情報の提供、研修の実施、普及啓発、就業環境に関する相談体制の整備等の必要な措置

学校※の設置者の役割（10条3 項）
・家庭及び地域住民その他の関係者の協力を得つつ、教育又は啓発、教育環境の整備、相談の機会の確保等
※幼稚園及び特別支援学校の幼稚部を除く。

・国又は地方公共団体が実施する国民の理解の増進に関する施策への協力の努力（6 条）

留意事項（12条）

・措置の実施等に当たっては、性的指向又はジェンダーアイデンティティにかかわらず、全ての国民が安心して生活することができることとなるよう、留意する。

見直し規定

・この法律の規定については、施行後3 年を目途として、この法律の施行状況等を勘案し検討を加え、その結果に基づいて必要な措置を講ずる。

公布・施行　令和5 年6 月23日

第2部

逐条解説

【第1条】

（目的）
第一条　この法律は、性的指向及びジェンダーアイデンティティの多様性に関する国民の理解が必ずしも十分でない現状に鑑み、性的指向及びジェンダーアイデンティティの多様性に関する国民の理解の増進に関する施策の推進に関し、基本理念を定め、並びに国及び地方公共団体の役割等を明らかにするとともに、基本計画の策定その他の必要な事項を定めることにより、性的指向及びジェンダーアイデンティティの多様性を受け入れる精神を涵《かん》養し、もって性的指向及びジェンダーアイデンティティの多様性に寛容な社会の実現に資することを目的とする。

※点下線部分は、修正協議後の追加・修正部分（以下の条項においても同じ）

【趣旨】

本法律を制定する意義としての現状分析を付した上で、法案の骨格を示し、目指すべき姿について定める。

【立法経緯】

第1条目的規定については、成立までに下記のような議論・修正がなされた。

まず、修正前自民・公明による当初提出案**【資料②】**は、以下のとおりであった。

「この法律は、性的指向及び性同一性の多様性に関する国民の理解の増進に関する施策の推進に関し、基本理念を定め、並びに国及び地方公共団体の役割等を明らかにするとともに、基本計画の策定その他の必要な事項を定めることにより、性的指向及び性同一性の多様性を受け入れる精神を涵《かん》養し、もって性的指向及び性同一性の多様性に寛容な社会の実現に資することを目的とする。」

上記自民・公明当初提出案に対して、修正協議により、

「性的指向及びジェンダーアイデンティティの多様性に関する国民の理解が必ずしも十分でない現状」という現状分析が加えられた。この立法事実を挙げて、本法律の必要性を表明する記述が加えられた。なお、ジェンダーアイデンティの用語についての説明・解説は、第２条の箇所で詳述する。

この修正成立後第１条に対しては、本法案の立法経緯を振り返ると、2021年与野党実務者合意案（**【資料③】**と同じ）では、「この法律は、全ての国民が、その性的指向又は性自認にかかわらず、等しく基本的人権を享有するかけがえのない個人として尊重されるものであるとの理念にのっとり、性的指向及び性自認を理由とする差別は許されないものであるとの認識の下に、性的指向及び性自認の多様性に関する国民の理解の増進に関する施策の推進に関し」と規定されていることから、この2021年与野党実務者合意案と比較し、目的規定から差別禁止の文言が消えたことをもって、目的規定が曖昧になったとの指摘が挙げられる。

こうした点について、令和５年６月15日参議院内閣委員会で立法提案者（國重徹（公明））は、以下のように答弁している（質問：三浦信裕（公明））。

「もとより、性的マイノリティの方々が生きづらさを抱えてしまうことはあってはなりませんし、同時に、それ以外の方々もこれまでどおり平穏に暮らしていけるような共生社会の実現を図っていく必要があると認識をしております。そのためには、性的指向及びジェンダーアイデンティティの多様性に関する理解の増進を図る必要があると考えて、この法案を提出した」こと、その上で、「今回、修正によって法案の目的規定に現状認識を明記し、本法案が理解の増進に関する法律案であることをより明確にしたこと」を修正の意義とし、さらに、「既に憲法によりまして差別はあってはならないとされ、様々な必要な取組がなされてきたところではありますが、政府にしっかりと研究をさせ基本計画を策定させる中で、こうした既存の取組を全体的に整理をして、政府の政策としてしっかりとした位置付けを与え、既存の取組をより良い形で充実させることで、社会全体として共生社会に近づけると考えております。」と述べている。

差別は許されないとの文言が書かれているか否かにかかわらず、憲法第14条の差別禁止は、この法律の当然の前提・土台であるとしている。

なお、令和5年6月9日衆議院内閣委員会において、立法提案者（新藤義孝（自民））も同様の答弁を行っている。

【解説】

目的規定は、法律全体の骨格を示すものであり、実現する方向性を提示するものである。当該法律の射程も明確にする。

本目的規定の形式は、［AによりBもってC］というオーソドックスな立法スタイルで規定している（鈴木秀洋『自治体職員のための行政救済実務ハンドブック（改訂版）』（第一法規、2021年）62頁参照）。そして、法律の内容項目として、二つの柱を示す。

一つは、多様性に関する国民の理解の増進に関する施策に関して基本理念を定めること、国や自治体の役割等を明らかにすること、

二つ目としては、基本計画の策定その他の必要な事項を定めることである。

こうして項目として二つの柱を示した上で、本法律が、直接的には、「多様性を受け入れる精神を涵養」を目指すことを定めている。

さらに、究極的に目指す方向性として、「多様性に寛容な社会の実現」を掲げており、一人ひとりの個人の尊厳を規定する憲法第13条を受けて、その実現を性的マイノリティの権利利益に関する分野において担保するための包括的かつ基本的な枠組法と位置付けられる。

【第2条】

（定義）

第二条　この法律において「性的指向」とは、恋愛感情又は性的感情の対象となる性別についての指向をいう。

2　この法律において「ジェンダーアイデンティティ」とは、自己の属する性別についての認識に関するその同一性の有無又は程度に係る意識をいう。

【趣旨】

第1項は、性的指向の定義規定である。「恋愛感情又は性的感情の対象となる性別についての指向」と定める。

第2項は、ジェンダーアイデンティティの定義規定である。「自己の属する性別についての認識に関するその同一性の有無又は程度に係る意識」と定める。

【立法経緯】

1　性的指向

恋愛感情又は性的感情の対象となる性別についての指向をいう、この定義についての疑義や議論は特になかった。

2　ジェンダーアイデンティティ

2023年自民・公明当初提出案**【資料②】**は、性的指向及び性同一性という用語の定義規定を設けていた。

これに対し、2021年実務者合意案及び2023年立民・共提出案**【資料③】**は性的指向及び性自認との用語を使用していた。

なお、第1項に規定する性的指向という用語の定義については、国会審議において争点となっていないため、ここでは説明を省略し、大きな議論となった成立後定義規定の用語として使用されたジェンダーアイデンティティの用語について以下詳述する。

2021年実務者合意案及び2023年立民・共提出案【資料③】における性自認という用語を定義付けるのか、2023年自民・公明当初提出案【資料②】における性同一性という用語を定義付けるのかについては、政治的に大きな争点とされた。そこで、第三の案として、2023年維新・国民提出案【資料④】として、ジェンダーアイデンティティの用語が提案され、修正協議により、ジェンダーアイデンティティの用語が定義付けられることとなった。

こうした三つの用語にどのような差異があるのだろうか。また定義としては同じものとして法定義してよいものなのか。この点に関する立法提出者の説明は以下のとおりである。

令和5年6月15日参議院内閣委員会において、立法提案者（國重（公明））は、質問者（三浦（公明））に対し、「性同一性という表現をジェンダーアイデンティティに改めたこの文言修正につきましては、内容は維持しつつ、法制的な意味は変わらない範囲で、表現の面で工夫を施したものであります。衆議院に提出された各案では、性自認、性同一性となっておりまして、それぞれの提出者の思いがあったわけでありますが、元々はいずれも英語で言うジェンダーアイデンティティの訳語でありまして、法制的な意味は同じでした。そこで、協議を経る中で、これを争点化させ混乱を生じさせてしまうよりは、ジェンダーアイデンティティを採用するのが適当との考えに至った」こと、「ジェンダーアイデンティティという用語を用いることに関しましては、そのような外来語を法文で用いるに当たって、それが我が国の社会で定着しているかどうかという観点に照らしまして、問題がないと判断をいたしました。」と答弁している。

また、同委員会における質問者（上田清司（民主））に対する斎藤アレックス（国民）の答弁、質問者（高木かおり（維新））に対する阿部司（維新）の答弁も同様である。

さらに、同委員会において、国務大臣（小倉將信）は、質問（上田（民主））に対して、政府側（小倉国務大臣）は、「用語の意味はそれぞれ用いられている文書等に応じて定まってくるものと考えられますが、一般的には、性自認、性同一性という言葉はいずれも英語のジェンダーアイデンティティの訳語として用いられているものと、こう理解しております。」と答えている。

なお、この定義用語の変更に伴いこれまでの行政文書等の文言を変更する必要性の有無に関しては、令和5年6月9日衆議院内閣委員会において新藤（自民）は、質問（西村智奈美（立民））に対して、「この法案の要請によって他の法律に何かが及ぶ、そういったことをこの法案の中には何も定めはしておりません。」と答弁している。

【解説】

立法提案者説明は、性自認も性同一性も、ジェンダーアイデンティティも、みな法制定的意味は同じであるとの答弁を行っており、さらに国務大臣はこのことを踏み込んで確認した答弁をしており、LGBTQ施策に先行して取り組んでいる自治体等に施策や使用している性自認等の用語変更を求めないことを明言した答弁として重要である。

前述の立法経緯で触れたように、法案成立過程においては、当初性自認という用語を定義規定として使うのか、性同一性という用語を定義規定として使うのかについて争いがあった。性自認という用語を使うべきべきではないとの見解は、その理由を一言でまとめると、性自認という概念は主観的、瞬間的な状況も指すので広すぎて他者の利益調整の場面で支障が生じるためとの理由である。

一方で、性同一性という用語の問題点として指摘されていたのは、そもそも、性同一性という法令用語の使用例がほとんどないことであり、さらに性同一性障害者の性別の取扱いの特例に関する法律は、障害類型の文脈で使われてきた歴史があり、かかる用語を定義付けることは、差別的文脈を強化することにつながるとの批判が挙げられていたのである。

こうした観点からそもそも性自認も性同一性も、ジェンダーアイデンティティという用語の訳語であることから、英語表記をそのまま使えばよいのではないかとの提言・議論がなされ、その提言が採用されたということになる。

この点、さらに法制執務の観点から解説を加えておく。

法制執務研究会編『ワークブック法制執務（第2版）』（ぎょうせい、2018年。旧前田正道編『ワークブック法制執務』）によれば、「法令の対象となる事象は広範であるだけに、法令において外来語が用いられることも少なくない」（681頁）としつつ、「外来語とは、元来は外国語であるが、現在では日本語に取り入れられて使用されている言葉をいう」とし、また「一般に人々にそのように認識されているもの（例えば「アルコール」「インターネット」「サービス」等）は……片仮名で書く」とされる。つまり、一定の日本における慣用性・汎用性が法制執務上の使用のルールとされてきたのである。

今回、立法提案者は、この「ジェンダーアイデンティティ」という用語は、現時点で既に国民の間で一般的使用のコンセンサスがあると考えたのであり、参議院での立法提案者の「我が国の社会で定着しているかどうかという観点に照らしまして問題がないと判断」したとの答弁が、この法制執務上のルールに則ったものであるとの当てはめの答弁であるといえる。

なお、ジェンダーアイデンティティの定義内容は、「自己の属する性別についての認識に関するその同一性の有無又は程度に係る意識」とされる。この点、2022（令4）年 第208回国会における立民・国民・共・れいわ提出議案55【資料⑤】では、性的指向又は性自認を理由とする差別の解消等の推進に関する法律案における性自認の定義として、同議案第2条第2号において、「性自認　自己の性別についての認識をいう。」と規定し、端的に性別についての認識であるとしている。LGBTQ施策を先行して推進している相当数の自治体においても、同様の性自認の定義を使用している。

ジェンダーアイデンティティの定義を巡る立法提案者の答弁を総括する限り、「性自認、性同一性……はいずれも英語でいうジェンダーアイデンティティの訳語でありまして、法制的な意味は同じ」との答弁を繰り返していること、及び成立法案の定義規定が、「有無・程度に係る認識」としており、性自認の定義内容を「性別についての認識」とする定義規定とも、法的には矛盾しないと理解できる。

コラム ジェンダーアイデンティティの定義規定

第２条の定義規定によれば、「ジェンダーアイデンティティ」とは、「自己の属する性別についての認識に関するその同一性の有無又は程度に係る意識」とした。本来の英語のジェンダーアイデンティティの訳については、医療、心理その他それぞれの専門分野の領域により、専門家の間でも、実は、議論があるところである。しかし、当該法律においては、この定義が法的定義となる。ここで、もう一度定義内容を確認すると、「意識」となっている。この点で、主観を排除しておらず、必ずしも客観的一貫的な自己の同一性という概念ではない。その「有無又は程度」の「意識」と定義付けている以上、当事者の主観面を尊重していく（当事者の主観を理解し、できる限り対応しようという方向性）との定義規定と解釈せざるを得ない。商取引等において、自己を表する商号の場合には一定の慣用性・外部性などが要件とされるが、性的マイノリティの困難さの理解という文脈からするのであれば、そうした内面の辛さや苦しみを理解しようというものであり、外部に明確に表示され、慣用的に認識された表示意思のみを尊重しようということにはならないからである。

そもそも本法律が多様性への理解という意味で個々人の意思・意識的側面に働きかける点で到達・達成点について客観的には図りがたい側面を内包している。むしろ差別の有無という基準の方が、法的判断の側面においてはこれまでの憲法・行政法における客観的蓄積があるといえる。

しかしながら、本法律が「国民の理解の増進に関する施策の効果に関する評価を踏まえ」（第８条第６項）と規定している以上、政府は、理解増進の効果測定をしなければならず、そのための具体的な基準（評価項目）を策定するとともに状況に応じて改定していくことが求められよう。

【第3条】

（基本理念）

第三条　性的指向及びジェンダーアイデンティティの多様性に関する国民の理解の増進に関する施策は、全ての国民が、その性的指向又はジェンダーアイデンティティにかかわらず、等しく基本的人権を享有するかけがえのない個人として尊重されるものであるとの理念にのっとり、性的指向及びジェンダーアイデンティティを理由とする不当な差別はあってはならないものであるとの認識の下に、相互に人格と個性を尊重し合いながら共生する社会の実現に資することを旨として行われなければならない。

【趣旨】

本法律の基本的理念を規定したものである。個々人の人権尊重の原則（憲法第13条）と差別禁止の原則（憲法第14条）の趣旨を確認し、究極的には、共生社会の実現を目指した施策展開をしていかなければならないとの基本理念を確認している。

【立法経緯】

この点、2021年与野党実務者合意案では、「性的指向及び性自認を理由とする差別は許されないものであるとの認識の下に、差別は許されない」と差別禁止が明記されていた。この文言が、2023年当初自民・公明提出案及び修正成立案では、「不当な差別はあってはならない」と変更された点について、差別禁止の範囲を「不当な」という限定をかけることになるのではないかとして令和5年6月15日参議院内閣委員会において、反対論の質問（打越さくら（立民））もなされた。

しかし、この点に関しては、憲法第14条で定める差別禁止の範囲を「不当な」という文言をつけることで、制約できないことは、以下のように立法提案者側は当然であると考えている旨の答弁を行っている。

例えば、令和５年６月15日参議院内閣委員会において立法提案者（國重（公明））は、「既に憲法によりまして差別はあってはならないとされ、様々な必要な取組がなされてきたところではありますが、政府にしっかりと研究をさせ基本計画を策定させる中で、こうした既存の取組を全体的に整理をして、政府の政策としてしっかりとした位置付けを与え、既存の取組をより良い形で充実させることで、社会全体として共生社会に近づけると考えております。」と答弁して、憲法の差別禁止の枠組を強調し、また、令和５年６月９日衆議院内閣委員会において立法提案者（國重（公明））は、「『差別は許されない』を『不当な差別はあってはならない』に修正したのは……累次の政府答弁と表現をそろえることで、答弁と法律の条文では趣旨が異なるのではないかといった無用な誤解を招くことを避けること。差別という用語に意味的に含まれていた「不当な」を付すことによりまして、ここに言う差別とは、まさに不当な、客観的に見ても差別と言えるようなものを指しているとの趣旨を確認、強調することとしたもの」と答弁し、差別の範囲を制限するものではないとして、憲法との整合性を確認する答弁を行っている。

【解説】

本条の基本理念は、憲法第13条の個々人の尊重規定及び憲法第14条の差別禁止規定をそれぞれ受けて、「等しく基本的人権を享有するかけがえのない個人として尊重されるものである」との理念、及び「不当な差別はあってはならない」と規定しており、解釈上も憲法及びこれまでの憲法判例・裁判例の積み上げの枠組を尊重することを明記した規定となっている。

この点、差別禁止について規定することについて慎重な意見が出されることがある。そうした主張は、どのような事例が差別に該当するのかについて定めないと不明確であり糾弾が起きる等の批判がされることがある。

しかし、こうした批判に対しては、いわゆる障害者差別解消法についての逐条解説書[1]である以下の記述が参考になろう。

1　障害者差別解消法解説編集委員会編著『概説障害者差別解消法』（法律文化社、2014年）

障害者差別解消法解説編集委員会編著『概説障害者差別解消法』（法律文化社、2014年）81頁は、「差別の定義については、本法では一律に定義付けていないが、本法が使用する『不当な差別的取扱い』という用語は、例えば職業安定法、地方自治法、郵便法等、幅広い分野にわたる多くの法律で用いられているところである。何が差別に当たるかについては、ガイドライン等において不当な差別的取扱いの具体的事例や合理的配慮の好事例を示しつつ、具体的な事例や裁判例を積み上げていく中で、概念の共有が図られるようにしていくことになっている。また、いわゆる『間接差別』や『関連差別』の扱いについては、具体的な相談事例や裁判例の集積等を踏まえた上で対応することが考えられる。」と記述する。

こうした理解が、法制執務担当及び法務実務担当者の通説的な見解である。差別事案についてはこれまでも、既に判例・裁判例事例における蓄積と線引きがなされており、さらに、今後もガイドライン等を具体的にしていくことで（不当な）差別的取扱いか否かの線引きが明確になっていくことになろう。

具体的なガイドラインや事例集が、内閣府のHPにアップされ、更新されていくことで、直面する課題の事前予測ができ、かつ、あるべき対応の指針ともなろう。

【第４条】

（国の役割）

第四条　国は、前条に定める基本理念（以下単に「基本理念」という。）にのっとり、性的指向及びジェンダーアイデンティティの多様性に関する国民の理解の増進に関する施策を策定し、及び実施するよう努めるものとする。

【趣旨】

国に対して施策の策定及び実施の役割を定めたものである。その際に基本理念にのっとって施策を推進していくことを明記している。

国の具体的な取組内容としては、本法律では、以下の規定を設けている。具体的には、施策の実施の状況の公表（第７条）、基本計画の策定及び三年ごとの検討・必要に応じた変更（第８条）、学術研究等の推進（第９条）、知識の着実な普及等（第10条）、理解増進連絡会議の設置と施策の総合的かつ効果的な連絡調整（第11条）、指針の策定（第12条）である。

【第5条】

（地方公共団体の役割）

第五条　地方公共団体は、基本理念にのっとり、国との連携を図りつつ、その地域の実情を踏まえ、性的指向及びジェンダーアイデンティティの多様性に関する国民の理解の増進に関する施策を策定し、及び実施するよう努めるものとする。

【趣旨】

地方公共団体の施策の策定及び実施が基本理念に基づくことについては、国の役割と同じである。その上で、国との連携を規定しつつも、一方で地域の実情に応じた施策推進について明記している。

具体的に地方公共団体の役割を規定している条項としては、知識の着実な普及等（第10条）において、心身の発達に応じた教育及び学習の振興、広報活動等を通じた知識の着実な普及、各般の問題に対応するための相談体制の整備等が国だけでなく地方公共団体の法的努力義務として規定されている。

【立法経緯】

本法律の成立・施行に関して、LGBTQ施策を先行推進している自治体の取組との関係性を心配する声が挙げられた。つまり、本法律が先行する地方公共団体の条例や取組を縛ることになるのではないかとの疑問である。

これに対しては、令和5年6月9日衆議院内閣委員会で提案者（新藤（自民））は、以下のように説明している。

「差別があってはならないのは、条例ではなくて、本来、憲法の下で差別はない、このようになっているわけであります。ですから、その範囲で自治体が条例を定めています。その表現についても、どのような表現をなすべきかは、国が条例制定権に介入することはない」。

「判断は地方自治体が行っていく。文言をどのように使ったらいいか、これも自治体が国の指針に基づいて適切に判断をされる。こういうことになるわけです。」

「そして、この法案ができたから何かの制限をする、介入するためのきっかけになることではないというのは、理念法ですから、何度も申し上げたいと思います。」

【解説】

国と地方公共団体の関係が地方分権一括法制定後は、対等となっていることからしても、国は地方公共団体の施策遂行には、原則として介入することはできない。

国との連携の文言を入れつつも、「地域の実情を踏まえ」と定めているのもその意味である。そして、実際の性的少数者の安全安心の確保の視点からしても、先行する地域でのこれまでの取組を尊重することになろう。一方でこれまで施策が展開されていなかった自治体については、国が示す指針等を参考にして施策を進めていく後押しをしていこうとの規定であることが立法提案者の繰り返される答弁から理解できる。

なお、**【資料編】第12、6**において、性の多様性に関する条例についての資料を挙げているので参照されたい[2]。

2　一般財団法人地方自治研究機構HP：http://www.rilg.or.jp/htdocs/img/reiki/002_lgbt.htm

【第6条】

（事業主等の努力）

第六条　事業主は、基本理念にのっとり、性的指向及びジェンダーアイデンティティの多様性に関するその雇用する労働者の理解の増進に関し、普及啓発、就業環境の整備、相談の機会の確保等を行うことにより性的指向及びジェンダーアイデンティティの多様性に関する当該労働者の理解の増進に自ら努めるとともに、国又は地方公共団体が実施する性的指向及びジェンダーアイデンティティの多様性に関する国民の理解の増進に関する施策に協力するよう努めるものとする。

2　学校（学校教育法（昭和二十二年法律第二十六号）第一条に規定する学校をいい、幼稚園及び特別支援学校の幼稚部を除く。以下同じ。）の設置者は、基本理念にのっとり、性的指向及びジェンダーアイデンティティの多様性に関するその設置する学校の児童、生徒又は学生（以下この項及び第十条第三項において「児童等」という。）の理解の増進に関し、家庭及び地域住民その他の関係者の協力を得つつ、教育又は啓発、教育環境の整備、相談の機会の確保等を行うことにより性的指向及びジェンダーアイデンティティの多様性に関する当該学校の児童等の理解の増進に自ら努めるとともに、国又は地方公共団体が実施する性的指向及びジェンダーアイデンティティの多様性に関する国民の理解の増進に関する施策に協力するよう努めるものとする。

【趣旨】

第1項は、事業主の努力規定を定める。一つには、普及啓発、就業環境の整備、相談の機会の確保等を行うことによって多様性に関する労働者の理解増進に努めること、もう一つには、国・地方公共団体の施策への協力に努めることの二つを定める。

第2項は、学校の努力規定を定める。一つには、家庭及び地域住民その他の関係者の協力を得つつ、教育又は啓発、教育環境の整備、相談の機会の確保等を行うことによって多様性に関する児童等の理解増進に努めること、もう一つには、国・地方公共団体の施策への協力に努めることの二つを定める。

【立法経緯】

1　事業主の努力規定については、特に国会審議において論点・議論がなされていないので、条文どおりの理解でよい。

2　学校の努力規定については、多くの議論がなされたので、以下経緯について説明を行う。

(1) 条項の変遷経緯

立法・修正の過程としては、大きく三つの変遷経緯を辿る。

ア　2021年与野党実務者合意案【内容としては資料③】

2021年与野党実務者合意案では、以下のように二つの条項で規定されていた。

（事業主の努力）

第六条　事業主は、基本理念にのっとり、性的指向及び性自認の多様性に関するその雇用する労働者の理解の増進に関し、普及啓発、就業環境の整備、相談の機会の確保等を行うことにより性的指向及び性自認の多様性に関する当該労働者の理解の増進に自ら努めるとともに、国又は地方公共団体が実施する性的指向及び性自認の多様性に関する国民の理解の増進に関する施策に協力するよう努めるものとする。

（学校の設置者の努力）

第七条　学校（学校教育法（昭和二十二年法律第二十六号）第一条に規定する学校をいい、幼稚園及び特別支援学校の幼稚部を除く。以下同じ。）の設置者は、基本理念にのっとり、性的指向及び性自認の多様性に関するその設置する学校の児童、生徒又は学生（以下「児童等」という。）の理解の増進に関し、教育又は啓発、教育環境の整備、相談の機会の確保等を行うことにより性的指向及び性自認の多様性に関する当該学校の児童等の理解の増進に自ら努めるとともに、国又は地方公共団体が実施する性的指向及び性自認の多様性に関する国民の理解の増進に関する施策に協力するよう努めるものとする。

イ　2023年自民・公明提出案【資料②】

上記、2021年与野党実務者合意案は、2023年の自民・公明提出案では、一つの条文にまとめられた（第１項が事業主の努力規定、第２項が学校の努力規定）。

（事業主等の努力）
第六条　事業主は、基本理念にのっとり、性的指向及び性同一性の多様性に関するその雇用する労働者の理解の増進に関し、普及啓発、就業環境の整備、相談の機会の確保等を行うことにより性的指向及び性同一性の多様性に関する当該労働者の理解の増進に自ら努めるとともに、国又は地方公共団体が実施する性的指向及び性同一性の多様性に関する国民の理解の増進に関する施策に協力するよう努めるものとする。
2　学校（学校教育法（昭和二十二年法律第二十六号）第一条に規定する学校をいい、幼稚園及び特別支援学校の幼稚部を除く。以下同じ。）の設置者は、基本理念にのっとり、性的指向及び性同一性の多様性に関するその設置する学校の児童、生徒又は学生（以下この項及び第十条第三項において「児童等」という。）の理解の増進に関し、教育又は啓発、教育環境の整備、相談の機会の確保等を行うことにより性的指向及び性同一性の多様性に関する当該学校の児童等の理解の増進に自ら努めるとともに、国又は地方公共団体が実施する性的指向及び性同一性の多様性に関する国民の理解の増進に関する施策に協力するよう努めるものとする。

ウ　2023年修正成立案（修正案）【資料①】

上記、自民・公明提出案【資料②】は、さらに、修正協議により、第２項の学校の努力の規定を以下のように変更した。

すなわち、「学校の設置者は、……その設置する学校の児童、生徒又は学生……の理解の増進に関し、家庭及び地域住民その他の関係者の協力を得つつ、教育又は啓発、教育環境の整備、相談の機会の確保等を行うこと……」として、理解増進に関して、「家庭及び地域住民その他の関係者の協力を得つつ」との規定を追記したのである。

この点に関しては、学校現場に混乱をもたらすものとして批判が挙げられたところである。

(2) 同条項に対する立法提案者答弁及び政府参考人答弁

この点、令和5年6月15日参議院内閣委員会での本条第2項、第10条第3項に関して、学校教育現場での現状の取組についての質問（三浦（公明））に対する、政府参考人の答弁は以下のとおりである。

○政府参考人（寺門成真）

「性的マイノリティとされる児童生徒に適切に対応するためには、教職員一人一人が研修等を通じて正しい知識を身に付けることが重要であると認識してございます。このため、文部科学省におきましては、教職員の理解増進に資するよう、児童生徒に対するきめ細やかな対応や学校生活の各場面における支援の例を記載した通知やパンフレットの発出、いじめの防止等のための基本的な方針における、性的マイノリティのみならず全ての児童生徒に対するいじめを防止するための取組の追記、教職員支援機構における教職員向けの研修動画の配信、昨年改訂した生徒指導提要への性的マイノリティに関する記載の追加などの取組を行ってございます。

加えて、現職教員のみならず、教員を目指す学生が理解を深められるよう、教職課程を有する大学を対象とした説明会における最新の情報の提供等にも現状、鋭意取り組んでいるところでございます。」

この答弁に対して、質問者（三浦（公明））が現状の取組を次のように追加説明している。すなわち、「平成二十七年の四月三十日に、『性同一性障害や性的指向、性自認に係る児童生徒に対するきめ細やかな対応等の実施について』を、文科省から現場に通知していること」「その上で、一年経過した時点において質問等が各地から寄せられたということにも対応するＱ＆Ａ形式でまとめて、平成二十八年に教職員向けに資料として発出をされているということ」、こうして「既に教育現場ではこの手引に基づいて対応できる取組をしてきた」ことを、引き続き、「これはもう重ね続けていただかなければいけませんのでこの確認をさせていただいた」と述べている[3]。

上記同様、文部科学省に対する児童等に対する教育、啓発、相談体制に対する質問者（高木（維新））からの質問に対して、政府参考人の関連答弁は、以下のとおりである。

○政府参考人（里見朋香（文部科学省））

「性的マイノリティの方々を始めまして、個々人が持つ多様な背景にかかわらず、全ての人がお互いを尊重し、誰もが生き生きとした人生を享受することができる共生社会を目指した取組を進めることは極めて重要であると考えております。

このため、文部科学省では、学校教育や社会教育における人権教育を通しまして、多様性に対する理解、自他の人権の尊重等の態度を育む取組を進めるとともに、性的マイノリティの児童生徒等へのきめ細かな対応に資するよう、教職員向けの啓発資料や研修動画の作成、周知、改訂版生徒指導提要への性的マイノリティに関する記載の追加などの取組に努めてきたところでございます。」

3　文部科学省の取組については、**【資料編】**「第10　文部科学省HP 性的マイノリティに関する施策」(https://www.mext.go.jp/a_menu/shotou/jinken/sankosiryo/1415166_00004.htm）で紹介している。

なお、文部科学省は、令和５年６月23日付け５文科教第592号「「性的指向及びジェンダーアイデンティティの多様性に関する国民の理解の増進に関する法律」の公布について（通知）」において、児童生徒等の発達段階に応じた人権教育や、性的マイノリティの児童生徒等へのきめ細かな対応について、改めて情報を整理し、引き続き適切な対応を求めているが、この件に対し、産経新聞が同７月20日付け朝刊３面で、「文科省LGBT団体の教育中立性を求める文書」との配信をしたことに対し、事実と異なる記事配信であると産経新聞に申し入れを行った旨HPで公開している。本法律の趣旨及び事実と異なる記事配信で対立を生み出すような行為に対して迅速かつ適切な申し入れを行ったことを評価したい。https://www.mext.go.jp/content/20230720-mxt_kyousei01-000031029.pdf

(3)「家庭及び地域住民その他の関係者の協力を得つつ」の追記に関して

この点、上記文言が、本条第2項、第10条第3項に追記されたことに関する質問に対しては、衆議院での質疑において、教育基本法第13条を引用したとの説明があったため、教育基本法第13条の趣旨について文部科学省に質問（三浦（公明））がなされた。

文部科学省の回答は以下のとおりである。

〇政府参考人（里見（文部科学省））

「教育基本法第十三条でございますが、平成十五年の中央教育審議会答申を受けまして、平成十八年の教育基本法の全面改定におきまして新たに規定が盛り込まれたものでございます。

子供の健全育成や教育の目的を実現するためには学校、家庭、地域社会の三者が大きな役割を担うことから、それぞれ子供の教育に責任を持つとともに、相互に緊密に連携協力して、教育の目的の実現に取り組むことが重要でございます。

こういった趣旨から、教育基本法第十三条におきましては、学校、家庭、地域住民その他の関係者がそれぞれの役割と責任を自覚するとともに、相互の連携協力に努めることについて規定したものでございます。」

この政府答弁を受けて、「保護者等の協力を得ないと理解増進の取組ができないという狭い意味ではないと理解していいのか」との質問（三浦（公明））に対する立法提案者の文言追加の趣旨答弁は以下のとおりである。

〇立法提案者（國重（公明））

「教育基本法十三条に、学校、家庭及び地域住民その他の関係者は、相互の連携及び協力に努めるという定めがあります。その趣旨は、先ほどありましたとおり、教育の目的を実現するためには、学校、家庭、地域社会がそれぞれの果たすべき役割も大きく、これらの三者が相互に緊密に連携協力して取り組むことが重要であるということであります。

本法案の修正により追加された部分につきましても、教育基本法の文言と同様の趣旨でありまして、同様の定めをすることが法律としての安定性を高めることから、家庭及び地域住民その他の関係者の協力を得つつという文言を用いることとしたものでありまして、御心配のように、保護者の協力を得なければ取組を進められないという意味ではありません。」

(4) 保護者か家庭かの文言（家庭概念に保護者概念が含まれるか等）に関して

「保護者」（維新案）が「家庭」（修正成立案）になった経緯に関しての質問（高木（維新））に関する立法提案者（新藤（自民））の説明は以下のとおりである。

○立法提案者（新藤（自民））

「まず、ここの文言をこのような、保護者ではなくて家庭の協力、家庭及び地域の協力にいたしましたのは、これは、教育基本法十三条に教育を行う際の文言がございました。これも先ほどから何度も我々繰り返しておりますが、法的安定性を保つために、やはりきちんと使われているものを引用しようということで、趣旨は、学校教育においては家庭、地域そして学校、この三者が連携しながら子供たちのために望ましいことを行っていく、この趣旨を、安定的な、他の法律でもう定着している文言を引用したということでございます。

それから、その中に保護者が含まれるか否か、これは、家庭というのはその構成員によって変わってまいります。保護者がいる家庭もいればそうでないものもございますね。しかし、少なくとも、やはり保護者の理解ということになりますと、では、保護者の理解が得られない場合はその教育は止まるのか、しかも、その保護者は一体全体、全保護者なのか、クラス単位の保護者の理解なのか、学年単位の保護者なのか、学校単位なのか、いや、地域なのか、都道府県単位、もうどうにでも、様々な混乱の要因が見込まれるということもございまして、私どもは、この教育基本法の条文をきちんと引用することが一番安定的だと、こういうことで四党が合意をした。」

【解説】

規定文言の加徐がない限り、法制執務上基本的には、事業者の努力と学校の努力を別条項として規定するか、同一条項で規定するのかによって特段の法解釈上の違いが生まれるものではない。しかし、まとまりの捉え方が異なることによって、すなわち学校における理解増進のみを特別に取り上げて強調するのではなく、事業主と学校の努力を併列的に取り扱うとの立法形式上の意思を示したことにはなろう。

なお、修正協議の結果加えられた、「家庭及び地域住民その他の関係者の協力を得つつ」の文言については、教育基本法第13条を踏まえたとの答弁がなされている。

> **（学校、家庭及び地域住民等の相互の連携協力）**
> 第十三条　学校、家庭及び地域住民その他の関係者は、教育におけるそれぞれの役割と責任を自覚するとともに、相互の連携及び協力に努めるものとする。

この規定については、次のような解説[4]がなされている。

田中壮一郎監修・教育基本法研究会編著『逐条解説改正教育基本法』には、「教育の目的を実現するためには、学校や家庭のみならず、地域社会の果たすべき役割も非常に大きく、学校・家庭・地域社会の三者が、それぞれ子どもの教育に責任を持つとともに、相互に緊密に連携・協力して取り組むことが重要である。このため、新法においては、学校・家庭・地域社会の三者が、教育を行う上で留意すべき内容として、自らの役割と責任を自覚し、相互の連携・協力に努めることが新たに規定されたもの」と解説されている。また

4　田中壮一郎監修・教育基本法研究会編著『逐条解説改正教育基本法』（第一法規、2007年）156頁

同様の記述であるが、「学校、家庭と企業や関係機関なども含めた地域社会が、それぞれ自らの役割と責任を自覚するとともに、相互の連携・協力に努めることについて新たに規定されたもの」と解説されている[5]。

平成18年6月6日衆議院教育特別委員会における小坂文部科学大臣の答弁も上記のとおりである。

教育基本法第13条「相互の連携及び協力に努める」の規定に関しては、「学校が自らの教育活動の状況を十分に情報提供するなど説明責任を果たしながら保護者や地域の人々の積極的な参加や協力を求めることが重要」との観点から、教育基本法第13条に関連し、平成19年6月の学校教育法が改正されている。

この関連規定といえる学校教育法第43条には、「小学校の教育活動その他の学校運営の状況に関する情報」の積極的な提供が新たに規定された（中学校・高等学校等に準用）。

そして次の規定が加えられている。すなわち、

「保護者及び地域住民その他の関係者の理解を深めるとともに、これらの者との連携及び協力の推進に資するため」

との規定である。

そこで、当該関係部分の逐条解説[6]について参考に一部抜粋しておく。

鈴木勲編著『逐条学校教育法（第8次改訂版）』では、以下のように解説されている。

「本条は、学校からの情報提供の必要性・重要性を理念的に規定したものであり、具体的な情報提供の内容は、それぞれの学校や地域の状況等に応じて、各学校が判断すべきものである。このため、特定の事項について、学校側に情報提供の義務を課すものではないとともに、保護者等に学校への情報公開

5　用語のポイント解説として以下の解説がある。
「家庭」：父母その他の保護者とその子供などの家族の集まりを指し、家庭教育が行われる場である。
「地域住民その他の関係者」：当該地域に居住する人々のほか、当該地域にある企業、関係行政機関（児童相談所、警察等）やNPOなど、当該地域を構成する全ての関係者を指す。

6　鈴木勲編著『逐条学校教育法（第8次改訂版）』（学陽書房、2016年）419～420頁

を要求する新たな権利を付与するものではない」「学校からの情報提供の方法としては、各学校において、例えば、学校便りの活用や説明会の開催、インターネットの利用など、多くの保護者や地域住民等に提供することができるような適切な方法を工夫することを想定している」と記述される。

これらの関係規定との法的統一的解釈の観点から本条第2項、第10条第3項の規定を解釈するのであれば、例えば、特定の保護者・家庭からの苦情等があったとしても、それによって性的マイノリティに係る理解増進教育を控えるような対応は、当該法律の趣旨に合致しない現場対応ということになろう。

むしろ、「家庭及び地域住民その他の関係者の協力を得つつ」との文言追加は、教育基本法及び学校教育法の趣旨解釈からすれば、積極的に教育改革を推進していく方向での協力（前述『逐条解説改正教育基本法』158頁「連携協力により、教育改革を推進しようとすることを目指すもの」）が主体的に求められるとの解釈がなされることになろう。

そして、こども基本法（令和4年法律第77号）が成立した現在では、学校設置者が行う「教育又は啓発、教育環境の整備、相談の機会の確保等」に「自ら努める」場合として、当然のことながら、こども基本法の基本理念を反映させる必要がある。すなわち、こども一人ひとりが権利の客体ではなく、権利の主体である（保護者とは別人格である）ということが出発点である。全ての子どもの基本的人権の尊重と差別禁止（同第3条第1号）、意見表明と最善の利益の保障（同条第2号）等の観点が取り入れられることは日本国憲法下の法体系における横断的法解釈の視点からは不可避となる。

【第7条】

（施策の実施の状況の公表）

第七条　政府は、毎年一回、性的指向及びジェンダーアイデンティティの多様性に関する国民の理解の増進に関する施策の実施の状況を公表しなければならない。

【趣旨】

政府に対して、毎年多様性に関する国民の理解増進に関する施策の実施の状況の公表義務を定めたものである。

次条（第8条）の基本計画と連動した規定である。次条（第8条）第6項には、「多様性に関する国民の理解の増進に関する施策の効果に関する評価を踏まえ、おおむね三年ごとに、基本計画に検討を加え、必要があると認めるときは、これを変更しなければならない。」と定められており、本条の実施状況の公表内容としては、計画の検討の基礎となる詳細な情報（程度及び範囲）が公にされることが求められる。

【第８条】

（基本計画）

第八条　政府は、基本理念にのっとり、性的指向及びジェンダーアイデンティティの多様性に関する国民の理解の増進に関する施策の総合的かつ計画的な推進を図るため、性的指向及びジェンダーアイデンティティの多様性に関する国民の理解の増進に関する基本的な計画（以下この条において「基本計画」という。）を策定しなければならない。

2　基本計画は、性的指向及びジェンダーアイデンティティの多様性に関する国民の理解を増進するための基本的な事項その他必要な事項について定めるものとする。

3　内閣総理大臣は、基本計画の案を作成し、閣議の決定を求めなければならない。

4　内閣総理大臣は、前項の規定による閣議の決定があったときは、遅滞なく、基本計画を公表しなければならない。

5　内閣総理大臣は、基本計画の案を作成するため必要があると認めるときは、関係行政機関の長に対し、資料の提出その他必要な協力を求めることができる。

6　政府は、性的指向及びジェンダーアイデンティティの多様性をめぐる情勢の変化を勘案し、並びに性的指向及びジェンダーアイデンティティの多様性に関する国民の理解の増進に関する施策の効果に関する評価を踏まえ、おおむね三年ごとに、基本計画に検討を加え、必要があると認めるときは、これを変更しなければならない。

7　第三項から第五項までの規定は、基本計画の変更について準用する。

【趣旨】

第１項は、政府に対して、基本理念にのっとり、基本計画を策定する義務を課すものである。

第２項は、基本計画の内容項目としては、国民の理解を増進するための基本的な事項その他必要な事項を定めるとする。

第３項・第４項・第５項は、基本計画を定める手順について定めた規定である。

（内閣総理大臣：［基本計画作成］ ⟶ 閣議決定→公表）
↓（資料提出その他必要な協力要請）
［関係行政機関の長］

第６項は、基本計画は、おおむね三年ごとに検討を行うと定める。この検討の前提として、「多様性をめぐる情勢の変化」を勘案し、かつ、「多様性に関する国民の理解の増進に関する施策の効果に関する評価」を踏まえ、検討を行うと定めているのであり、三年ごとの検討のためには、事前に継続的に客観的な施策効果の評価を政府が行っていかなければならないという法構造になっている。要するに、政府にPDCA[7]（プラン・ドゥ・チェック・アクション）を義務付けるとともに、EBPM[8]（エビデンス・ベースト・ポリシー・メーキング。証拠に基づく政策立案）に基づく施策遂行を求めた規定である（EBPMの重要性については、後述小倉国務大臣答弁参照）。前条（第７条）の施策の実施の状況公表の規定、及び次条（第９条）学術研究等の規定と相まって、本法律において、理解増進の施策遂行を推進する重要な意義を有する規定といえる。

第７項は、基本計画の変更の場合にも、第３項から第５項、すなわち、内閣総理大臣が計画変更案を作成し閣議決定を求める（変更案作成のために必要があれば、関係行政機関の長に資料の提出その他必要な協力を求める）との手続をとると定める。

7　Plan（計画）-Do（実行）-Check（評価）-Action（改善）。このサイクルを回し続けることで、業務改善（効果を高める）を行っていく手法

8　政策の企画立案をその場限りのエピソードに頼るのではなく、政策目的を明確化した上で合理的根拠（エビデンス）に基づくものとすること。政策効果の測定に重要な関連を持つ情報や統計等のデータを活用したEBPMの推進は、政策の有効性を高め、国民の行政への信頼確保に資するものとして、内閣府ではEBPMを推している。内閣府HP cao.go.jp/others/kichou/ebpm.html

【立法経緯】

本条に関しては、国会審議では本条規定の基本計画にフォーカスした議論はなされなかった。むしろ修正協議の後に新たに加えられた留意規定（第12条）中の指針の策定と関連して、計画や指針の手続過程において、専門家や当事者の意見を反映すべきなのではないか等の質疑がなされている（本条とともに主に第12条の解説参照）。

令和５年６月15日参議院内閣委員会におけるこの点に係る国務大臣答弁（質問者（三浦（公明）））は次のとおりである。

○小倉国務大臣

「基本計画や指針の策定にあたりましては、三浦委員ご指摘のとおり、関係者、現場を知る専門家のご意見を伺うことは大変重要であると考えております。具体的な進め方につきましては、法律の趣旨や三浦委員のご指摘の点も含めました国会における審議も踏まえて適切検討してまいりたいと考えております。」

また、同日、基本計画と指針等作成に係る期間に関する質問（上田（民主））に対する国務大臣答弁は次のとおりである。

○小倉国務大臣

「法案が成立し、施行された暁には、御議論いただいておりますように関係府省の連絡会議[9]、これを立ち上げた上で基本計画や指針、こういったものの議論をすることになるんじゃないかというふうに思っております。それについては、この法律案は公布日施行[10]でございますので、まずは、法律が成立をした暁には、内閣府において速やかに体制を構築させていただきたいと思っております。

9　性的指向・ジェンダーアイデンティティ理解増進連絡会議が令和５年８月９日に設置され、同日に第１回会議が開催された。

10　令和５年６月23日公布、同日施行

その上で、法律の趣旨や国会における御審議も踏まえて適切に対応していきたい、このように考えております。」

なお、更なる答弁を求められ、次のように答弁している。

「国会の御審議を聞いておりましても、当事者の意見もしっかり聞かなければいけないというふうに思います。」「この指針の策定に当たっても、地方公共団体始めとする様々な関係者がございます。やはり、性急に事を進めて、皆様方の納得感が得られないものであってはいけないというふうに思いますので、そこは様々な関係者の声を丁寧に聞きながら検討していきたいというのが私の思いであります。

ただ、先ほど申し上げたように、計画の策定にしても指針の策定にしても、それを検討する場が必要でありますので、その場については、速やかに法案を成立させていただいた暁には構築をさせていただきたいということを申し上げたところでございます。」

【解説】

1　行政計画としての基本計画の策定のいくつかの類型

行政計画としての基本計画を定めて、施策を推進していくことは、行政の基本的な手法である。

基本計画策定に関しては、定め方にいくつかの型がある。本法律と直接間接に関連し得るいくつかの法律のパターンを具体的に四つほど挙げて説明する。

Ⅰ　男女共同参画社会基本法における男女共同参画基本計画（下記Ⅰ法13条以下）

Ⅱ　障害を理由とする差別の解消の推進に関する法律における障害を理由とする差別の解消の推進に関する基本方針及び国等職員対応要領・地方公共団体等職員対応要領（下記Ⅱ法以下）

Ⅲ　犯罪被害者支援等基本法における犯罪被害者支援等基本計画（下記Ⅲ法以下）
Ⅳ　人権教育及び人権啓発の推進に関する法律における人権教育及び人権啓発に関する基本計画　（下記Ⅳ法以下）

などである。
以下該当条項を提示して解説を加える。

(1)　男女共同参画社会基本法

Ⅰ［男女共同参画社会基本法］は、本法律と密接不可分の法律である。男女共同参画社会基本法第13条は、男女共同参画基本計画策定を政府に義務付けるとともに、都道府県に対しては、都道府県男女共同参画計画策定を義務付け（同法第14条第１項・第２項)、また市町村に対しては、市区町村男女共同参画計画策定の努力義務（同条第３項）を定めている。

Ⅰ［男女共同参画社会基本法］

（男女共同参画基本計画）
第十三条　政府は、男女共同参画社会の形成の促進に関する施策の総合的かつ計画的な推進を図るため、男女共同参画社会の形成の促進に関する基本的な計画（以下「男女共同参画基本計画」という。）を定めなければならない。
２　男女共同参画基本計画は、次に掲げる事項について定めるものとする。
一　総合的かつ長期的に講ずべき男女共同参画社会の形成の促進に関する施策の大綱
二　前号に掲げるもののほか、男女共同参画社会の形成の促進に関する施策を総合的かつ計画的に推進するために必要な事項
３　内閣総理大臣は、男女共同参画会議の意見を聴いて、男女共同参画基本計画の案を作成し、閣議の決定を求めなければならない。
４　内閣総理大臣は、前項の規定による閣議の決定があったときは、遅滞な

く、男女共同参画基本計画を公表しなければならない。

5　前二項の規定は、男女共同参画基本計画の変更について準用する。

（都道府県男女共同参画計画等）

第十四条　都道府県は、男女共同参画基本計画を勘案して、当該都道府県の区域における男女共同参画社会の形成の促進に関する施策についての基本的な計画（以下「都道府県男女共同参画計画」という。）を定めなければならない。

2　都道府県男女共同参画計画は、次に掲げる事項について定めるものとする。

一　都道府県の区域において総合的かつ長期的に講ずべき男女共同参画社会の形成の促進に関する施策の大綱

二　前号に掲げるもののほか、都道府県の区域における男女共同参画社会の形成の促進に関する施策を総合的かつ計画的に推進するために必要な事項

3　市町村は、男女共同参画基本計画及び都道府県男女共同参画計画を勘案して、当該市町村の区域における男女共同参画社会の形成の促進に関する施策についての基本的な計画（以下「市町村男女共同参画計画」という。）を定めるように努めなければならない。

4　都道府県又は市町村は、都道府県男女共同参画計画又は市町村男女共同参画計画を定め、又は変更したときは、遅滞なく、これを公表しなければならない。

（施策の策定等に当たっての配慮）

第十五条　国及び地方公共団体は、男女共同参画社会の形成に影響を及ぼすと認められる施策を策定し、及び実施するに当たっては、男女共同参画社会の形成に配慮しなければならない。

（国民の理解を深めるための措置）

第十六条　国及び地方公共団体は、広報活動等を通じて、基本理念に関する国民の理解を深めるよう適切な措置を講じなければならない。

（苦情の処理等）

第十七条　国は、政府が実施する男女共同参画社会の形成の促進に関する施策又は男女共同参画社会の形成に影響を及ぼすと認められる施策についての苦情の処理のために必要な措置及び性別による差別的取扱いその他の男女共同参画社会の形成を阻害する要因によって人権が侵害された場合にお

ける被害者の救済を図るために必要な措置を講じなければならない。

（調査研究）

第十八条　国は、社会における制度又は慣行が男女共同参画社会の形成に及ぼす影響に関する調査研究その他の男女共同参画社会の形成の促進に関する施策の策定に必要な調査研究を推進するように努めるものとする。

（国際的協調のための措置）

第十九条　国は、男女共同参画社会の形成を国際的協調の下に促進するため、外国政府又は国際機関との情報の交換その他男女共同参画社会の形成に関する国際的な相互協力の円滑な推進を図るために必要な措置を講ずるように努めるものとする。

（地方公共団体及び民間の団体に対する支援）

第二十条　国は、地方公共団体が実施する男女共同参画社会の形成の促進に関する施策及び民間の団体が男女共同参画社会の形成の促進に関して行う活動を支援するため、情報の提供その他の必要な措置を講ずるように努めるものとする。

(2)　障害者差別解消法

Ⅱ［障害者差別禁止法］は、政府に基本方針策定を義務付けるとともに、この基本方針に即して、国の職員等が適切に対応するために、国の行政機関等に国等職員対応要領の策定義務を定め、地方公共団体の機関に対しても、地方公共団体の機関等の職員が適切に対応するために、地方公共団体の機関等に地方公共団体等職員対応要領の策定努力義務を課している。こうして国の基本方針を徹底しようとしている。

Ⅱ［障害を理由とする差別の解消の推進に関する法律］

第二章　障害を理由とする差別の解消の推進に関する基本方針

第六条　政府は、障害を理由とする差別の解消の推進に関する施策を総合的かつ一体的に実施するため、障害を理由とする差別の解消の推進に関する基本方針（以下「基本方針」という。）を定めなければならない。

２　基本方針は、次に掲げる事項について定めるものとする。

一　障害を理由とする差別の解消の推進に関する施策に関する基本的な方向
二　行政機関等が講ずべき障害を理由とする差別を解消するための措置に関する基本的な事項
三　事業者が講ずべき障害を理由とする差別を解消するための措置に関する基本的な事項
四　その他障害を理由とする差別の解消の推進に関する施策に関する重要事項
3　内閣総理大臣は、基本方針の案を作成し、閣議の決定を求めなければならない。
4　内閣総理大臣は、基本方針の案を作成しようとするときは、あらかじめ、障害者その他の関係者の意見を反映させるために必要な措置を講ずるとともに、障害者政策委員会の意見を聴かなければならない。
5　内閣総理大臣は、第三項の規定による閣議の決定があったときは、遅滞なく、基本方針を公表しなければならない。
6　前三項の規定は、基本方針の変更について準用する。

第三章　行政機関等及び事業者における障害を理由とする差別を解消するための措置

（行政機関等における障害を理由とする差別の禁止）

第七条　行政機関等は、その事務又は事業を行うに当たり、障害を理由として障害者でない者と不当な差別的取扱いをすることにより、障害者の権利利益を侵害してはならない。
2　行政機関等は、その事務又は事業を行うに当たり、障害者から現に社会的障壁の除去を必要としている旨の意思の表明があった場合において、その実施に伴う負担が過重でないときは、障害者の権利利益を侵害することとならないよう、当該障害者の性別、年齢及び障害の状態に応じて、社会的障壁の除去の実施について必要かつ合理的な配慮をしなければならない。

（国等職員対応要領）

第九条　国の行政機関の長及び独立行政法人等は、基本方針に即して、第七条に規定する事項に関し、当該国の行政機関及び独立行政法人等の職員が適切に対応するために必要な要領（以下この条及び附則第三条において「国等職員対応要領」という。）を定めるものとする。
2　国の行政機関の長及び独立行政法人等は、国等職員対応要領を定めようとするときは、あらかじめ、障害者その他の関係者の意見を反映させるために必要な措置を講じなければならない。

3　国の行政機関の長及び独立行政法人等は、国等職員対応要領を定めたときは、遅滞なく、これを公表しなければならない。

4　前二項の規定は、国等職員対応要領の変更について準用する。

（地方公共団体等職員対応要領）

第十条　地方公共団体の機関及び地方独立行政法人は、基本方針に即して、第七条に規定する事項に関し、当該地方公共団体の機関及び地方独立行政法人の職員が適切に対応するために必要な要領（以下この条及び附則第四条において「地方公共団体等職員対応要領」という。）を定めるよう努めるものとする。

2　地方公共団体の機関及び地方独立行政法人は、地方公共団体等職員対応要領を定めようとするときは、あらかじめ、障害者その他の関係者の意見を反映させるために必要な措置を講ずるよう努めなければならない。

3　地方公共団体の機関及び地方独立行政法人は、地方公共団体等職員対応要領を定めたときは、遅滞なく、これを公表するよう努めなければならない。

4　国は、地方公共団体の機関及び地方独立行政法人による地方公共団体等職員対応要領の作成に協力しなければならない。

5　前三項の規定は、地方公共団体等職員対応要領の変更について準用する。

（事業者のための対応指針）

第十一条　主務大臣は、基本方針に即して、第八条に規定する事項に関し、事業者が適切に対応するために必要な指針（以下「対応指針」という。）を定めるものとする。

2　第九条第二項から第四項までの規定は、対応指針について準用する。

（報告の徴収並びに助言、指導及び勧告）

第十二条　主務大臣は、第八条の規定の施行に関し、特に必要があると認めるときは、対応指針に定める事項について、当該事業者に対し、報告を求め、又は助言、指導若しくは勧告をすることができる。

（事業主による措置に関する特例）

第十三条　行政機関等及び事業者が事業主としての立場で労働者に対して行う障害を理由とする差別を解消するための措置については、障害者の雇用の促進等に関する法律（昭和三十五年法律第百二十三号）の定めるところによる。

(3)　犯罪被害者等基本法

Ⅲ［犯罪被害者等基本法］は、政府に対する犯罪被害者等基本計画の義務を課し、一方、地方公共団体には計画策定義務は定められていない。ただし、基本的施策（同法第２章）を定める章において、相談及び情報の提供等（第11条）、損害賠償の請求についての援助等（第12条）、給付金の支給に係る制度の充実等（第13条）、保健医療サービス及び福祉サービスの提供（第14条）、安全の確保（第15条）、居住の安定（第16条）、雇用の安定（第17条）、刑事に関する手続への参加の機会を拡充するための制度の整備等（第18条）、保護、捜査、公判等の過程における配慮等（第19条）、国民の理解の増進（第20条）、調査研究の推進等（第21条）、民間の団体に対する援助（第22条）、意見の反映及び透明性の確保（第23条）等の具体的項目規定を掲げ、国及び地方公共団体を施策実現の主体と定めている。

Ⅲ［犯罪被害者等基本法］

（犯罪被害者等基本計画）

第八条　政府は、犯罪被害者等のための施策の総合的かつ計画的な推進を図るため、犯罪被害者等のための施策に関する基本的な計画（以下「犯罪被害者等基本計画」という。）を定めなければならない。

2　犯罪被害者等基本計画は、次に掲げる事項について定めるものとする。

一　総合的かつ長期的に講ずべき犯罪被害者等のための施策の大綱

二　前号に掲げるもののほか、犯罪被害者等のための施策を総合的かつ計画的に推進するために必要な事項

3　内閣総理大臣は、犯罪被害者等基本計画の案につき閣議の決定を求めなければならない。

4　内閣総理大臣は、前項の規定による閣議の決定があったときは、遅滞なく、犯罪被害者等基本計画を公表しなければならない。

5　前二項の規定は、犯罪被害者等基本計画の変更について準用する。

(4) 人権教育及び人権啓発の推進に関する法律

Ⅳ［人権教育及び人権啓発の推進に関する法律］においては、国に対して、基本計画策定を義務付けている。

Ⅳ［人権教育及び人権啓発の推進に関する法律］

（基本計画の策定）
第七条　国は、人権教育及び人権啓発に関する施策の総合的かつ計画的な推進を図るため、人権教育及び人権啓発に関する基本的な計画を策定しなければならない。
（年次報告）
第八条　政府は、毎年、国会に、政府が講じた人権教育及び人権啓発に関する施策についての報告を提出しなければならない。

2　各種法律の基本計画の分析

このように関連法律を比較してみると、どの法律も一般的な国の責務（役割）、地方公共団体の責務（役割）規定は設けた上で、その責務（役割）を基本計画（基本方針）という形を示して、当該法律の目的・基本理念の実現を図ろうとしている。相違点としては、第一に、基本計画の名宛人として、国（政府）のみに義務を課すのか、地方公共団体にも課すのかという点の相違がある。第二に、策定を法的義務とするのか努力義務とするのかという点での拘束性に相違がある。第三に、当該計画策定に会議体（専門家含む）や当事者その他の関係者等の意見聴取を義務付けるか否か等の手続を法定しているか否かに相違がある。

本法律は、一般的な国の役割及び地方公共団体の役割規定は設けているが、直接的な基本計画の名宛人は政府としている。また、努力義務という形で拘束性を確保している。この基本計画策定の手続過程で会議体（専門家含む）や当事者その他の関係者の意見聴取を法定義務化はしていない。犯罪被害者等基本法と人権教育及び人権啓発の推進に関する法律の中間的な法律の形式をとっているといえる。

しかし、計画策定において、特に当事者等の意見聴取は、行政手続法の（直接の射程ではないとしても）精神・趣旨（行政手続法第１条「行政運営における公正の確保と透明性（行政上の意思決定について、その内容及び過程が国民にとって明らかであることをいう。……）の向上を図り」）からしても必要な手続である。その意味で、「様々な関係者の声を丁寧に聞きながら検討していきたい」、「計画の策定にしても指針の策定にしても、それを検討する場が必要」との国会における政府答弁は、行政計画の定め方における通常のあるべき対応といえる。

3　基本計画策定後の検討と変更

第６項は、上記趣旨の箇所で説明したように、重要な意義を有する規定である。確かに、男女共同参画社会基本法のように、計画策定に専門家を含む会議体による意見聴取過程を規定していない点で、本法律では、政府が当事者らの意見を聞かずに一方的な計画が策定されるのではないかとの懸念の声が挙げられたところである。しかし、三年ごとに検討を行うと定めるその前提としては、「多様性に関する国民の理解の増進に関する施策の効果に関する評価」を踏まえと定めているのである。この点で、政府には、理解増進に関する継続的かつ客観的な施策効果の評価を課したものといえ、前述解説したように、政府にPDCA（プラン・ドゥ・チェック・アクション）を義務付けるとともに、EBPM（エビデンス・ベースト・ポリシー・メーキング）に基づく施策遂行を求めた規定といえるのである。さらに、前条（第７条）の施策の実施の状況公表の規定、及び次条（第９条）の学術研究等の規定と相まって、本法律において、理解増進の施策遂行を推進する重要な意義を有する規定が定められたと評価できる。

コラム　東京都性自認及び性的指向に関する基本計画

性的マイノリティに係る計画策定、施策推進の面で、先行する東京都の例を挙げておく。

現在は、「第２期東京都性自認及び性的指向に関する基本計画 令和５（2023）年度～令和９（2027）年度」を定めているが、第１期当初の基本計画の目次は、以下のとおりである[11]。参考となろう。

第１章　計画の策定に当たって
第２章　国内外の動向と現状
第３章　課題認識と基本的な考え方
第４章　東京都の施策として
　Ⅰ　相談・支援体制の充実
　Ⅱ　啓発・教育の推進
　　１　都民を対象とした取組
　　２　事業者等を対象とした取組
　　３　学校現場や社会教育における取組
　Ⅲ　職員理解の推進・
　Ⅳ　庁内外の取組の推進

11　東京都HP https://www.metro.tokyo.lg.jp/tosei/hodohappyo/press/2019/12/25/19.html

東京都性自認及び性的指向に関する基本計画の概要

第１章　基本計画の策定に当たって（Ｐ１～）

- 平成３０（２０１８）年１０月に制定した「東京都オリンピック憲章にうたわれる人権尊重の理念の実現を目指す条例」（平成３０年東京都条例第９３号）では、第2章「多様な性の理解の推進」において、性自認及び性的指向を理由とする不当な差別の解消並びに啓発等の推進を図ることを明記
- 東京都は、性自認及び性的指向に関して、基本的な考え方、これまで取り組んできた施策、今後の方向性等を明らかにするため、同条例第５条第１項に基づき、本計画を策定

第２章　国内外の動向と現状（Ｐ２～）

＜国内外の動向について＞
- 国の機関における取組
- 他自治体における取組に関する主な調査結果
- オリンピック・パラリンピック関連（オリンピック憲章におけるオリンピズムの根本原則第６項の改正等）
- 国際機関等における取組
- 医学界における取扱い

＜当事者等調査の結果について＞
- 性自認及び性的指向に関して困難を抱える当事者が直面する困り事等について、生活するうえで感じた困難、差別を受けたと感じた際の対処、差別解消のために必要な啓発等に関する主な調査結果

第３章　課題認識と基本的な考え方（Ｐ１９～）

＜課題認識＞
・当事者の多くが誰にも相談できず、一人で悩みを抱え、人間関係を含む社会資源から孤立しがち
・当事者は見えにくい存在であるため、周囲の意識が変わりにくく、困り事の解決が困難
・性自認及び性的指向に関する施策を推進していくため、都民一人ひとりの理解を得ていくことが重要

＜基本方針＞

1　声を上げられない当事者に寄り添い、
2　多様な性のあり方を尊重し合う風土を醸成し、
3　オール東京で誰もが輝ける社会を実現する。

＜施策の柱＞

Ⅰ　相談・支援体制の充実
Ⅱ　啓発・教育の推進
Ⅲ　職員理解の推進
Ⅳ　庁内外の取組の推進

＜計画期間＞
- 令和2（２０２０）年1月から令和5（２０２３）年3月までの、概ね3年間

＜重点課題＞
- 本計画期間については、声を上げられない当事者へアプローチする「声なき声に配慮する相談体制の充実」を重点課題として推進
あわせて、啓発、教育についても積極的に取り組み、共生社会の土台づくりを行うとともに、取組の成果を踏まえ、次期計画へとステップアップ

第4章　東京都の施策（Ｐ２３～）

※ 主な取組

施策の柱Ⅰ　相談・支援体制の充実

- ＳＮＳを活用した専門相談等を通じて若年層にアプローチ
- 各種相談窓口（ひきこもり、自殺、女性、労働、教育等）間の連携体制を充実し、必要な社会資源へ接続
- 同じ悩みを抱える当事者同士が集い、ロールモデルを発見し、交流できる場・機会を提供する取組を検討

施策の柱Ⅱ　啓発・教育の推進

１　都民を対象とした取組
- 冊子、リーフレット、啓発映像、セミナー開催、行事等での企画・展示等を通じた啓発の充実
- 都民等を対象とした啓発冊子の作成
- 東京２０２０大会開催を契機とした普及啓発

２　事業者等を対象とした取組
- 啓発冊子の企業団体等を通じた配布やイベント会場での配布
- 民間企業の人事・採用担当者等を対象とした無料研修を都が新たに実施すること等を通じ、受講企業自らが「ＬＧＢＴフレンドリー宣言（仮称）」を行い、これを都がホームページで公表すること等を通じて、事業者における主体的な取組を一層促進することを検討

３　学校現場や社会教育における取組
- 指導資料「人権教育プログラム（学校教育編）」を作成し、都内公立学校全ての教職員へ配布
- 文部科学省通知に基づき、学校生活の様々な機会・場面における児童・生徒への適切な配慮の実施
- トイレ、更衣室の使用、健康診断の実施等についての配慮事例をまとめた資料を人権研修で活用
- 啓発学習資料を作成し、ＰＴＡ、社会教育機関等へ配布

施策の柱Ⅲ　職員理解の推進

- 窓口等での接遇や職場内の同僚への配慮等について記載した職員向けマニュアルを作成し、全職員へ配布
- 職員向けの啓発資料を研修等で活用し、職員によるＳＯＧＩハラスメントを防止
- 全職員に対する定期的な人権研修に加えて、新規採用や管理職候補者といった各段階での研修の充実

施策の柱Ⅳ　庁内外の取組の推進

- 人事委員会が実施する東京都職員採用試験・選考について、令和２（２０２０）年度以降の申込から性別記載を廃止
- 教員採用候補者選考申込において、受験に際し男女別を必要としない募集区分での性別記載を任意とすることを実施
- 都立高校の入学者選抜において、個別の配慮が必要な場合、申告する性に応じた受検の実施
- 居住支援法人等との連携による民間賃貸住宅への入居促進
- 公社住宅での多様な居住形態の入居への対応について検討
- 都立病院での面会者の範囲や手術同意、病棟の個室利用等、患者の個別事情や希望に応じた配慮を実施
- 全庁横断会議を活用して庁内各局の連携を進め、当事者等の意見を聴く機会を通じ、施策の不断の見直し・検証を実施
- 東京都と区市町村の連絡会を設置し、情報提供や課題共有を推進

参考資料（相談窓口電話番号一覧等）（Ｐ５０～）

【第9条】

（学術研究等）
第九条　国は、性的指向及びジェンダーアイデンティティの多様性に関する学術研究その他の性的指向及びジェンダーアイデンティティの多様性に関する国民の理解の増進に関する施策の策定に必要な研究を推進するものとする。

【趣旨】

国に対して、多様性に関する国民の理解増進に関する施策の策定に必要な研究を推進する義務を課した規定である。

【立法経緯】

当該条項については、2021年与野党実務者合意案では、次のような規定であった。

> （調査研究）
> 第十条　国は、性的指向及び性自認の多様性に関する調査研究その他の性的指向及び性自認の多様性に関する国民の理解の増進に関する施策の策定に必要な調査研究を推進するものとする。

この「調査研究」の文言が「学術研究」に修正されたことに関しては、令和5年6月15日参議院内閣委員会では、国が政策立案のための基礎データとなる各種調査を行い、学術研究や市民への提供する責任を放棄することになるとの批判（打越（立民））が挙げられた。

この点、同参議院内閣委員会における学術研究として想定される内容に関する質問（高木（維新））に対する立法提案者説明（新藤（自民））は、以下のとおりである。

○立法提案者（新藤（自民））

「性の多様性に関する国民の理解の増進に関する施策の策定に必要な研究ということでございまして、この例示であります。その必要な研究の例示として、当初より私どもは、医学的、心理学的な知見の深化などの学術研究というものを念頭に置いておりました。ですから、この趣旨が明らかになるように、学術研究という形でそこは明確にさせていただいたということでございまして、この研究等によりまして、国の施策がしっかりと、この施策づくりにこれが大きな効果を与えられるように期待をしたいと、このように考えているわけであります。」

【解説】

本書においても【資料編】で各種法律を挙げているが、「調査研究」との規定を設けるのが通例である。また、法令検索をかけても、学術研究と規定する例は極めて特殊な場合である。その意味では、当該法律の場合にのみ学術研究を強調する特別のエビデンスを示すことは難しいといえる。

しかしながら、法制執務の観点からすれば、調査研究との文言であっても、学術研究という文言であっても、例示にすぎず、限定的に捉えるとの解釈はなし得ないのであり、その意味で、立法経緯の変遷に法的意味内容の違いは見いだせない。また、当該規定が学術研究になったとしても、国が政策立案のための基礎データとなる各種調査を行い、学術研究や市民へ提供する責務を免れることにはならないことはいうまでもない。

【第10条】

（知識の着実な普及等）

第十条　国及び地方公共団体は、前条の研究の進捗状況を踏まえつつ、学校、地域、家庭、職域その他の様々な場を通じて、国民が、性的指向及びジェンダーアイデンティティの多様性に関する理解を深めることができるよう、心身の発達に応じた教育及び学習の振興並びに広報活動等を通じた性的指向及びジェンダーアイデンティティの多様性に関する知識の着実な普及、各般の問題に対応するための相談体制の整備その他の必要な施策を講ずるよう努めるものとする。

2　事業主は、その雇用する労働者に対し、性的指向及びジェンダーアイデンティティの多様性に関する理解を深めるための情報の提供、研修の実施、普及啓発、就業環境に関する相談体制の整備その他の必要な措置を講ずるよう努めるものとする。

3　学校の設置者及びその設置する学校は、当該学校の児童等に対し、性的指向及びジェンダーアイデンティティの多様性に関する理解を深めるため、家庭及び地域住民その他の関係者の協力を得つつ、教育又は啓発、教育環境に関する相談体制の整備その他の必要な措置を講ずるよう努めるものとする。

【趣旨】

1　第1項

国及び地方公共団体が必要な施策を講ずる努力義務を定めた規定である。具体的には、①教育及び学習の振興、②広報活動等を通じた知識の着実な普及、③各般の問題に対応するための相談体制の整備等を必要な施策の例示として挙げている。

2　第2項

事業主が必要な措置を講ずる努力義務を定めた規定である。具体的には、

①情報の提供、②研究の実施、③普及啓発、④就業環境に関する相談体制の整備等を必要な施策の例示として挙げている。

3　第3項

学校設置者及び学校が必要な措置を講ずる努力義務を定めた規定である。具体的には、①教育又は啓発、②教育環境に関する相談体制の整備等を必要な施策の例示として挙げている。

【立法経緯】

2021（令和3）年与野党実務者合意案から変遷があり、当該規定に至るまでの議論がなされているので、紹介する。

1　2021（令3）年与野党実務者合意案【資料③】

与野党実務者合意案では、次のように、知識の着実な普及等（第11条）、相談体制の整備等（第12条）、民間の団体等の自発的な活動の促進（第13条）との三条項が規定されていた。

（知識の着実な普及等）

第十一条　国及び地方公共団体は、前条の調査研究の進捗状況を踏まえつつ、学校、地域、家庭、職域その他の様々な場を通じて、国民が、性的指向及び性自認の多様性に関する理解を深めることができるよう、心身の発達に応じた教育及び学習の振興並びに広報活動等を通じた性的指向及び性自認の多様性に関する知識の着実な普及のために必要な施策を講ずるよう努めるものとする。

2　事業主は、その雇用する労働者に対し、性的指向及び性自認の多様性に関する理解を深めるための情報の提供、研修の実施、普及啓発その他の必要な措置を講ずるよう努めるものとする。

3　学校の設置者及びその設置する学校は、当該学校の児童等に対し、性的指向及び性自認の多様性に関する理解を深めるための教育又は啓発その他の必要な措置を講ずるよう努めるものとする。

（相談体制の整備等）

第十二条　国及び地方公共団体は、性的指向及び性自認の多様性に関する各般の問題に関する相談に的確に応ずるため、相談体制の整備その他の必要な施策を講ずるよう努めるものとする。

2　事業主は、性的指向及び性自認の多様性に関する理解の増進に資するよう、その雇用する労働者の就業環境に関し、当該労働者からの相談に応じ、適切に対応するために必要な体制を整備するよう努めるものとする。

3　学校の設置者は、性的指向及び性自認の多様性に関する理解の増進に資するよう、その設置する学校の児童等の教育環境に関し、当該児童等又はその保護者からの相談に応じ、適切に対応するために必要な体制を整備するよう努めるものとする。

（民間の団体等の自発的な活動の促進）

第十三条　国及び地方公共団体は、事業者、国民又はこれらの者の組織する民間の団体が自発的に行う性的指向及び性自認の多様性に関する国民の理解の増進に関する活動が促進されるよう、必要な施策を講ずるよう努めるものとする。

2　2023（令5）年議案13修正前自民・公明提出案【資料②】

上記与野党実務者合意案は、修正前自民・公明提出案では、次のように一条項にまとめられた。

（知識の着実な普及等）

第十条　国及び地方公共団体は、前条の研究の進捗状況を踏まえつつ、学校、地域、家庭、職域その他の様々な場を通じて、国民が、性的指向及び性同一性の多様性に関する理解を深めることができるよう、心身の発達に応じた教育及び学習の振興並びに広報活動等を通じた性的指向及び性同一性の多様性に関する知識の着実な普及、各般の問題に対応するための相談体制の整備、民間の団体等の自発的な活動の促進その他の必要な施策を講ずるよう努めるものとする。

2　事業主は、その雇用する労働者に対し、性的指向及び性同一性の多様性に関する理解を深めるための情報の提供、研修の実施、普及啓発、就業環境に関する相談体制の整備その他の必要な措置を講ずるよう努めるものとする。

3　学校の設置者及びその設置する学校は、当該学校の児童等に対し、性的指向及び性同一性の多様性に関する理解を深めるための教育又は啓発、教育環境に関する相談体制の整備その他の必要な措置を講ずるよう努めるものとする。

3　2023（令５）年議案16　維新・国民提出案【資料④】

その後提出された維新・国民提出案では、「民間の団体等の自発的な活動の促進」の文言はなく、また、学校設置者及び学校が行う必要な措置の条項には、「保護者の理解と協力を得て」との文言が付加されている。

（知識の着実な普及等）

第十条　国及び地方公共団体は、前条の研究の進捗状況を踏まえつつ、学校、地域、家庭、職域その他の様々な場を通じて、国民が、性的指向及びジェンダーアイデンティティの多様性に関する理解を深めることができるよう、心身の発達に応じた教育及び学習の振興並びに広報活動等を通じた性的指向及びジェンダーアイデンティティの多様性に関する知識の着実な普及、各般の問題に対応するための相談体制の整備その他の必要な施策を講ずるよう努めるものとする。

2　事業主は、その雇用する労働者に対し、性的指向及びジェンダーアイデンティティの多様性に関する理解を深めるための情報の提供、研修の実施、普及啓発、就業環境に関する相談体制の整備その他の必要な措置を講ずるよう努めるものとする。

3　学校の設置者及びその設置する学校は、当該学校の児童等に対し、性的指向及びジェンダーアイデンティティの多様性に関する理解を深めるため、保護者の理解と協力を得て行う心身の発達に応じた教育又は啓発、教育環境に関する相談体制の整備その他の必要な措置を講ずるよう努めるものとする。

4　立法提案及び協議を経た後の修正後の本条項（第10条）に関する質疑

こうした立法提案及び協議を経た後の修正後の本条項（第10条）に関する質疑と立法提案者説明は以下のとおりである。

(1) 民間団体等の自発的な活動の促進規定削除の説明

上記2021（令３）年与野党実務者合意案**【資料③】**においては、「民間団体等の自発的な活動の推進」の一条項があり、また2023（令５）年議案13修正前自民・公明提出案**【資料②】**においても、修正前第10条第１項中「国及び地方公共団体は、……知識の着実な普及、各般の問題に対応するための相談体制の整備、民間の団体等の自発的な活動の促進その他の必要な施策を講ずるよう努めるものとする。」として、民間の団体等の自発的な活動の促進を掲げていたにもかかわらず、この「民間の団体等の自発的な活動の促進」との文言を削除した点に関しては、民間団体の活動を止めるものではないかとの批判が挙げられた。

こうした点について、令和５年６月15日参議院内閣委員会質問者（三浦（公明））に対する立法提案者の説明は以下のとおりである。

○立法提案者（國重（公明））

「修正前の十条一項は、国及び地方公共団体は、知識の着実な普及、各般の問題に対応するための相談体制の整備、民間の団体等の自発的な活動の促進その他の必要な施策を講ずるよう努めるものとすると規定しておりました。ここで言う民間団体等の自発的な活動の促進は、あくまで国、地方公共団体における必要な施策の例示の一つでありまして、この文言が削られたことによって、民間団体等の活動が制限されたり、また、この法律の対象から除外されるというものではありません[12]。

他方で、民間の団体と一口に言っても様々な団体があり、一部には懸念もあったことから、あえて例示として明記するまでのことはないのではないかということで、これを削ったものであります。

もっとも、必要な民間団体等の自発的な活動の促進を引き続き行っていくことは当然のことでありまして、基本計画や指針によりこうした活動の促進の適切な在り方も示されていくものと期待をしております。」

---

12 **【法律概要】**内閣府HP　https://www8.cao.go.jp/rikaizoshin/law/pdf/gaiyo.pdf

なお、質問者（高木（維新））に対し、立法提案者である阿部（司）（維新）も同日同委員会において同様の答弁を行っている。

(2)「家庭及び地域住民その他の関係者の協力を得つつ」との文言の追加（本条第１項）

この点、上記2021（令３）年与野党実務者合意案【資料③】及び2023（令５）年議案13修正前自民・公明提出案【資料②】では、「家庭及び地域住民その他の関係者の協力を得つつ」との文言はなかったが、2023（令５）年議案16維新・国民提出案【資料④】では、維新・国民提出案の第10条（知識の着実な普及等）第３項の学校設置者及び学校が行う必要な措置の条項に「保護者の理解と協力を得て行う」との文言を加えている。

最終的には、学校設置者及び学校を主語とした第３項に「家庭及び地域住民その他の関係者の協力を得つつ」との文言を追加することで、修正協議がまとまっている。

この点に関する国会における審議の詳細については、第６条第２項の逐条解説において詳述しているので、参照されたい。

再度、第６条第２項の該当部分を抜粋すると、「……家庭及び地域住民その他の関係者の協力を得つつ、教育又は啓発、教育環境の整備、相談の機会の確保等を行うことにより性的指向及びジェンダーアイデンティティの多様性に関する当該学校の児童等の理解の増進に自ら努めるとともに」との文言となっており、第６条第２項及び本条項（第10条第３項）に当該文言が追加されたことに関する令和５年６月15日参議院内閣委員会における質疑において、教育基本法第13条を引用したとの説明がなされたことに関する更なる質問（三浦（公明））への文部科学省の回答は以下のとおりである。（一部再掲）

○政府参考人（里見（文部科学省））（再掲）

「教育基本法第十三条でございますが、平成十五年の中央教育審議会答申を受けまして、平成十八年の教育基本法の全面改定におきまして新たに規定が盛り込まれたものでございます。

子供の健全育成や教育の目的を実現するためには学校、家庭、地域社会の三者が大きな役割を担うことから、それぞれ子供の教育に責任を持つとともに、相互に緊密に連携協力して、教育の目的の実現に取り組むことが重要でございます。

こういった趣旨から、教育基本法第十三条におきましては、学校、家庭、地域住民その他の関係者がそれぞれの役割と責任を自覚するとともに、相互の連携協力に努めることについて規定したものでございます。」

さらに、この政府答弁を受けて、「保護者等の協力を得ないと理解増進の取組ができないという狭い意味ではないと理解していいのか」との質問（三浦(公明)）に対する立法提案者の文言追加の趣旨答弁は以下のとおりである。

○立法提案者（國重（公明））（再掲）

「教育基本法十三条に、学校、家庭及び地域住民その他の関係者は、相互の連携及び協力に努めるという定めがあります。その趣旨は、先ほどありましたとおり、教育の目的を実現するためには、学校、家庭、地域社会がそれぞれの果たすべき役割も大きく、これらの三者が相互に緊密に連携協力して取り組むことが重要であるということであります。

本法案の修正により追加された部分につきましても、教育基本法の文言と同様の趣旨でありまして、同様の定めをすることが法律としての安定性を高めることから、家庭及び地域住民その他の関係者の協力を得つつという文言を用いることとしたものでありまして、御心配のように、保護者の協力を得なければ取組を進められないという意味ではありません。」

(3) 第３項「教育又は啓発、教育環境に関する相談体制の整備」に関して

第３項は、第６条第２項と類似の例示規定を有している。具体的には、「学校の設置者及びその設置する学校」を主語（名宛人）として、「教育又は啓発、教育環境に関する相談体制の整備」を例示列挙して、必要な措置を講ず

る努力義務を課している。

この点に関して、令和５年６月15日参議院内閣委員会における質問（高木（維新））に対する政府参考人答弁は以下のとおりである。

○政府参考人（里見（文部科学省））

「お答えいたします。性的マイノリティの方々を始めまして、個々人が持つ多様な背景にかかわらず、全ての人がお互いを尊重し、誰もが生き生きとした人生を享受することができる共生社会を目指した取組を進めることは極めて重要であると考えております。

このため、文部科学省では、学校教育や社会教育における人権教育を通しまして、多様性に対する理解、自他の人権の尊重等の態度を育む取組を進めるとともに、性的マイノリティの児童生徒等へのきめ細かな対応に資するよう、教職員向けの啓発資料や研修動画の作成、周知、改訂版生徒指導提要への性的マイノリティに関する記載の追加などの取組に努めてきたところでございます。

委員御指摘のように、児童生徒の発達段階に応じまして教育委員会や学校等において適切な対応が取られるよう、引き続き取組を進めてまいります。」

【解説】

2021（令３）年与野党実務者合意案**【資料③】**から時系列的な文言修正の変遷を辿ると、確かに、合意案では、「知識の着実な普及等」、「相談体制の整備等」、「民間の団体等の自発的な活動の促進」という三つのそれぞれ独立した条項が存在したが、これらが「知識の着実な普及等」との一条項にまとめられてしまったことで、当該法律の理念を実現するための具体的メニューが狭められたように映る点はそのとおりであろう。しかし、純粋に法制執務の観点から解説を行うのであれば、例えば「相談体制の整備」については、「知識の着実な普及等」の一つの条項にまとめられてはいるが、文言として残っている。また「民間の団体等の自発的な活動の促進」については、与野党実務合意案と比較すると内容記述が削減されたことになるが、講ずべき「その他の必要な措置」に含まれるのは明らかといえる。そして修正前自民・公明案と比較するのであれば、もともと「民間の団体等の自発的な活動の促進」は、例示列挙であり、その点では法制執務上は特に法的効力に差異はない（限定したとの趣旨ではない）との説明ができよう。

なお、「家庭及び地域住民その他の関係者の協力を得つつ」との文言を追加したことに関しては、第６条第２項の箇所で詳述解説を行っている。

【第11条】

（性的指向・ジェンダーアイデンティティ理解増進連絡会議）
第十一条　政府は、内閣官房、内閣府、総務省、法務省、外務省、文部科学省、厚生労働省、国土交通省その他の関係行政機関の職員をもって構成する性的指向・ジェンダーアイデンティティ理解増進連絡会議を設け、性的指向及びジェンダーアイデンティティの多様性に関する国民の理解の増進に関する施策の総合的かつ効果的な推進を図るための連絡調整を行うものとする。

※なお本条に基づき、「性的指向・ジェンダーアイデンティティ理解増進連絡会議」が令和５年８月９日付けで設置[13]された。

【趣旨】

施策の総合的かつ効果的な推進を図ることを目的として、政府が関係行政機関の職員をもって構成する性的指向・ジェンダーアイデンティティ理解増進連絡会議の設置を定めるものである。

【立法経緯】

性的指向・ジェンダーアイデンティティ理解増進連絡会議を設置する意義に関して、令和５年６月15日参議院内閣委員会における質問（三浦（公明））への立法提案者（國重（公明））の説明は以下のとおりである。

○立法提案者（國重（公明））

「現在も政府におきまして必要な取組が進められているところでありますが、各府省庁でそれぞれ別々に取り組まれているものであります。そこで、幅広い関係省庁が集い、理解増進に関して連絡調整を行うための場として連絡会議を設けることとしたところであります。

13　内閣府が事務局となり、会議の議長は、内閣府政策統括官（政策調整担当）が務める。必要があると認めるときは、構成員を追加し、又は関係者に出席を求めることができる、との関係府省申合せを行っている。

本法案により、内閣府が主管省庁となります。この主管省庁と連絡会議とが相まって、政府として理解増進のための施策を推進していく体制が整うものと期待をしております。」

【解説】

この連絡会議は、あくまで国の関係機関の内部調整の会議である。性的指向・ジェンダーアイデンティティが、国のあらゆる施策の土台となる点、横断的施策となる点からするのであれば、「内閣官房、内閣府、総務省、法務省、外務省、文部科学省、厚生労働省、国土交通省その他の関係行政機関の職員をもって構成」される連絡会議が、単なる各省庁の報告会ではなく、各省庁の施策の横串を通し、再構築かつ相互連関的なものとなることが求められる。

なお、外部の専門家や当事者等は法文上は想定されていないが、将来的な会議体のあり方としては、専門家や当事者を含めて、丁寧に意見を聞きながら施策を推進していくことが必要である。

※内閣府のHP（令和５年10月現在）では、上記連絡会議が２回開催され、配布資料がアップされている（**【資料編】**第16参照）。

内閣府HP（性的指向・ジェンダーアイデンティティ理解増進）　https://www8.cao.go.jp/rikaizoshin/index.html

【第12条】

（措置の実施等に当たっての留意）
第十二条　この法律に定める措置の実施等に当たっては、性的指向又はジェンダーアイデンティティにかかわらず、全ての国民が安心して生活することができることとなるよう、留意するものとする。この場合において、政府は、その運用に必要な指針を策定するものとする。

【趣旨】

この法律に定める措置の実施等に当たって、全ての国民が安心して生活することができることとなるようにとの留意事項を定めるとともに、必要な指針の策定を政府に課したものである。

【立法経緯】

1　留意規定追加の趣旨についての議論

(1) 趣旨

当該条項は、修正前自民・公明提出案にはなかった規定である。それゆえ、この規定が追記された経緯に関しては、多数派への配慮規定ではないか、またこの規定が追記されたことにより、法律全体の法制上の意味や法的効果が変わってしまうのではないかとの懸念が挙げられた。

この点に関する令和5年6月15日参議院内閣委員会での質問（三浦（公明））に対する立法提案者の説明は以下のとおりである。

○立法提案者（國重（公明））

「本法案は、三条の基本理念に、全ての国民が、その性的指向又はジェンダーアイデンティティにかかわらず、等しく基本的人権を享有するかけがえのない個人として尊重される、相互に人格と個性を尊重し合いながら共生する社会の実現と規定をしております。

この規定のとおり、本法案は、共生社会、すなわち、性的マイノリティの方々はもちろんのこと、それ以外の方たちも含めた全ての人が、お互いの人権や尊厳を大切にし、生き生きとした人生を享受できるような社会の実現を目指していくものでありまして、このような立法動機を達成するため、性的指向、ジェンダーアイデンティティの多様性に関して、社会における理解の増進を図っていく理念法であります。

そして、十二条は留意事項でありまして、そこで定められている内容は、元々一条の目的や三条の基本理念においてうたわれている共生社会の理念と同じものでありましたが、これを強調する趣旨で留意事項として入れることとしたものであります。

したがいまして、留意事項が入ったことによって自公原案から法制上の意味や法的効果が変わるものではありません。」

また、同日同委員会で上記同様の質問（上田（民主））に対して、立法提案者（斉藤（国民））の答弁は以下のとおりである。

○立法提案者（斉藤（国民））

「こちらも、繰り返しになってしまいますけれども、今お答えしたように、これあくまで地方公共団体やその他の団体等で推進、もう既に進められているものや、これから進んでいくそれぞれ独自の取組を阻害するもの、抑制するものでは全くないということで、一部の与党の議員の方が独自に発信されていることとこの法案が目指していることは全く違うことでございます。

あくまで理解の増進、多様性を受け入れる社会をつくっていくための一つのスタート地点、発射台としてこれを進めていこうということで、当然、今参考人からもいただきましたように、これは全ての方にとって100%、百点の問題、ものではないということは重々承知をしておりますので、ここを土台として、あくまで目的は性的マイノリティの方々の社会での共生、理解の促進を進めていく発射台として、スタート地点としてこれをやっていこうということでございますので、その点、是非委員の皆様には御理解をいただきたいというふうに思っております。」

(2) 他の法律との整合性等について

本条項が多数派への配慮に留意するような規定になってしまうのではないかとの懸念、そしてこうした多数派に配慮するような規定が他の法律にあるのかとの質問（木村英子（れいわ））に対する各種法律を所管する政府参考人の答弁は以下のとおりである。

○政府参考人（原宏彰）

「内閣府からお答えいたします。

お尋ねのLGBT理解増進法案第十二条は、『性的指向又はジェンダーアイデンティティにかかわらず、全ての国民が安心して生活することができることとなるよう、留意するものとする』と規定をしています。このため、同条には多数者側への配慮との文言はないものと承知をしています。

その上で、内閣府が所管する御指摘の差別や偏見に苦しむ少数者への差別解消を目指す法律の中で、同様の記載がある法律はございません。

なお、内閣府が所管する障害を理由とする差別解消の推進に関する法律の第一条には、『全ての国民が、障害の有無によって分け隔てられることなく、相互に人格と個性を尊重し合いながら共生する社会の実現に資することを目的とする。』との文言がございます。」

○政府参考人（柴田紀子）

「お答えいたします。御指摘の法案第十二条は、『この法律に定める措置の実施等に当たっては、性的指向又はジェンダーアイデンティティにかかわらず、全ての国民が安心して生活することができることとなるよう、留意するものとする。』と規定されており、当該条文には多数者側への配慮との文言はないものと承知しております。

その上で、法務省が所管する差別解消を目的とする法律として、本邦外出身者に対する不当な差別的言動の解消に向けた取組の推進に関する法律及び部落差別の解消の推進に関する法律がございますが、いずれも御指摘の法案第十二条と同様の規定は置かれておりません。」

○政府参考人（間隆一郎）

「お答えいたします。御指摘のLGBT理解増進法案第十二条には多数者側への配慮との文言はないものと承知しておりますが、その上で、厚生労働省が所管する法律の中に、同条のように、全ての国民が安心して生活することができることとなるよう留意するとの規定を有する法律はございません。」

2　指針策定に関する懸念について

(1) 性的少数者の懸念や自治体の懸念について

この留意規定と同じ条項の後段として、指針策定規定（「この場合において、政府は、その運用に必要な指針を策定するものとする。」）が定められたことに関しては、性的少数者への差別増進につながる指針が策定されるのではないかとの懸念や、また、自治体のこれまでの取組に制限がかかるのではないかという懸念の声が挙げられた。

この点に関して、「指針を策定すると記述した意義、そしてこれら懸念についての見解」を求める質問（三浦（公明））に対して、立法提案者の答弁は以下のとおりである。

○立法提案者（國重（公明））

「性的指向及びジェンダーアイデンティティの多様性に関して、現在、指針がないために関係者の方々が対応に迷うこともあるとの声も一部あると聞いております。

本法案では元々基本計画を策定することとなっておりましたが、その際に、基本計画に基づいて具体的な施策を講じていくに当たっては、事業者などが対応に困らないように指針も必要になるだろうと考えておりました。そのような考えの下、修正に際して、指針を策定する旨も明記するとの提案を自公側から行いまして、盛り込むこととした次第であります。

また、地方公共団体の取組に関して言えば、本法案が成立していない現在も、既に多くの地方公共団体が当事者や団体等の要望を受けまして条例や計画を策定するなどの動きを見せていると承知をしております。しかし、中には、国としての方針もなく、よりどころがないままで対応に悩んでいるところもあるというふうに聞いておりますし、また、条例や計画の内容は各地方公共団体によってまちまちになってしまっているという現状があるとも耳にしております。

こうした中で、国が性的指向及びジェンダーアイデンティティの多様性に関してしっかりと研究を行って、基本計画とともに指針を示すことができれば、国との連携を図りつつ施策を推進することが求められる地方公共団体としても、基本計画や指針を参考にしてより適切な対応を検討することができるようになると思われます。」

同様の質問（上田（民主））に対する立法提案者の回答（斉藤（国民））は次のとおりである。

○立法提案者（斉藤（国民））

「今、地方公共団体で行われている取組を阻害したりとか抑制したりするものでは一切ございません。

あくまでこの趣旨としては、地方公共団体の取組に関して、本法案が成立していない現在も、既に多くの団体で、地方公共団体で、様々な要望を受けて取組をされて、条例や計画を策定するなど行われています。しかし、中には、国としての方針もないと、よりどころがないままで対応に悩む声もあるというふうに承知をしております。また、条例や計画の内容は各地方公共団体によってまちまちとなってしまっているという現状を問題視する、そういった声も届いております。また、同様に、事業者や学校設置者などにおいても対応に悩むケースがあると聞いているところでもございます。

こうした中で、国が性的指向及びジェンダーアイデンティティの多様性に関してしっかりと研究を行って基本計画とともに指針を示すことが できれば、国との連携を図りつつ施策を推進することが求められている地方公共団体や事業主、学校の設置者としても、基本計画や指針を参考にしてより適切な対応が検討されることができるようになるということを目指して、そういった趣旨でこういった文言を採用させていただいております。」

(2) 指針策定に関しての政府の見解（第3条の基本理念との関係）

指針が策定されるときの土台として性的指向・性自認の観点から人権が擁護されてこなかった人たちの人権を考える取組の土台としての第3条の基本理念が土台であるのではないかとの質問（田村（立民））に対する政府答弁は以下のとおりである。

○政府答弁（小倉国務大臣）

「政府の立場を説明をさせていただきます。政府としては、多様性が尊重され、性的マイノリティの方もマジョリティの方も含めた全ての人々がお互いの人権や尊厳を大切にし、生き生きとした人生を享受できる社会の実現に向けて、これまでも様々な国民の声を受け止め、しっかりと取り組んできたところであります。具体的には、職場や学校等を始めとして、社会での理解増進に向けた啓発活動の充実、適切な相談対応や人権救済等、それぞれの分野を所管をする各府省庁において取り組んでまいりました。引き続き、こうした立場に立って関係府省庁が連携協力することにより、政府全体として更に取組を前に進めてまいりたいと考えております。」

さらに、指針作りについては、質問者田村（立民）による「根拠のない不安による国民の分断を排していく」エビデンス・ベースト・ポリシー・メーキング（EBPM）による取組が重要ではないかとの指摘に対して、以下のように答弁している。

○政府答弁（小倉国務大臣）

「EBPMの推進は、政策の有効性を高め、国民の行政への信頼の確保 に資するものでありまして、本法案における理解の増進に関する施策の推進等におきましても大事にしなければならない視点だと考えております。

本法案が成立、施行された際には、法律の趣旨や御指摘の視点等も踏まえながら、先ほど申し上げた性的マイノリティの方もマジョリティの方も含めた全ての人々がお互いの人権や尊厳を大切にし、生き生きとした人生を享受できる社会、これを目指してしっかりと取組を進めていきたいと考えています。」

3　指針作りの手続（当事者・関係者・専門家の参画）について

指針作りの手続に関して、「政府の指針作りに際しては、一般に、関係者や現場を知る専門家の声を聞き、当事者の方が直面する様々な困難に寄り添いながら、丁寧に指針を策定してきたと認識をしております。今回の指針作りも同様に行われると考えてよいのでしょうか。」（三浦（公明））との質問に対する政府大臣答弁は以下のとおりである。

○政府答弁（小倉国務大臣）

「基本計画や指針の策定に当たりましては、三浦委員御指摘のとおり、関係者、現場を知る専門家の御意見を伺うことは大変重要であると考えております。具体的な進め方につきましては、法律の趣旨や、三浦委員の御指摘の点も含めました国会における審議も踏まえて適切に検討してまいりたいと考えております。」

【解説】

確かに、本条が加えられた法案協議の変遷経緯や新聞報道等を辿ると、多数派への配慮規定ではないのか又は性的マイノリティの権利利益への歯止め規定と解釈されないかとの懸念・不安の声が挙げられること自体はわからないではない。しかし、そうした懸念については、立法提案者及び政府答弁が明確に打ち消している。

そもそも、第３条の基本理念に、「全ての国民が、その性的指向又はジェンダーアイデンティティにかかわらず、等しく基本的人権を享有するかけがえのない個人として尊重されるとの理念にのっとり」、「不当な差別はあってはならないものであるとの認識の下に、相互に人格と個性を尊重し合いながら共生する社会の実現に資することを旨として行われなければならない。」と規定がなされていること、この規定を基に、立法提案者が「十二条は留意事項でありまして、そこで定められている内容は、元々一条の目的や三条の基本理念においてうたわれている共生社会の理念と同じものでありましたが、これを強調する趣旨で留意事項として入れることとしたものであります。」と述べていることからも、この立法提案者の立法意思を尊重した解釈及び運用がなされることになろう。

第3部

論点解説

論点１　公衆浴場等の利用に関する論点について

令和５年６月９日衆議院内閣委員会では、本法律が成立すると、「トイレがいずれもジェンダーフリーになり女性トイレがなくなってしまうのではないか、公衆浴場の女湯に外形上男性のトランスジェンダーが入浴するようになってしまうのではないか、スポーツ大会等への参加ルールが変わってしまうのではないか」など様々な懸念が挙げられていることについての質問（河西宏一（公明））に対する立法提案者（國重（公明））の答弁は以下のとおりである。

○立法提案者答弁（國重（公明））

「まず、本法案は理念法であります。理念法でありますので、個々の人の行動を制限したり、また、何か新しい権利を与えたりするようなものではありません。したがいまして、女性トイレや公衆浴場の女湯のような女性用の施設等の利用やスポーツ大会等への参加ルールについて、現状の在り方を変えるものではありません。

例えば、公衆浴場に関して言えば、公衆浴場法第三条で、営業者は風紀に必要な措置を講じなければならないとされておりまして、これを受けて、条例において、おおむね七歳以上の男女を混浴させないと定められ、また、ここに言う男女とは、身体的な特徴の性をもって判断することとされているため、公衆浴場の営業者は、体は男性、心は女性という方が女湯に入らないようにする必要があるとされています。

また、スポーツ大会等においてどのような競技区分を設けるかなどについては、法律によって規律されるような事柄というよりは、むしろ、基本的には、スポーツ大会等の主催者や、それぞれの競技団体において定められるべきものと考えられます。

いずれにしましても、本法案の下でも、マジョリティの女性の権利や女性用スペースの侵害は許されないことは当然のことであります。」[1]

上記資料の内容は、おおむね次のとおりである。

令和５年６月23日付け薬生衛発0623第１号・厚生労働省医薬・生活衛生局生活衛生課長通知において、「公衆浴場や旅館業の施設の共同浴室における男女の取扱いについて」が発出されている。

この通知において、引用しているのは、「公衆浴場や旅館業の施設の共同浴室について」（平成12年12月15日付け生衛発第1811号厚生省生活衛生局長通知）、別添２「公衆浴場における衛生等管理要領」及び別添３「旅館業における衛生等管理要領」の「おおむね７歳以上の男女を混浴させないこと」との定めであり、「これらの要領でいう男女とは、風紀の観点から混浴禁止を定めている趣旨から、身体的な特徴をもって判断するものであり、浴場業及び旅館業の営業者は、例えば、体は男性、心は女性の者が女湯に入らないようにする必要があるものと考えていますので、都道府県、保健所設置市及び特別区におかれては、御了知の上、貴管内の浴場業及び旅館業の営業者に対する周知や指導等について御配慮をお願いいたします。」との内容の通知を発出している（地方自治法（昭和22年法律第67号）第245条の４第１項の規定に基づく技術的助言）。

その上で、参考として、公衆浴場法第３条（略）、公衆浴場における衛生等管理要領Ⅱ施設設備、第１一般公衆浴場、４浴室、(1)「男女を区別し、その境界には隔壁を設け、相互に、かつ、屋外から見通しのできない構造であること。」、Ⅲ衛生管理、第１一般公衆浴場、９入浴者に対する制限、(1)「おおむね７歳以上の男女を混浴させないこと。」との規定を掲載している。旅館業法に係る同様の規定についても参考として示している（詳細【資料編】第14）。

また、上記に加えて、令和５年４月28日衆議院内閣委員会における会議録（抜粋）も参考に付記されている。

1　上記公衆浴場の利用に関する詳細資料については、【資料編】第14参照。

（参考）令和5年4月28日衆議院 内閣委員会 会議録（抜粋）

〇國重委員

（略）公衆浴場、いわゆる銭湯や旅館等の宿泊施設の共同浴室について、現在それぞれ衛生等管理要領が定められておりまして、その中で男女別の定めがされています。これらは風紀の観点から混浴禁止を定めていることから、男女の別は身体的な特徴の性をもって判断することとされていると、事前に政府の方からも説明を受けております。

そこで、念のため確認をさせていただきたいんですけれども、これらの共同浴場における男女の判断基準はトランスジェンダーにも当てはまる、つまり、トランスジェンダーの場合も性自認ではなくて身体的特徴に基づいて判断することになると理解をしていますけれども、これで間違いないかどうか、答弁を求めます。

〇佐々木政府参考人

お答えいたします。

公衆浴場や宿泊施設の共同浴場につきましては、厚生労働省が管理要領を定めております。具体的には、公衆浴場における衛生等管理要領や旅館業における衛生等管理要領になります。この中で、おおむね七歳以上の男女を混浴させないことなどと定めております。

この要領で言う男女は、風紀の観点から混浴禁止を定めている趣旨から、トランスジェンダーの方も含め、身体的な特徴の性をもって判断するものであり、公衆浴場等の営業者は、体は男性、心は女性の方が女湯に入らないようにする、こういう必要があると考えております。

実際の適用につきましては、都道府県等が条例を定めております。この条例によって、基本的にこの要領と同じような形で男女の浴室を区別し、混浴を禁止しているものと承知しております。

○國重委員

トランスジェンダーの方であっても、心ではなくて身体的特徴で判断するというようなことだったと思います。

では、共同浴場において、先ほど答弁いただいたとおり、風紀の観点から心の性ではなくて身体的特徴をもって男女を区別する、このような現在行われている取扱いというのは憲法十四条に照らしても差別に当たらないと、念のため確認しますが、差別に当たらないということで間違いないかどうか、答弁を求めます。

○伊佐副大臣

憲法十四条、いわゆる法の下の平等でありますが、この原則が規定されております。この趣旨としては、合理的な理由なしに区別をすることを禁止するという趣旨でございます。

つまり、合理的と認められる範囲内の区別を否定するものではないというふうに理解をしておりまして、先ほど委員御指摘の、公衆浴場における入浴者については男女を身体的な特徴の性をもって判断するというこの取扱いは、風紀の観点から合理的な区別であるというふうに考えられております。憲法第十四条に照らしても差別に当たらないものというふうに考えております。

論点2　女性トイレを解消してジェンダーレストイレを推奨するのではないかとの質問

令和５年６月15日参議院内閣委員会において、この法律は、従前の女性トイレを解消して、ジェンダーレストイレに代替していくことを目指す趣旨のものではないのかとの質問（有村治子（自民））[2]に対し、立法提案者（新藤（自

2　この点、こうした質問や批判が自治体に向けられて、自治体がLGBTQ・SOGIにかかる職員向けのガイドラインを修正するなどの事態が報道されている。
河北新報（2023年６月18日）「性的少数者への理解深める指針に波紋、岩手県が表現変更　トイレ利用の表記巡り」（https://kahoku.news/articles/20230617khn000041.html）。

民））が以下のように答弁している。

○立法提案者（新藤（自民））

「とても大事なポイントだと思います。そして、前提といたしまして、この法案は理念法であります。何か個別具体的なものを取り決めたり、定義をしたりということではございません。

そして、お尋ねの、この女性用の施設等の利用の在り方を変えるようなものではない、そういったことは想定をしておりません。そして、社会生活の上では、そもそもこの法案におきましても、憲法十四条の下で差別は禁止されている一方で、合理的な区別として、戸籍上の性別ないしは身体的な特徴によって判断されるこの男女の性別に基づき御指摘のような施設が区分される、この秩序が設けられているわけであります。本法案は、こうした合理的な男女という性別に基づく施設の利用の在り方を変えようというものではございませんし、マジョリティの女性の権利や女性スペースの侵害は許されないことは当然だと、このように考えております。

したがって、こうした区別があった上で、男性用トイレ、女性用トイレに加えて多目的トイレやジェンダーレストイレなどの整備というものは考えられると思いますが、それは女性用トイレをなくして何かに切り替えるということではないと、このように私は考えておるわけであります。」

なお、同様の質問（山谷えり子（自民））が令和５年６月15日参議院内閣委員会においてなされているが、立法提案者（新藤（自民））の答弁は上記と同様、以下のとおりである。

修正後のガイドラインについては、以下のHPに掲載されている「多様な性のあり方を尊重するための職員ガイドライン」（令和５年５月一部修正）（https://www.pref.iwate.jp/_res/projects/default_ project/_page_/001/026/098/guideline00.pdf）。

しかし、行政が行うべきは共生社会実現のための機会や場作り、不安を解消できるような物的・人的整備・調整を積極的に行っていくことであるはずである。修正後のガイドラインでは、「お互いに理解し配慮し合いましょう」と自助的な解決に委ねてしまい、公助の役割を放棄してしまっているようにみえてしまう。今後の県の対応を注視したい。

「この法案で、新たに権利を認めたり、それから何かの施設の利用の仕方を変えたりとか、そういったことは一切考えていない、理念法でございます。」

論点３　公衆浴場や公衆トイレの利用等についての政府見解

トランスジェンダーの要望や女性の権利利益の保護の観点に関する政府（小倉大臣）の見解及びこれからの対応の在り方に関して、令和５年６月15日参議院内閣委員会において、質問（三浦（公明））と小倉国務大臣の質疑・答弁は以下のとおりである。

○質問（三浦（公明））

「本法案に関し、より具体的事項について飛躍して理解され、批評されているケースがあります。あくまで、本法案は、公衆浴場、公衆トイレなどの利用やスポーツなどの出場のルールを定めるものではありません。

その上で、公衆トイレ等の利用の在り方については、例えば、トランスジェンダーの女性の、自分の意思ではどうにもならない性自認に従った取扱いをしてほしいという真摯な願いは守られるべき利益だと考えます。一方で、先ほど来ありますけれども、公衆トイレ、更衣室等では、ここを利用する他の女性の安心感や羞恥心もまた十分に保護されるべき権利利益であると思います。

これら生じている要望に関しては、性的指向、ジェンダーアイデンティティの多様性についての正確な理解を踏まえた上で、当事者の状況、施設、サービスの種類、内容、団体や事業者の事業の性格といった様々な要素を十分に考量しながら、丁寧に議論を重ね、解決策を模索していくべきだと考えます。小倉大臣に見解とこれからの対応について伺います。」

○政府答弁（小倉国務大臣）

「御指摘のように、トランスジェンダーの方の公衆浴場や公衆トイレの利用等について様々な御意見があると承知をしております。

具体的に私もLGBT当事者の方々とお会いして御意見を伺ってまいりました。御意見をお伺いしますと、三浦委員御紹介いただいたような御意見もございますれば、家族に理解されず誰にも相談できない、心が許せる人間関係がつくれず孤独といった事例ですとか、性的マイノリティの方は自殺におけるハイリスク層である、こういった切実な声もございました。

あわせて、例えば女性の権利利益の保護も重要な視点だと考えてございます。

公衆浴場や宿泊施設の共同浴場については、要領において、おおむね七歳以上の男女を混浴させないことなどを定めております。ここでいう男女は、トランスジェンダーの方も含め身体的な特徴の性をもって判断するものであり、公衆浴場等の営業者は、体は男性、心は女性の者が女湯に入らないようにする必要があるものと承知をしております。

こうした性的マイノリティの方もマジョリティの方も含めた様々な方の声や状況を丁寧に伺いながら、先ほど申し上げた具体的な進め方については、国会における審議の状況、法律の趣旨等も踏まえて、関係省庁と連携しつつ、適切に検討してまいりたいと考えております。」

加えて、「基本理念にある、全ての人がお互いの人権や尊厳を尊重し合う共生社会の実現を目指していくことを踏まえ、法案成立後の諸施策の推進に対する決意を含めて、小倉大臣の見解を求めます。」との質問（三浦（公明））に対しての答弁は、以下のとおりである。

○政府答弁（小倉国務大臣）

「政府としては、G７広島サミットのコミュニケ[3]も踏まえ、多様性が尊重さ

3　G７広島首脳コミュニケ（2023年５月20日、G７首脳によるG７広島サミットにおけるG７広島首脳コミュニケ発出。外務省HP：https://www.mofa.go.jp/mofaj/ecm/ec/page1_001700.html）

れ、全ての人々がお互いの人権や尊厳を大切にし、生き生きとした人生を享受できる社会の実現に向け、引き続き、様々な国民の声を受け止め、しっかりと取り組んでいきたいと、こう決意しております。」

論点4　自民・公明提出案と修正成立案との相違等に関する立法提案者の説明

全体の四党修正と当初自民・公明提出案の法律的意味・法的効果が基本的に同じなのかとの質問者（三浦（公明））に対する立法提案者（新藤（自民））の答弁については、上記法文逐条で説明済みであるが、参考に再度あげておく。

○立法提案者（新藤（自民））

「まず、この法的効果は、修正案においても基本的に変わりはございません。

それから、この一部の丸のみかというような御意見がございますが、これは私ども、最終的に、幅広く多くの皆さんからの御賛同を得るために自公と維新、国民が協議を行いました。そして、五点のこの修正を行ったわけでありますが、まず第一点目の現状の認識の追加につきましては、これは私どもが法案の趣旨説明で申し上げる言葉そのものでございます。ですから、同じ思いがございましたので、これを合意をいたしました。

それから、ジェンダーアイデンティティは、先ほど、今御答弁ありましたように、混乱を避けるために、同じ意味であるから、その概念を、定義を位置付けるものではございませんので、これは文言を広く安定性のあるものにしたということです。

Ｇ７広島サミットのコミュニケについては、**【資料編】**「第12　LGBTQにかかる学術研究データ・資料等（国会質疑引用関係）」中、「７　Ｇ７広島サミット（2023年５月19日～21日）成果文書（首脳コミュニケ仮訳）」の該当抜粋箇所参照

それから、教育のこの理解につきましては、ここは元々の案では保護者の理解ということでございましたが、これは教育基本法の十三条の引用をすることによって法的安定性を高めようということで、私どもから修正をさせていただきました。それから、最終的なこの追記のところも、留意事項につきましても、ここは、この全ての国民の皆様にという、これは一条と三条に既に位置付けられているものでありますが、これをあえて留意するということにして、かつ、基本計画を定めるためには、定めた上、先のやはり具体的な指針が必要だと、これも私たちが提案をいたしました。したがって、両方からそれぞれ持ち寄って、そして、より法案の安定性を高め、この理解の増進を深めるための修正を行ったと、こういうことでございます。」

論点5　EBPMを重視した政策実行に関して

上記逐条第12条、2、(2) 指針策定に関しての政府の見解（第3条の基本理念との関係）中、「政府答弁（小倉国務大臣）」参照。

「EBPMの推進は、政策の有効性を高め、国民の行政への信頼の確保 に資するものでありまして、本法案における理解の増進に関する施策の推進等におきましても大事にしなければならない視点だと考えております。」（再掲）

論点6　今後のLGBT理解増進法の施策遂行についての重要な羅針盤

最高裁判所令和5年7月11日第三小法廷判決[4]（トイレの利用制限等にかかる人事院の判断が違法とされた事案）及び最高裁判所令和5年10月25日大法廷決

4　最高裁判所HP（https://www.courts.go.jp/app/files/hanrei_jp/191/092191_hanrei.pdf）
なお、一審判決の評釈については、前掲鈴木秀洋『社会的弱者にしない自治体法務』第5章第4節参照

定（戸籍上の性別変更にかかる生殖不能要件が違憲無効であるとされた事案）

上記二つの最高裁判所の判断は、今後行政が性的指向又はジェンダーアイデンティティに係る施策を推進していくに当たり、その考え方や具体の進め方についての羅針盤となる重要判決である。

【資料編】第15及び第17に全文を掲載している。参照されたい。

コラム　災害時の性的マイノリティへの配慮

災害時には、平時の脆弱性が顕在化する。国（内閣府）における「避難所運営ガイドライン（令和4年4月改訂）」及び「避難所における良好な生活環境の確保に向けた取組指針（令和4年4月改定）」においては、「性的マイノリティの方々への対応等」の具体的記載はなされていない。なお、令和5年7月に、内閣府（防災担当）主催の「避難所関係担当者全国説明会」での配付資料では、「避難所の現状・課題について（令和5年7月）」中、「性的マイノリティ」について触れられているが、取組調査結果という統計的なものに過ぎず、「避難所における避難者には、高齢者、障害者、女性、こども、外国人、性的マイノリティの方など多様なニーズがあることを理解し、避難所運営等に努めて頂くよう依頼する事務連絡を自治体向けに発出」との記載があるのみである。今後、より具体的な対応策の提示が求められよう。この点、東京都では、「 東京都地域防災計画 震災編（令和5年修正）」に伴い、現在、避難所管理運営指針改訂の検討を行っている。その中で、性的マイノリティの災害時の困難を踏まえた対応策を盛り込み、平成5年度中に市区町村に提示するWGを立ち上げている。全国の自治体の参考となろう。

第4部

資料編

第1　成立法案（衆法第211回国会）【資料①】

1　性的指向及びジェンダーアイデンティティの多様性に関する国民の理解の増進に関する法律　全文

（内閣府HP）https://www8.cao.go.jp/rikaizoshin/law/pdf/jobun.pdf
令和５年法律第68号（令和５年６月16日成立・同23日公布・施行）

性的指向及びジェンダーアイデンティティの多様性に関する国民の理解の増進に関する法律をここに公布する。

御　名　　御　璽

国事行為臨時代行名

令和五年六月二十三日

内閣総理大臣　岸田　文雄

法律第六十八号

性的指向及びジェンダーアイデンティティの多様性に関する国民の理解の増進に関する法律

（目的）

第一条　この法律は、性的指向及びジェンダーアイデンティティの多様性に関する国民の理解が必ずしも十分でない現状に鑑み、性的指向及びジェンダーアイデンティティの多様性に関する国民の理解の増進に関する施策の推進に関し、基本理念を定め、並びに国及び地方公共団体の役割等を明らかにするとともに、基本計画の策定その他の必要な事項を定めることにより、性的指向及びジェンダーアイデンティティの多様性を受け入れる精神を涵かん養し、もって性的指向及びジェンダーアイデンティティの多様性に寛容な社会の実現に資することを目的とする。

（定義）

第二条　この法律において「性的指向」とは、恋愛感情又は性的感情の対象となる性別についての指向をいう。

2　この法律において「ジェンダーアイデンティティ」とは、自己の属する性別についての認識に関するその同一性の有無又は程度に係る意識をいう。

（基本理念）

第三条　性的指向及びジェンダーアイデンティティの多様性に関する国民の理解の増進に関する施策は、全ての国民が、その性的指向又はジェンダーアイデンティティにかかわらず、等しく基本的人権を享有するかけがえのない個人として尊重されるものであるとの理念にのっとり、性的指向及びジェンダーアイデンティティを理由とする不当な差別はあってはならないものであるとの認識の下に、相互に人格と個性を尊重し合いながら共生する社会の実現に資することを旨として行われなければならない。

（国の役割）

第四条　国は、前条に定める基本理念（以下単に「基本理念」という。）にのっとり、性的指向及びジェンダーアイデンティティの多様性に関する国民の理解の増進に関する施策を策定し、及び実施するよう努めるものとする。

（地方公共団体の役割）

第五条　地方公共団体は、基本理念にのっとり、国との連携を図りつつ、その地域の実情を踏まえ、性的指向及びジェンダーアイデンティティの多様性に関する国民の理解の増進に関する施策を策定し、及び実施するよう努めるものとする。

（事業主等の努力）

第六条　事業主は、基本理念にのっとり、性的指向及びジェンダーアイデンティティの多様性に関するその雇用する労働者の理解の増進に関し、普及啓発、就業環境の整備、相談の機会の確保等を行うことにより性的指向及びジェンダーアイデンティティの多様性に関する当該労働者の理解の増進に自ら努めるとともに、国又は地方公共団体が実施する性的指向及びジェンダーアイデンティティの多様性に関する国民の理解の増進に関する施策に協力するよう努めるものとする。

2　学校（学校教育法（昭和二十二年法律第二十六号）第一条に規定する学校をいい、幼稚園及び特別支援学校の幼稚部を除く。以下同じ。）の設置者は、基本理念にのっとり、性的指向及びジェンダーアイデンティティの多様性に関するその設置する学校の児童、生徒又は学生（以下この項及び第十条第三項において「児童等」という。）の理解の増進に関し、家庭及び地域住民その他の関係者の協力を得つつ、教育又は啓発、教育環境の整備、相談の機会の確保等を行うことにより性的指向及びジェンダーアイデンティティの多様性に関する当該学校の児童等の理解の増進に自ら努めるとともに、国又は地方公共団体が実施する性的指向及びジェンダーアイデンティティの多様性に関する国民の理解の増進に関する施策に協力するよう努めるものとする。

（施策の実施の状況の公表）

第七条　政府は、毎年一回、性的指向及びジェンダーアイデンティティの多様性に関する国民の理解の増進に関する施策の実施の状況を公表しなければならない。

（基本計画）

第八条　政府は、基本理念にのっとり、性的指向及びジェンダーアイデンティティの多様性に関する国民の理解の増進に関する施策の総合的かつ計画的な推進を図るため、性的指向及びジェンダーアイデンティティの多様性に関する国民の理解の増進に関する基本的な計画（以下この条において「基本計画」という。）を策定しなければならない。

2　基本計画は、性的指向及びジェンダーアイデンティティの多様性に関する国民の理解を増進するための基本的な事項その他必要な事項について定めるものとする。

3　内閣総理大臣は、基本計画の案を作成し、閣議の決定を求めなければならない。

4　内閣総理大臣は、前項の規定による閣議の決定があったときは、遅滞なく、基本計画を公表しなければならない。

5　内閣総理大臣は、基本計画の案を作成するため必要があると認めるときは、関係行政機関の長に対し、資料の提出その他必要な協力を求めることができる。

6　政府は、性的指向及びジェンダーアイデンティティの多様性をめぐる情勢の変化を勘案し、並びに性的指向及びジェンダーアイデンティティの多様性に関する国民の理解の増進に関する施策の効果に関する評価を踏まえ、おおむね三年ごとに、基本計画に検討を加え、必要があると認めるときは、これを変更しなければならない。

7　第三項から第五項までの規定は、基本計画の変更について準用する。

（学術研究等）

第九条　国は、性的指向及びジェンダーアイデンティティの多様性に関する学術研究その他の性的指向及びジェンダーアイデンティティの多様性に関する国民の理解の増進に関する施策の策定に必要な研究を推進するものとする。

（知識の着実な普及等）

第十条　国及び地方公共団体は、前条の研究の進捗状況を踏まえつつ、学校、地域、家庭、職域その他の様々な場を通じて、国民が、性的指向及びジェンダーアイデンティティの多様性に関する理解を深めることができるよう、心身の発達に応じた教育及び学習の振興並びに広報活動等を通じた性的指向及びジェンダーアイデンティティの多様性に関する知識の着実な普及、各般の問題に対応するための相談体制の整備その他の必要な施策を講ずるよう努めるものとする。

2　事業主は、その雇用する労働者に対し、性的指向及びジェンダーアイデンティティの多様性に関する理解を深めるための情報の提供、研修の実施、普及啓発、就業環境に関する相談体制の整備その他の必要な措置を講ずるよう努めるものとする。

3　学校の設置者及びその設置する学校は、当該学校の児童等に対し、性的指向及びジェンダーアイデンティティの多様性に関する理解を深めるため、家庭及び地域住民その他の関係者の協力を得つつ、教育又は啓発、教育環境に関する相談体制の整備その他の必要な措置を講ずるよう努めるものとする。

（性的指向・ジェンダーアイデンティティ理解増進連絡会議）

第十一条　政府は、内閣官房、内閣府、総務省、法務省、外務省、文部科学省、厚生労働省、国土交通省その他の関係行政機関の職員をもって構成する性的指向・ジェンダーアイデンティティ理解増進連絡会議を設け、性的指向及びジェンダーアイデンティティの多様性に関する国民の理解の増進に関する施策の総合的かつ効果的な推進を図るための連絡調整を行うものとする。

（措置の実施等に当たっての留意）

第十二条　この法律に定める措置の実施等に当たっては、性的指向又はジェンダーアイデンティティにかかわらず、全ての国民が安心して生活することができることとなるよう、留意するものとする。この場合において、政府は、その運用に必要な指針を策定するものとする。

附　則

（施行期日）

第一条　この法律は、公布の日から施行する。

（検討）

第二条　この法律の規定については、この法律の施行後三年を目途として、この法律の施行状況等を勘案し、検討が加えられ、その結果に基づいて必要な措置が講ぜられるものとする。

（内閣府設置法の一部改正）

第三条　内閣府設置法（平成十一年法律第八十九号）の一部を次のように改正する。第四条第三項第四十五号の次に次の一号を加える。

四十五の二性的指向及びジェンダーアイデンティティの多様性に関する国民の理解の増進に関する基本的な計画（性的指向及びジェンダーアイデンティティの多様性に関する国民の理解の増進に関する法律（令和五年法律第六十八号）第八条第一項に規定するものをいう。）の策定及び推進に関すること。

内閣総理大臣　岸田　文雄
総務大臣　松本　剛明
法務大臣　齋藤　健
外務大臣臨時代理
国務大臣　松野　博一
文部科学大臣臨時代理
国務大臣　小倉　將信
厚生労働大臣　加藤　勝信
国土交通大臣　斉藤　鉄夫

2　衆法 第211回国会 議案13（修正前）「性的指向及び性同一性の多様性に関する国民の理解の増進に関する法律案」に対する修正案

（衆議院HP）https://www.shugiin.go.jp/internet/itdb_gian.nsf/html/gian/honbun/syuuseian/1_83B 2 .htm

性的指向及び性同一性の多様性に関する国民の理解の増進に関する法律案の一部を次のように修正する。

題名及び本則（第十一条を除く。）中「性同一性」を「ジェンダーアイデンティティ」に改める。

第一条中「法律は」の下に「、性的指向及びジェンダーアイデンティティの多様性に関する国民の理解が必ずしも十分でない現状に鑑み」を加える。

第六条第二項中「関し」の下に「、家庭及び地域住民その他の関係者の協力を得つつ」を加える。

第十条第一項中「、民間の団体等の自発的な活動の促進」を削り、同条第三項中「ための」を「ため、家庭及び地域住民その他の関係者の協力を得つつ、」に改める。

第十一条の見出しを「（性的指向・ジェンダー

アイデンティティ理解増進連絡会議)」に改め、同条中「性的指向・性同一性理解増進連絡会議」を「性的指向・ジェンダーアイデンティティ理解増進連絡会議」に、「性同一性の」を「ジェンダーアイデンティティの」に改める。

本則に次の一条を加える。

（措置の実施等に当たっての留意）

第十二条　この法律に定める措置の実施等に当たっては、性的指向又はジェンダーアイデンティティにかかわらず、全ての国民が安心して生活することができることとなるよう、留意するものとする。この場合において、政府は、その運用に必要な指針を策定するものとする。

附則第三条中「性同一性」を「ジェンダーアイデンティティ」に改める。

3　施行通知

（内閣府HP）https://www 8 .cao.go.jp/rikaizoshin/law/pdf/tuuchi.pdf

府政政調第352号
令和5年6月23日

各都道府県知事
各政令指定都市市長　殿

内閣府政策統括官（政策調整担当）

性的指向及びジェンダーアイデンティティの
多様性に関する
国民の理解の増進に関する法律の
施行について（通知）

性的指向及びジェンダーアイデンティティの多様性に関する国民の理解の増進に関する法律（令和5年法律第68号）は、令和5年6月23日に公布され、同日施行されました。

つきましては、本法制定の趣旨及び本法の概要は下記のとおりですので、御了知いただきますとともに、適切な対応をいただきますよう御配慮願います。

また、各都道府県におかれましては、貴教育委員会、貴管内の市町村（指定都市を除く。）及び市町村教育委員会（指定都市教育委員会を除く。）、関係機関・団体並びに住民に対して、各指定都市におかれましては、貴教育委員会、関係機関・団体及び住民に対して、本通知の内容を広く周知するなど、よろしくお取り計らいいただきますようお願い申し上げます。

なお、本通知は、地方自治法（昭和22年法律第67号）第245条の4第1項の規定に基づく技術的助言であることを申し添えます。

記

第1　本法制定の趣旨

性的指向及びジェンダーアイデンティティの多様性に関する国民の理解が必ずしも十分でない現状に鑑み、性的指向及びジェンダーアイデンティティの多様性に関する国民の理解の増進に関する施策の推進に関し、全ての国民が、その性的指向又はジェンダーアイデンティティにかかわらず、等しく基本的人権を享有するかけがえのない個人として尊重されるものであるとの理念にのっとり、性的指向及びジェンダーアイデンティティを理由とする不当な差別はあってはならないものであるとの認識の下に、相互に人格と個性を尊重し合いながら共生する社会の実現に資することを旨として行われなければならないとの基本理念を定め、並びに国及び地方公共団体の役割等を明らかにするとともに、基本計画の策定その他の必要な事項を定めることにより、性的指向及びジェンダーアイデンティティの多様性を受け入れる精神を涵養し、もって性的指向及びジェンダーアイデンティティの多様性に寛容な社会の実現に資するため、いわゆる理念法として、この法律を制定した。

なお、この法律は、令和5年6月9日に衆議院内閣委員会において審議された上で、同月13日に衆議院本会議において可決された後、同月15日の参議院内閣委員会において審議された上で、同月16日に参議院本会議において可決され、成立に至ったものである。

第2　本法の概要

1　目的（第1条関係）

この法律は、性的指向及びジェンダーアイデンティティの多様性に関する国民の理解が必ずしも十分でない現状に鑑み、性的指向及びジェンダーアイデンティティの多様性に関する国民の理解の増進に関する施策の推進に関し、基本理念を定め、並びに国及び地方公共団体の役割等を明らかにするとともに、基本計画の策定その他の必要な事項を定めることにより、性的指向及びジェンダーアイデンティティの多様性を受け入れる精神を涵養し、もって性的指向及びジェンダーアイデンティティの多様性に寛容な社会の実現に資することを目的とすることとした。

2　定義（第2条関係）

（1）　この法律において「性的指向」とは、恋愛感情又は性的感情の対象となる性別についての指向をいうこととした。

（2）　この法律において「ジェンダーアイデンティティ」とは、自己の属する性別についての認識に関するその同一性の有無又は程度に係る意識をいうこととした。

3　基本理念（第3条関係）

性的指向及びジェンダーアイデンティティの多様性に関する国民の理解の増進に関する施策は、全ての国民が、その性的指向又はジェンダーアイデンティティにかかわらず、等しく基本的人権を享有するかけがえのない個人として尊重されるものであるとの理念にのっとり、性的指向及びジェンダーアイデンティティを理由とする不当な差別はあってはならないものであるとの認識の下に、相互に人格と個性を尊重し合いながら共生する社会の実現に資することを旨として行われなければならないこととした。

4　国の役割等（第4条から第6条まで関係）

（1）　国の役割

国は、3の基本理念（以下単に「基本理念」という。）にのっとり、性的指向及びジェンダーアイデンティティの多様性に関する国民の理解の増進に関する施策を策定し、及び実施するよう努めるものとすることとした。

（2）　地方公共団体の役割

地方公共団体は、基本理念にのっとり、国との連携を図りつつ、その地域の実情を踏まえ、性的指向及びジェンダーアイデンティティの多様性に関する国民の理解の増進に関する施策を策定し、及び実施するよう努めるものとすることとした。

（3）　事業主等の努力

①　事業主は、基本理念にのっとり、性的指向及びジェンダーアイデンティティの多様性に関するその雇用する労働者の理解の増進に関し、普及啓発、就業環境の整備、相談の機会の確保等を行うことにより性的指向及びジェンダーアイデンティティの多様性に関する当該労働者の理解の増進に自ら努めるとともに、国又は地方公共団体が実施する性的指向及びジェンダーアイデンティティの多様性に関する国民の理解の増進に関する施策に協力するよう努めるものとすることとした。

②　学校（学校教育法（昭和22年法律第26号）第1条に規定する学校をいい、幼稚園及び特別支援学校の幼稚部を除く。以下同じ。）の設置者は、基本理念にのっとり、性的指向及びジェンダーアイデンティティの多様性に関するその設置する学校の児童、生徒又は学生（以下「児童等」という。）の理解の増

進に関し、家庭及び地域住民その他の関係者の協力を得つつ、教育又は啓発、教育環境の整備、相談の機会の確保等を行うことにより性的指向及びジェンダーアイデンティティの多様性に関する当該学校の児童等の理解の増進に自ら努めるとともに、国又は地方公共団体が実施する性的指向及びジェンダーアイデンティティの多様性に関する国民の理解の増進に関する施策に協力するよう努めるものとすることとした。

5　施策の実施の状況の公表（第7条関係）

政府は、毎年1回、性的指向及びジェンダーアイデンティティの多様性に関する国民の理解の増進に関する施策の実施の状況を公表しなければならないこととした。

6　基本計画（第8条関係）

（1）　政府は、基本理念にのっとり、性的指向及びジェンダーアイデンティティの多様性に関する国民の理解の増進に関する施策の総合的かつ計画的な推進を図るため、性的指向及びジェンダーアイデンティティの多様性に関する国民の理解の増進に関する基本的な計画（以下「基本計画」という。）を策定しなければならないこととした。

（2）　基本計画は、性的指向及びジェンダーアイデンティティの多様性に関する国民の理解を増進するための基本的な事項その他必要な事項について定めるものとすることとした。

（3）　内閣総理大臣は、基本計画の案を作成し、閣議の決定を求めなければならないこととした。

（4）　内閣総理大臣は、（3）の閣議の決定があったときは、遅滞なく、基本計画を公表しなければならないこととした。

（5）　内閣総理大臣は、基本計画の案を作成するため必要があると認めるときは、関係行政機関の長に対し、資料の提出その他必要な協力を求めることができることとした。

（6）　政府は、性的指向及びジェンダーアイデンティティの多様性をめぐる情勢の変化を勘案し、並びに性的指向及びジェンダーアイデンティティの多様性に関する国民の理解の増進に関する施策の効果に関する評価を踏まえ、おおむね三年ごとに、基本計画に検討を加え、必要があると認めるときは、これを変更しなければならないこととした。

（7）　（3）から（5）までは、基本計画の変更について準用することとした。

7　学術研究等（第9条及び第10条関係）

（1）　学術研究等

国は、性的指向及びジェンダーアイデンティティの多様性に関する学術研究その他の性的指向及びジェンダーアイデンティティの多様性に関する国民の理解の増進に関する施策の策定に必要な研究を推進するものとすることとした。

（2）　知識の着実な普及等

①　国及び地方公共団体は、（1）の研究の進捗状況を踏まえつつ、学校、地域、家庭、職域その他の様々な場を通じて、国民が、性的指向及びジェンダーアイデンティティの多様性に関する理解を深めることができるよう、心身の発達に応じた教育及び学習の振興並びに広報活動等を通じた性的指向及びジェンダーアイデンティティの多様性に関する知識の着実な普及、各般の問題に対応するための相談体制の整備その他の必要な施策を講ずるよう努めるものとすることとした。

②　事業主は、その雇用する労働者に対し、性的指向及びジェンダーアイデンティティの多様性に関する理解を深めるための情報の提供、研修の実施、普及啓発、就業環境に関する相談体制の整備その他の必要な措置を講ずるよう努めるものとすることとした。

③　学校の設置者及びその設置する学校は、当該学校の児童等に対し、性的指

向及びジェンダーアイデンティティの多様性に関する理解を深めるため、家庭及び地域住民その他の関係者の協力を得つつ、教育又は啓発、教育環境に関する相談体制の整備その他の必要な措置を講ずるよう努めるものとすることとした。

8　性的指向・ジェンダーアイデンティティ理解増進連絡会議（第11条関係）

政府は、内閣官房、内閣府、総務省、法務省、外務省、文部科学省、厚生労働省、国土交通省その他の関係行政機関の職員をもって構成する性的指向・ジェンダーアイデンティティ理解増進連絡会議を設け、性的指向及びジェンダーアイデンティティの多様性に関する国民の理解の増進に関する施策の総合的かつ効果的な推進を図るための連絡調整を行うものとすることとした。

9　措置の実施等に当たっての留意（第12条関係）

この法律に定める措置の実施等に当たっては、性的指向又はジェンダーアイデンティティにかかわらず、全ての国民が安心して生活することができることとなるよう、留意するものとし、この場合において、政府は、その運用に必要な指針を策定するものとすることとした。

10　その他（附則関係）

（1）　この法律の規定については、この法律の施行後3年を目途として、この法律の施行状況等を勘案し、検討が加えられ、その結果に基づいて必要な措置が講ぜられるものとすることとした。

（2）　内閣府設置法（平成11年法律第89号）について所要の規定の整備を行うこととした。

（3）　この法律は、公布の日から施行することとした。

以上

第2　2023（令5）年 衆法 議案13（修正前）【資料②】自民・公明提出案

1　性的指向及び性同一性の多様性に関する国民の理解の増進に関する法律案

https://www.sangiin.go.jp/japanese/joho1/kousei/gian/211/pdf/t0902110132110.pdf

性的指向及び性同一性の多様性に関する国民の理解の増進に関する法律案

（目的）

第一条　この法律は、性的指向及び性同一性の多様性に関する国民の理解の増進に関する施策の推進に関し、基本理念を定め、並びに国及び地方公共団体の役割等を明らかにするとともに、基本計画の策定その他の必要な事項を定めることにより、性的指向及び性同一性の多様性を受け入れる精神を涵かん養し、もって性的指向及び性同一性の多様性に寛容な社会の実現に資することを目的とする。

（定義）

第二条　この法律において「性的指向」とは、恋愛感情又は性的感情の対象となる性別についての指向をいう。

2　この法律において「性同一性」とは、自己の属する性別についての認識に関するその同一性の有無又は程度に係る意識をいう。

（基本理念）

第三条　性的指向及び性同一性の多様性に関する国民の理解の増進に関する施策は、全ての国民が、その性的指向又は性同一性にかかわらず、等しく基本的人権を享有するかけがえのない個人として尊重されるものであるとの理念にのっとり、性的指向及び性同一性を理由とする不当な差別はあってはならないものであるとの認識の下に、相互に人格と個性を尊重し合いながら共生する社会の実現に資することを旨として行われなければならない。

（国の役割）

第四条　国は、前条に定める基本理念（以下単に「基本理念」という。）にのっとり、性的指向及び性同一性の多様性に関する国民の理解の増進に関する施策を策定し、及び実施するよう努めるものとする。

（地方公共団体の役割）

第五条　地方公共団体は、基本理念にのっとり、国との連携を図りつつ、その地域の実情を踏まえ、性的指向及び性同一性の多様性に関する国民の理解の増進に関する施策を策定し、及び実施するよう努めるものとする。

（事業主等の努力）

第六条　事業主は、基本理念にのっとり、性的指向及び性同一性の多様性に関するその雇用する労働者の理解の増進に関し、普及啓発、就業環境の整備、相談の機会の確保等を行うことにより性的指向及び性同一性の多様性に関する当該労働者の理解の増進に自ら努めるとともに、国又は地方公共団体が実施する性的指向及び性同一性の多様性に関する国民の理解の増進に関する施策に協力するよう努めるものとする。

2　学校（学校教育法（昭和二十二年法律第二十六号）第一条に規定する学校をいい、幼稚園及び特別支援学校の幼稚部を除く。以下同じ。）の設置者は、基本理念にのっとり、性的指向及び性同一性の多様性に関するその設置する学校の児童、生徒又は学生（以下この項及び第十条第三項において「児童等」という。）の理解の増進に関し、教育又は啓発、教育環境の整備、相談の機会の確保等を行うことにより性的指向及び性同一性の多様性に関する当該学校の児童等の理解の増進に自ら努めるとともに、国又は地方公共団体が実施する性的指向及び性同一性の多様性に関する国民の理解の増進に関する施策に協力するよう努めるものとする。

（施策の実施の状況の公表）

第七条　政府は、毎年一回、性的指向及び性同一性の多様性に関する国民の理解の増進に関する施策の実施の状況を公表しなければならない。

（基本計画）

第八条　政府は、基本理念にのっとり、性的指向及び性同一性の多様性に関する国民の理解の増進に関する施策の総合的かつ計画的な推進を図るため、性的指向及び性同一性の多様性に関する国民の理解の増進に関する基本的な計画（以下この条において「基本計画」という。）を策定しなければならない。

2　基本計画は、性的指向及び性同一性の多様性に関する国民の理解を増進するための基本的な事項その他必要な事項について定めるものとする。

3　内閣総理大臣は、基本計画の案を作成し、閣議の決定を求めなければならない。

4　内閣総理大臣は、前項の規定による閣議の決定があったときは、遅滞なく、基本計画を公表しなければならない。

5　内閣総理大臣は、基本計画の案を作成するため必要があると認めるときは、関係行政機関の長に対し、資料の提出その他必要な協力を求めることができる。

6　政府は、性的指向及び性同一性の多様性をめぐる情勢の変化を勘案し、並びに性的指向及び性同一性の多様性に関する国民の理解の増進に関する施策の効果に関する評価を踏まえ、おおむね三年ごとに、基本計画に検討を加え、必要があると認めるときは、これを変更しなければならない。

7　第三項から第五項までの規定は、基本計画の変更について準用する。

（学術研究等）

第九条　国は、性的指向及び性同一性の多様性に関する学術研究その他の性的指向及び性同一性の多様性に関する国民の理解の増進に関する施策の策定に必要な研究を推進するものとする。

（知識の着実な普及等）

第十条　国及び地方公共団体は、前条の研究の進捗状況を踏まえつつ、学校、地域、家庭、職域その他の様々な場を通じて、国民が、性的指向及び性同一性の多様性に関する理解を深めることができるよう、心身の発達に応じた教育及び学習の振興並びに広報活動等を通じた性的指向及び性同一性の多様性に関する知識の着実な普及、各般の問題に対応するための相談体制の整備、民間の団体等の自発的な活動の促進その他の必要な施策を講ずるよう努めるものとする。

2　事業主は、その雇用する労働者に対し、性的指向及び性同一性の多様性に関する理解を深めるための情報の提供、研修の実施、普及啓発、就業環境に関する相談体制の整備その他の必要な措置を講ずるよう努めるものとする。

3　学校の設置者及びその設置する学校は、当該学校の児童等に対し、性的指向及び性同一性の多様性に関する理解を深めるための教育又は啓発、教育環境に関する相談体制の整備その他の必要な措置を講ずるよう努めるものとする。

（性的指向・性同一性理解増進連絡会議）

第十一条　政府は、内閣官房、内閣府、総務省、法務省、外務省、文部科学省、厚生労働省、国土交通省その他の関係行政機関の職員をもって構成する性的指向・性同一性理解増進連絡会議を設け、性的指向及び性同一性の多様性に関する国民の理解の増進に関する施策の総合的かつ効果的な推進を図るための連絡調整を行うものとする。

附　則

（施行期日）

第一条　この法律は、公布の日から施行する。

（検討）

第二条　この法律の規定については、この法律の施行後三年を目途として、この法律の施行状況等を勘案し、検討が加えられ、その結果に基づいて必要な措置が講ぜられるものとする。

（内閣府設置法の一部改正）

第三条　内閣府設置法（平成十一年法律第八十九号）の一部を次のように改正する。

第四条第三項第四十五号の次に次の一号を加える。

四十五の二　性的指向及び性同一性の多様性に関する国民の理解の増進に関する基本的な計画（性的指向及び性同一性の多様性に関する国民の理解の増進に関する法律（令和五年法律第▼▼▼号）第八条第一項に規定するものをいう。）の策定及び推進に関すること。

理　由

性的指向及び性同一性の多様性を受け入れる精神を涵かん養し、もって性的指向及び性同一性の多様性に寛容な社会の実現に資するため、性的指向及び性同一性の多様性に関する国民の理解の増進に関する施策の推進に関し、基本理念を定め、並びに国及び地方公共団体の役割等を明らかにするとともに、基本計画の策定その他の必要な事項を定める必要がある。これが、この法律案を提出する理由である。

2　法律案に係る審議経過情報（表）

https://www.shugiin.go.jp/internet/itdb_gian.nsf/html/gian/keika/ 1 DD853A.htm

議案名「性的指向及び性同一性の多様性に関する国民の理解の増進に関する法律案」の審議経過情報

項目	内容
議案種類	衆法
議案提出回次	211

議案番号	13
議案件名	性的指向及び性同一性の多様性に関する国民の理解の増進に関する法律案
議案提出者	新藤　義孝君外五名
議案提出会派	自由民主党・無所属の会；公明党
衆議院予備審査議案受理年月日	
衆議院予備付託年月日／衆議院予備付託委員会	／
衆議院議案受理年月日	令和５年５月18日
衆議院付託年月日／衆議院付託委員会	令和５年６月７日／内閣
衆議院審査終了年月日／衆議院審査結果	令和５年６月９日／修正
衆議院審議終了年月日／衆議院審議結果	令和５年６月13日／修正
衆議院審議時会派態度	多数
衆議院審議時賛成会派	自由民主党・無所属の会；日本維新の会；公明党；国民民主党・無所属クラブ；有志の会
衆議院審議時反対会派	立憲民主党・無所属；日本共産党；れいわ新選組
参議院予備審査議案受理年月日	令和５年５月19日
参議院予備付託年月日／参議院予備付託委員会	／
参議院議案受理年月日	令和５年６月13日
参議院付託年月日／参議院付託委員会	令和５年６月14日／内閣
参議院審査終了年月日／参議院審査結果	令和５年６月15日／可決
参議院審議終了年月日／参議院審議結果	令和５年６月16日／可決
公布年月日／法律番号	令和５年６月23日／68

議案提出者一覧	新藤義孝君；高階恵美子君；牧島かれん君；山下貴司君；國重徹君；鰐淵洋子君
議案提出の賛成者	赤澤亮正君；岩田和親君；岩屋毅君；奥野信亮君；國場幸之助君；島尻安伊子君；武部新君；武村展英君；津島淳君；中西健治君；船田元君；三谷英弘君；宮崎政久君；宮路拓馬君；盛山正仁君；渡辺孝一君；岡本三成君；河西宏一君；佐藤茂樹君；佐藤英道君；福重隆浩君

3　法律案概要

https://www.shugiin.go.jp/internet/itdb_annai.nsf/html/statics/housei/pdf/211hou13siryou.pdf

性的指向及び性同一性の多様性に関する国民の理解の増進に関する法律案　概要

法律案の趣旨

性的指向・性同一性の多様性について、未だに国民の理解が十分に進んでいない

⬇

全ての国民が性的指向・性同一性の多様な在り方を互いに自然に受け入れられる**共生社会の実現**を目指し、**性的指向・性同一性の多様性に関する国民の理解の増進を図る必要がある**

法律案の概要

1　目　的

性的指向及び性同一性の多様性に関する国民の理解の増進に関する施策の推進に関し、基本理念を定め、並びに国及び地方公共団体の役割等を明らかにするとともに、基本計画の策定その他の必要な事項を定めることにより、性的指向及び性同一性の多様性を受け入れる精神を涵養し、もって性的指向及び性同一性の多様性に寛容な社会の実現に資することを目的とする

2　定　義

（1）**「性的指向」**

恋愛感情又は性的感情の対象となる性別についての指向

（2）**「性同一性」**

自己の属する性別についての認識に関するその同一性の有無又は程度に係る意識

3　基本理念

国民の理解の増進に関する施策は、全ての国民が、その性的指向又は性同一性にかかわらず、等しく基本的人権を享有するかけがえのない個人として尊重されるものであるとの理念にのっとり、性的指向及び性同一性を理由とする不当な差別はあってはならないものであるとの認識の下に、相互に人格と個性を尊重し合いながら共生する社会の実現に資することを旨として行われなければならない

4　国の役割等

① 国・地方公共団体の役割、② 事業主等の努力

5　施策の実施状況の公表

毎年1回、政府による施策の実施状況の公表

6　基本計画

政府が基本計画を策定（おおむね3年ごとに検討・見直し）

7　施策・措置等

（1）学術研究等の推進

（2）知識の着実な普及、相談体制の整備、民間団体等の活動の促進　等

8　性的指向・性同一性理解増進連絡会議

内閣府等の関係行政機関の職員で構成する連絡会議を設けて、連絡調整を行う

附則　**①公布日施行**、**②検討条項**（施行後3年を目途に法律の規定について検討）

③内閣府設置法の一部改正（内閣府の所掌事務に、基本計画の策定・推進に関する事務

を追加）

第3　2023（令5）年 衆法 議案14 【資料③】立民・共提出案

1　性的指向及び性自認の多様性に関する国民の理解の増進に関する法律案

性的指向及び性自認の多様性に関する国民の理解の増進に関する法律案

（目的）

第一条　この法律は、全ての国民が、その性的指向又は性自認にかかわらず、等しく基本的人権を享有するかけがえのない個人として尊重されるものであるとの理念にのっとり、性的指向及び性自認を理由とする差別は許されないものであるとの認識の下に、性的指向及び性自認の多様性に関する国民の理解の増進に関する施策の推進に関し、基本理念を定め、並びに国及び地方公共団体の役割等を明らかにするとともに、基本計画の策定その他の必要な事項を定めることにより、性的指向及び性自認の多様性を受け入れる精神を涵（かん）養し、もって性的指向及び性自認の多様性に寛容な社会の実現に資することを目的とする。

（定義）

第二条　この法律において「性的指向」とは、恋愛感情又は性的感情の対象となる性別についての指向をいう。

2　この法律において「性自認」とは、自己の属する性別についての認識に関する性同一性の有無又は程度に係る意識をいう。

（基本理念）

第三条　性的指向及び性自認の多様性に関する国民の理解の増進に関する施策は、全ての国民が、その性的指向又は性自認にかかわらず、等しく基本的人権を享有するかけがえのない個人として尊重されるものであるとの理念にのっとり、性的指向及び性自認を理由とする差別は許されないものであるとの認識の下に、相互に人格と個性を尊重し合いながら共生する社会の実現に資することを旨として行われなければならない。

（国の役割）

第四条　国は、前条に定める基本理念（以下単に「基本理念」という。）にのっとり、性的指向及び性自認の多様性に関する国民の理解の増進に関する施策を策定し、及び実施するよう努めるものとする。

（地方公共団体の役割）

第五条　地方公共団体は、基本理念にのっとり、国との連携を図りつつ、その地域の実情を踏まえ、性的指向及び性自認の多様性に関する国民の理解の増進に関する施策を策定し、及び実施するよう努めるものとする。

（事業主の努力）

第六条　事業主は、基本理念にのっとり、性的指向及び性自認の多様性に関するその雇用する労働者の理解の増進に関し、普及啓発、就業環境の整備、相談の機会の確保等を行うことにより性的指向及び性自認の多様性に関する当該労働者の理解の増進に自ら努めるとともに、国又は地方公共団体が実施する性的指向及び性自認の多様性に関する国民の理解の増進に関する施策に協力するよう努めるものとする。

（学校の設置者の努力）

第七条　学校（学校教育法（昭和二十二年法律第二十六号）第一条に規定する学校をいい、幼稚園及び特別支援学校の幼稚部を除く。以下同じ。）の設置者は、基本理念にのっとり、性的指向及び性自認の多様性に関するその設置する学校の児童、生徒又は学生（以下「児童等」という。）の理解の増進に関し、教育又は啓発、教育環境の整備、相談の機会の確保等を行うことにより性的指向及び性自認の多様性に関する当該学校の児童等の理解の増進に自ら努めるとともに、国又は地方公共団体が実施する性的指向及び性自認の多様性に関する国民の理解の増進に関する施策に協力するよう努めるものとする。

（施策の実施の状況の公表）

第八条　政府は、毎年一回、性的指向及び性自認の多様性に関する国民の理解の増進に関する施策の実施の状況を公表しなければならない。

（基本計画）

第九条　政府は、基本理念にのっとり、性的指向及び性自認の多様性に関する国民の理解の増進に関する施策の総合的かつ計画的な推進を図るため、性的指向及び性自認の多様性に関する国民の理解の増進に関する基本的な計画（以下この条において「基本計画」という。）を策定しなければならない。

2　基本計画は、性的指向及び性自認の多様性に関する国民の理解を増進するための基本的な事項その他必要な事項について定めるものとする。

3　内閣総理大臣は、基本計画の案を作成し、閣議の決定を求めなければならない。

4　内閣総理大臣は、前項の規定による閣議の決定があったときは、遅滞なく、基本計画を公表しなければならない。

5　内閣総理大臣は、基本計画の案を作成するため必要があると認めるときは、関係行政機関の長に対し、資料の提出その他必要な協力を求めることができる。

6　政府は、性的指向及び性自認の多様性をめぐる情勢の変化を勘案し、並びに性的指向及び性自認の多様性に関する国民の理解の増進に関する施策の効果に関する評価を踏まえ、おおむね三年ごとに、基本計画に検討を加え、必要があると認めるときは、これを変更しなければならない。

7　第三項から第五項までの規定は、基本計画の変更について準用する。

（調査研究）

第十条　国は、性的指向及び性自認の多様性に関する調査研究その他の性的指向及び性自認の多様性に関する国民の理解の増進に関する施策の策定に必要な調査研究を推進するものとする。

（知識の着実な普及等）

第十一条　国及び地方公共団体は、前条の調査研究の進捗状況を踏まえつつ、学校、地域、家庭、職域その他の様々な場を通じて、国民が、性的指向及び性自認の多様性に関する理解を深めることができるよう、心身の発達に応じた教育及び学習の振興並びに広報活動等を通じた性的指向及び性自認の多様性に関する知識の着実な普及のために必要な施策を講ずるよう努めるものとする。

2　事業主は、その雇用する労働者に対し、性的指向及び性自認の多様性に関する理解を深めるための情報の提供、研修の実施、普及啓発その他の必要な措置を講ずるよう努めるものとする。

3　学校の設置者及びその設置する学校は、当該学校の児童等に対し、性的指向及び性自認の多様性に関する理解を深めるための教育又は啓発その他の必要な措置を講ずるよう努めるものとする。

（相談体制の整備等）

第十二条　国及び地方公共団体は、性的指向及び性自認の多様性に関する各般の問題に関する相談に的確に応ずるため、相談体制の整備その他の必要な施策を講ずるよう努めるものとする。

2　事業主は、性的指向及び性自認の多様性に関する理解の増進に資するよう、その雇用する労働者の就業環境に関し、当該労働者からの相談に応じ、適切に対応するために必要な体制を整備するよう努めるものとする。

3　学校の設置者は、性的指向及び性自認の多様性に関する理解の増進に資するよう、その設置する学校の児童等の教育環境に関し、当該児童等又はその保護者からの相談に応じ、適切に対応するために必要な体制を整備するよう努めるものとする。

（民間の団体等の自発的な活動の促進）

第十三条　国及び地方公共団体は、事業者、国民又はこれらの者の組織する民間の団体が自発的に行う性的指向及び性自認の多様性に関する国民の理解の増進に関する活動が促進されるよう、必要な施策を講ずるよう努めるものとする。

（性的指向・性自認理解増進連絡会議）

第十四条　政府は、内閣官房、内閣府、総務省、法務省、外務省、文部科学省、厚生労働省、国土交通省その他の関係行政機関の職員をもって構成する性的指向・性自認理解増進連絡会議を設け、性的指向及び性自認の多様性に関する国民の理解の増進に関する施策の総合的かつ効果的な推進を図るための連絡調整を行うものとする。

附　則

（施行期日）

第一条　この法律は、公布の日から施行する。

（検討）

第二条　この法律の規定については、この法律の施行後三年を目途として、この法律の施行状況等を勘案し、検討が加えられ、その結果に基づいて必要な措置が講ぜられるものとする。

（内閣府設置法の一部改正）

第三条　内閣府設置法（平成十一年法律第八十九号）の一部を次のように改正する。

第四条第三項第四十五号の次に次の一号を加える。

四十五の二　性的指向及び性自認の多様性に関する国民の理解の増進に関する基本的な計画（性的指向及び性自認の多様性に関する国民の理解の増進に関する法律（令和五年法律第▼▼▼号）第九条第一項に規定するものをいう。）の策定及び推進に関すること。

理　由

全ての国民が、その性的指向又は性自認にかかわらず、等しく基本的人権を享有するかけがえのない個人として尊重されるものであるとの理念にのっとり、性的指向及び性自認を理由とする差別は許されないものであるとの認識の下に、性的指向及び性自認の多様性を受け入れる精神を涵（かん）養し、もって性的指向及び性自認の多様性に寛容な社会の実現に資するため、性的指向及び性自認の多様性に関する国民の理解の増進に関する施策の推進に関し、基本理念を定め、並びに国及び地方公共団体の役割等を明らかにするとともに、基本計画の策定その他の必要な事項を定める必要がある。これが、この法律案を提出する理由である。

2　法律案に係る審議経過情報（表）

https://www.shugiin.go.jp/internet/itdb_gian.nsf/html/gian/keika/ 1 DD8556.htm

議案名「性的指向及び性自認の多様性に関する国民の理解の増進に関する法律案」の審議経過情報

項目	内容
議案種類	衆法
議案提出回次	211
議案番号	14
議案件名	性的指向及び性自認の多様性に関する国民の理解の増進に関する法律案
議案提出者	西村　智奈美君外十三名
議案提出会派	立憲民主党・無所属；日本共産党
衆議院予備審査議案受理年月日	

衆議院予備付託年月日／衆議院予備付託委員会	／
衆議院議案受理年月日	令和５年５月18日
衆議院付託年月日／衆議院付託委員会	令和５年５月26日／内閣
衆議院審査終了年月日／衆議院審査結果	令和５年６月９日／否決
衆議院審議終了年月日／衆議院審議結果	令和５年６月13日／否決
衆議院審議時会派態度	少数
衆議院審議時賛成会派	立憲民主党・無所属；日本共産党；有志の会
衆議院審議時反対会派	自由民主党・無所属の会；日本維新の会；公明党；国民民主党・無所属クラブ；れいわ新選組
参議院予備審査議案受理年月日	令和５年５月19日
参議院予備付託年月日／参議院予備付託委員会	／
参議院議案受理年月日	
参議院付託年月日／参議院付託委員会	／
参議院審査終了年月日／参議院審査結果	／
参議院審議終了年月日／参議院審議結果	／
公布年月日／法律番号	／

議案提出者一覧	西村智奈美君；山井和則君；小宮山泰子君；吉川元君；青柳陽一郎君；大河原まさこ君；早稲田ゆき君；源馬謙太郎君；新垣邦男君；堤かなめ君；山岸一生君；おおつき紅葉君；宮本岳志君；本村伸子君
議案提出の賛成者	安住淳君；阿部知子君；青山大人君；荒井優君；井坂信彦君；伊藤俊輔君；石川香織君；泉健太君；稲富修二君；梅谷守君；枝野幸男君；小川淳也君；小熊慎司君；小沢一郎君；大島敦君；大西健介君；逢坂誠二君；岡田克也君；岡本あき子君；奥野総一郎君；落合貴之君；金子恵美君；鎌田さゆり君；神谷裕君；菅直人君；城井崇君；菊田真紀子君；玄葉光一郎君；小山展弘君；後藤祐一君；神津たけし君；近藤和也君；近藤昭一君；佐藤公治君；坂本祐之輔君；櫻井周君；重徳和彦君；階猛君；篠原豪君；篠原孝君；白石洋一君；末次精一君；末松義規君；鈴木庸介君；田嶋要君；手塚仁雄君；寺田学君；徳永久志君；中川正春君；中島克仁君；中谷一馬君；中村喜四郎君；長妻昭君；野田佳彦君；野間健君；馬場雄基君；

	原口一博君；伴野豊君；福田昭夫君；藤岡隆雄君；太栄志君；本庄知史君；馬淵澄夫君；牧義夫君；松原仁君；道下大樹君；緑川貴士君；森田俊和君；森山浩行君；谷田川元君；山岡達丸君；山崎誠君；山田勝彦君；柚木道義君；湯原俊二君；吉田統彦君；吉田はるみ君；米山隆一君；笠浩史君；渡辺周君；渡辺創君；赤嶺政賢君；笠井亮君；穀田恵二君；志位和夫君；塩川鉄也君；田村貴昭君；高橋千鶴子君；宮本徹君

3　法律案概要

https://www.shugiin.go.jp/internet/itdb_annai.nsf/html/statics/housei/pdf/211hou14siryou.pdf

性的指向及び性自認の多様性に関する国民の理解の増進に関する法律案　概要

現状と課題

性的指向・性自認の多様性について、未だに国民の理解が十分に進んでいない
⇨理解が進んでいないことにより、いじめや差別などの原因となりやすい現実がある

⬇

性的指向・性自認の多様性に関する国民の理解の増進を図る必要がある

法律案の概要

1　目　的

全ての国民が、その性的指向又は性自認にかかわらず、等しく基本的人権を享有するかけがえのない個人として尊重されるものであるとの理念にのっとり、性的指向及び性自認を理由とする差別は許されないものであるとの認識の下に、性的指向及び性自認の多様性を受け入れる精神を涵養し、もって性的指向及び性自認の多様性に寛容な社会の実現に資することを目的とする

2　基本理念

国民の理解の増進に関する施策は、全ての国民が、その性的指向又は性自認にかかわらず、等しく基本的人権を享有するかけがえのない個人として尊重されるものであるとの理念にのっとり、性的指向及び性自認を理由とする差別は許されないものであるとの認識の下に、相互に人格と個性を尊重し合いながら共生する社会の実現に資することを旨として行われなければならない

3　定　義

（1）「性的指向」

恋愛感情又は性的感情の対象となる性別についての指向

（2）「性自認」

自己の属する性別についての認識に関する性同一性の有無又は程度に係る意識

4　国の役割等

①国・地方公共団体の役割、②事業主の努力、③学校（幼稚園を除く。）の設置者の努力

5　施策の実施状況の公表

毎年1回、政府による施策の実施状況の公表

6　基本計画

政府が基本計画を策定（おおむね３年ごとに検討・見直し）

7　施策・措置等

（１）国による調査研究の推進

（２）国・地方公共団体、事業主、学校の設置者・その設置する学校による知識の着実な普及等

（３）国・地方公共団体、事業主、学校の設置者による相談体制の整備等

（４）国・地方公共団体による民間団体等の活動の促進

8　性的指向・性自認理解増進連絡会議

内閣府等の関係行政機関の職員で構成する連絡会議を設けて、連絡調整を行う

附則　**①公布日施行、②検討条項**（施行後３年を目途に法律の規定について検討）
③内閣府設置法の一部改正（内閣府の所掌事務に、基本計画の策定・推進に関する事務を追加）

第４　2023（令５）年 衆法 議案16【資料④】維新・国民提出案

1　性的指向及びジェンダーアイデンティティの多様性に関する国民の理解の増進に関する法律案

https://www.shugiin.go.jp/internet/itdb_gian.nsf/html/gian/honbun/houan/g21105016.htm

衆第一六号

性的指向及びジェンダーアイデンティティの多様性に関する国民の理解の増進に関する法律案

（目的）

第一条　この法律は、性的指向及びジェンダーアイデンティティの多様性に関する国民の理解が必ずしも十分でない現状に鑑み、性的指向及びジェンダーアイデンティティの多様性に関する国民の理解の増進に関する施策の推進に関し、基本理念を定め、並びに国及び地方公共団体の役割等を明らかにするとともに、基本計画の策定その他の必要な事項を定めることにより、性的指向及びジェンダーアイデンティティの多様性を受け入れる精神を涵（かん）養し、もって性的指向及びジェンダーアイデンティティの多様性に寛容な社会の実現に資することを目的とする。

（定義）

第二条　この法律において「性的指向」とは、恋愛感情又は性的感情の対象となる性別についての指向をいう。

２　この法律において「ジェンダーアイデンティティ」とは、自己の属する性別についての認識に関するその同一性の有無又は程度に係る意識をいう。

（基本理念）

第三条　性的指向及びジェンダーアイデンティティの多様性に関する国民の理解の増進に関する施策は、全ての国民が、その性的指向又はジェンダーアイデンティティにかかわらず、等しく基本的人権を享有するかけがえのない個人として尊重されるものであるとの理念にのっとり、性的指向及びジェンダーアイデンティティを理由とする不当な差別はあっては

ならないものであるとの認識の下に、相互に人格と個性を尊重し合いながら共生する社会の実現に資することを旨として行われなければならない。

（国の役割）

第四条　国は、前条に定める基本理念（以下単に「基本理念」という。）にのっとり、性的指向及びジェンダーアイデンティティの多様性に関する国民の理解の増進に関する施策を策定し、及び実施するよう努めるものとする。

（地方公共団体の役割）

第五条　地方公共団体は、基本理念にのっとり、国との連携を図りつつ、その地域の実情を踏まえ、性的指向及びジェンダーアイデンティティの多様性に関する国民の理解の増進に関する施策を策定し、及び実施するよう努めるものとする。

（事業主等の努力）

第六条　事業主は、基本理念にのっとり、性的指向及びジェンダーアイデンティティの多様性に関するその雇用する労働者の理解の増進に関し、普及啓発、就業環境の整備、相談の機会の確保等を行うことにより性的指向及びジェンダーアイデンティティの多様性に関する当該労働者の理解の増進に自ら努めるとともに、国又は地方公共団体が実施する性的指向及びジェンダーアイデンティティの多様性に関する国民の理解の増進に関する施策に協力するよう努めるものとする。

2　学校（学校教育法（昭和二十二年法律第二十六号）第一条に規定する学校をいい、幼稚園及び特別支援学校の幼稚部を除く。以下同じ。）の設置者は、基本理念にのっとり、性的指向及びジェンダーアイデンティティの多様性に関するその設置する学校の児童、生徒又は学生（以下この項及び第十条第三項において「児童等」という。）の理解の増進に関し、保護者の理解と協力を得て行う心身の発達に応じた教育又は啓発、教育環境の整備、相談の機会の確保等を行うことにより性的指向及びジェンダーアイデンティティの多様性に関する当該学校の児童等の理解の増進に自ら努めるとともに、国又は地方公共団体が実施する性的指向及びジェンダーアイデンティティの多様性に関する国民の理解の増進に関する施策に協力するよう努めるものとする。

（施策の実施の状況の公表）

第七条　政府は、毎年一回、性的指向及びジェンダーアイデンティティの多様性に関する国民の理解の増進に関する施策の実施の状況を公表しなければならない。

（基本計画）

第八条　政府は、基本理念にのっとり、性的指向及びジェンダーアイデンティティの多様性に関する国民の理解の増進に関する施策の総合的かつ計画的な推進を図るため、性的指向及びジェンダーアイデンティティの多様性に関する国民の理解の増進に関する基本的な計画（以下この条において「基本計画」という。）を策定しなければならない。

2　基本計画は、性的指向及びジェンダーアイデンティティの多様性に関する国民の理解を増進するための基本的な事項その他必要な事項について定めるものとする。

3　内閣総理大臣は、基本計画の案を作成し、閣議の決定を求めなければならない。

4　内閣総理大臣は、前項の規定による閣議の決定があったときは、遅滞なく、基本計画を公表しなければならない。

5　内閣総理大臣は、基本計画の案を作成するため必要があると認めるときは、関係行政機関の長に対し、資料の提出その他必要な協力を求めることができる。

6　政府は、性的指向及びジェンダーアイデンティティの多様性をめぐる情勢の変化を勘案し、並びに性的指向及びジェンダーアイデンティティの多様性に関する国民の理解の増進に関する施策の効果に関する評価を踏まえ、おおむね三年ごとに、基本計画に検討を加え、必要があると認めるときは、これを変更しなければならない。

7　第三項から第五項までの規定は、基本計画の変更について準用する。

（学術研究等）

第九条　国は、性的指向及びジェンダーアイデンティティの多様性に関する学術研究その他の性的指向及びジェンダーアイデンティティの多様性に関する国民の理解の増進に関する施策の策定に必要な研究を推進するものとする。

（知識の着実な普及等）

第十条　国及び地方公共団体は、前条の研究の進捗状況を踏まえつつ、学校、地域、家庭、職域その他の様々な場を通じて、国民が、性的指向及びジェンダーアイデンティティの多様性に関する理解を深めることができるよう、心身の発達に応じた教育及び学習の振興並びに広報活動等を通じた性的指向及びジェンダーアイデンティティの多様性に関する知識の着実な普及、各般の問題に対応するための相談体制の整備その他の必要な施策を講ずるよう努めるものとする。

2　事業主は、その雇用する労働者に対し、性的指向及びジェンダーアイデンティティの多様性に関する理解を深めるための情報の提供、研修の実施、普及啓発、就業環境に関する相談体制の整備その他の必要な措置を講ずるよう努めるものとする。

3　学校の設置者及びその設置する学校は、当該学校の児童等に対し、性的指向及びジェンダーアイデンティティの多様性に関する理解を深めるため、保護者の理解と協力を得て行う心身の発達に応じた教育又は啓発、教育環境に関する相談体制の整備その他の必要な措置を講ずるよう努めるものとする。

（性的指向・ジェンダーアイデンティティ理解増進連絡会議）

第十一条　政府は、内閣官房、内閣府、総務省、法務省、外務省、文部科学省、厚生労働省、国土交通省その他の関係行政機関の職員をもって構成する性的指向・ジェンダーアイデンティティ理解増進連絡会議を設け、性的指向及びジェンダーアイデンティティの多様性に関する国民の理解の増進に関する施策の総合的かつ効果的な推進を図るための連絡調整を行うものとする。

（措置の実施等に当たっての留意）

第十二条　この法律に定める措置の実施等に当たっては、性的指向又はジェンダーアイデンティティにかかわらず、全ての国民が安心して生活することができることとなるよう、留意するものとする。

附　則

（施行期日）

第一条　この法律は、公布の日から施行する。

（検討）

第二条　この法律の規定については、この法律の施行後三年を目途として、この法律の施行状況等を勘案し、検討が加えられ、その結果に基づいて必要な措置が講ぜられるものとする。

（内閣府設置法の一部改正）

第三条　内閣府設置法（平成十一年法律第八十九号）の一部を次のように改正する。

第四条第三項第四十五号の次に次の一号を加える。

四十五の二　性的指向及びジェンダーアイデンティティの多様性に関する国民の理解の増進に関する基本的な計画（性的指向及びジェンダーアイデンティティの多様性に関する国民の理解の増進に関する法律（令和五年法律第▼▼▼号）第八条第一項に規定するものをいう。）の策定及び推進に関すること。

理　由

性的指向及びジェンダーアイデンティティの多様性に関する国民の理解が必ずしも十分でない現状に鑑み、性的指向及びジェンダーアイデンティティの多様性を受け入れる精神を涵（かん）養し、もって性的指向及びジェンダーアイデンティティの多様性に寛容な社会の実現に資するため、性的指向及びジェンダーアイデンティティの多様性に関する国民の理解の増進に関する施策の推進に関し、基本理念を定め、並びに国及び地方公共団体の役割等を明らかにするとともに、基本計画の策定その他の必要な事項を定める必要がある。これが、この法律案を提出する理由である。

2　法律案に係る審議経過情報（表）

https://www.shugiin.go.jp/internet/itdb_gian.nsf/html/gian/keika/ 1 DD85B 2 .htm

衆議院HP（議案情報・第211回国会　議案の一覧）
＞衆法 第211回国会 16 性的指向及びジェンダーアイデンティティの多様性に関する国民の理解の増進に関する法律案

議案名「性的指向及びジェンダーアイデンティティの多様性に関する国民の理解の増進に関する法律案」の審議経過情報

項目	内容
議案種類	衆法
議案提出回次	211
議案番号	16
議案件名	性的指向及びジェンダーアイデンティティの多様性に関する国民の理解の増進に関する法律案
議案提出者	阿部　司君外四名
議案提出会派	日本維新の会；国民民主党・無所属クラブ
衆議院予備審査議案受理年月日	
衆議院予備付託年月日／衆議院予備付託委員会	／
衆議院議案受理年月日	令和５年５月26日
衆議院付託年月日／衆議院付託委員会	令和５年６月７日／内閣
衆議院審査終了年月日／衆議院審査結果	／
衆議院審議終了年月日／衆議院審議結果	／
衆議院審議時会派態度	
衆議院審議時賛成会派	
衆議院審議時反対会派	
参議院予備審査議案受理年月日	令和５年５月29日
参議院予備付託年月日／参議院予備付託委員会	／
参議院議案受理年月日	
参議院付託年月日／参議院付託委員会	／
参議院審査終了年月日／参議院審査結果	／
参議院審議終了年月日／参議院審議結果	／

公布年月日／法律番号	／

議案提出者一覧	阿部司君；岩谷良平君；中司宏君；浅野哲君；長友慎治君
議案提出の賛成者	足立康史君；阿部弘樹君；青柳仁士君；赤木正幸君；浅川義治君；井上英孝君；伊東信久君；池下卓君；池畑浩太朗君；一谷勇一郎君；市村浩一郎君；浦野靖人君；漆間譲司君；遠藤敬君；遠藤良太君；小野泰輔君；奥下剛光君；金村龍那君；沢田良君；杉本和巳君；住吉寛紀君；空本誠喜君；高橋英明君；馬場伸幸君；早坂敦君；林佑美君；藤田文武君；藤巻健太君；堀場幸子君；掘井健智君；前川清成君；三木圭恵君；美延映夫君；岬麻紀君；守島正君；山本剛正君；吉田とも代君；和田有一朗君；斎藤アレックス君；鈴木敦君；鈴木義弘君；田中健君；玉木雄一郎君；西岡秀子君；古川元久君；前原誠司君

第5　2022（令4）年 第208回国会 衆法 議案55 【資料⑤】立民・国民・共・れいわ提出案

1　性的指向又は性自認を理由とする差別の解消等の推進に関する法律案

https://www.shugiin.go.jp/internet/itdb_gian.nsf/html/gian/honbun/houan/g20805055.htm

2　法律案に係る議案審議経過情報等（表）

https://www.shugiin.go.jp/internet/itdb_gian.nsf/html/gian/keika/ 1 DD 5 D 5 E.htm

議案名「性的指向又は性自認を理由とする差別の解消等の推進に関する法律案」の審議経過情報

項目	内容
議案種類	衆法
議案提出回次	208
議案番号	55
議案件名	性的指向又は性自認を理由とする差別の解消等の推進に関する法律案
議案提出者	大河原　まさこ君外十名
議案提出会派	立憲民主党・無所属；国民民主党・無所属クラブ；日本共産党；れいわ新選組

衆議院予備審査議案受理年月日	
衆議院予備付託年月日／衆議院予備付託委員会	／
衆議院議案受理年月日	令和４年６月８日
衆議院付託年月日／衆議院付託委員会	令和４年６月14日／内閣
衆議院審査終了年月日／衆議院審査結果	／
衆議院審議終了年月日／衆議院審議結果	／閉会中審査
衆議院審議時会派態度	
衆議院審議時賛成会派	
衆議院審議時反対会派	
参議院予備審査議案受理年月日	令和４年６月９日
参議院予備付託年月日／参議院予備付託委員会	／
参議院議案受理年月日	
参議院付託年月日／参議院付託委員会	／
参議院審査終了年月日／参議院審査結果	／
参議院審議終了年月日／参議院審議結果	／
公布年月日／法律番号	／

議案提出者一覧	大河原まさこ君；中川正春君；早稲田ゆき君；岡本あき子君；新垣邦男君；荒井優君；馬場雄基君；浅野哲君；宮本岳志君；本村伸子君；櫛渕万里君
議案提出の賛成者	青柳陽一郎君；青山大人君；井坂信彦君；伊藤俊輔君；石川香織君；泉健太君；稲富修二君；梅谷守君；江田憲司君；枝野幸男君；おおつき紅葉君；小川淳也君；小熊慎司君；小沢一郎君；大串博志君；大島敦君；大西健介君；逢坂誠二君；岡田克也君；奥野総一郎君；落合貴之君；金子恵美君；鎌田さゆり君；神谷裕君；菅直人君；城井崇君；菊田真紀子君；玄葉光一郎君；源馬謙太郎君；小宮山泰子君；小山展弘君；後藤祐一君；神津たけし君；近藤和也君；近藤昭一君；佐藤公治君；坂本祐之輔君；櫻井周君；重徳和彦君；階猛君；篠原豪君；篠原孝君；下条みつ君；白石洋一君；末次精一君；末松義規君；鈴木庸介君；田嶋要君；堤かなめ君；寺田学君；徳永久志君；中島克仁君；中谷一馬君；中村喜四郎君；長妻昭君；西村智奈美君；野田佳彦君；野間健君；伴野豊君；福田

	昭夫君；藤岡隆雄君；太栄志君；本庄知史君；馬淵澄夫君；牧義夫君；松木けんこう君；松原仁君；道下大樹君；緑川貴士君；森田俊和君；森山浩行君；谷田川元君；山岡達丸君；山岸一生君；山崎誠君；山田勝彦君；山井和則君；柚木道義君；湯原俊二君；吉川元君；吉田統彦君；吉田はるみ君；米山隆一君；笠浩史君；渡辺周君；渡辺創君；岸本周平君；斎藤アレックス君；鈴木敦君；鈴木義弘君；田中健君；玉木雄一郎君；長友慎治君；西岡秀子君；古川元久君；前原誠司君；赤嶺政賢君；笠井亮君；穀田恵二君；志位和夫君；塩川鉄也君；田村貴昭君；高橋千鶴子君；宮本徹君；大石あきこ君；たがや亮君

3　法律案概要

https://www.shugiin.go.jp/internet/itdb_annai.nsf/html/statics/housei/pdf/211hou16siryou.pdf

性的指向及びジェンダーアイデンティティの多様性に関する国民の理解の増進に関する法律案　概要

法律案の趣旨

性的指向・ジェンダーアイデンティティの多様性について、未だに国民の理解が十分に進んでいない

⬇

全ての国民が性的指向・ジェンダーアイデンティティの多様な在り方を互いに自然に受け入れられる**共生社会の実現**を目指し、**性的指向・ジェンダーアイデンティティの多様性に関する国民の理解の増進を図る必要がある**

法律案の概要

1　目　的

性的指向及びジェンダーアイデンティティの多様性に関する国民の理解が必ずしも十分でない現状に鑑み、性的指向及びジェンダーアイデンティティの多様性に関する国民の理解の増進に関する施策の推進に関し、基本理念を定め、並びに国及び地方公共団体の役割等を明らかにするとともに、基本計画の策定その他の必要な事項を定めることにより、性的指向及びジェンダーアイデンティティの多様性を受け入れる精神を涵養し、もって性的指向及びジェンダーアイデンティティの多様性に寛容な社会の実現に資することを目的とする

2　定　義

（1）**「性的指向」**

恋愛感情又は性的感情の対象となる性別についての指向

（2）**「ジェンダーアイデンティティ」**

自己の属する性別についての認識に関するその同一性の有無又は程度に係る意識

3　基本理念

国民の理解の増進に関する施策は、全ての国民が、その性的指向又はジェンダーアイデン

ティティにかかわらず、等しく基本的人権を享有するかけがえのない個人として尊重されるものであるとの理念にのっとり、性的指向及びジェンダーアイデンティティを理由とする不当な差別はあってはならないものであるとの認識の下に、相互に人格と個性を尊重し合いながら共生する社会の実現に資することを旨として行われなければならない

4　国の役割等

①国・地方公共団体の役割、②事業主等の努力

※学校での教育・啓発は、保護者の理解と協力を得て心身の発達に応じて行う

5　施策の実施状況の公表

毎年1回、政府による施策の実施状況の公表

6　基本計画

政府が基本計画を策定（おおむね3年ごとに検討・見直し）

7　施策・措置等

（1）　学術研究等の推進

（2）　知識の着実な普及、相談体制の整備　等

8　性的指向・ジェンダーアイデンティティ理解増進連絡会議

内閣府等の関係行政機関の職員で構成する連絡会議を設けて、連絡調整を行う

9　措置の実施等に当たっての留意

措置の実施等に当たっては、性的指向又はジェンダーアイデンティティにかかわらず、全ての国民が安心して生活することができることとなるよう留意

附則　①公布日施行、②検討条項（施行後3年を目途に法律の規定について検討）
③内閣府設置法の一部改正（内閣府の所掌事務に、基本計画の策定・推進に関する事務を追加）

第6　2021（令3）年 与野党実務者合意案

→上記第3　衆法 議案14【資料③】（立民・共提出案）と内容同じ。

第7　2018（平30）年 第197回国会 衆法 議案12

→上記第5　第208回国会 衆法 議案55【資料⑤】と内容同じ

1　性的指向又は性自認を理由とする差別の解消等の推進に関する法律案

https://www.shugiin.go.jp/internet/itdb_gian.nsf/html/gian/honbun/houan/g19705012.htm

2　法律案に係る議案審議経過情報等（表）

https://www.shugiin.go.jp/internet/itdb_gian.nsf/html/gian/keika/ 1 DCAAF 6 .htm

議案名「性的指向又は性自認を理由とする差別の解消等の推進に関する法律案」の審議経過情報

項目	内容
議案種類	衆法
議案提出回次	197
議案番号	12
議案件名	性的指向又は性自認を理由とする差別の解消等の推進に関する法律案
議案提出者	西村　智奈美君外十名
議案提出会派	立憲民主党・市民クラブ；国民民主党・無所属クラブ；無所属の会；日本共産党；社会民主党・市民連合；自由党
衆議院予備審査議案受理年月日	
衆議院予備付託年月日／衆議院予備付託委員会	／
衆議院議案受理年月日	平成30年12月 5 日
衆議院付託年月日／衆議院付託委員会	平成30年12月 7 日／内閣
衆議院審査終了年月日／衆議院審査結果	／
衆議院審議終了年月日／衆議院審議結果	／閉会中審査
衆議院審議時会派態度	
衆議院審議時賛成会派	
衆議院審議時反対会派	
参議院予備審査議案受理年月日	平成30年12月 6 日
参議院予備付託年月日／参議院予備付託委員会	／
参議院議案受理年月日	
参議院付託年月日／参議院付託委員会	／
参議院審査終了年月日／参議院審査結果	／
参議院審議終了年月日／参議院審議結果	／
公布年月日／法律番号	／

議案提出者一覧	西村智奈美君；辻元清美君；山尾志桜里君；尾辻かな子君；岡本充功君；大島敦君；泉健太君；金子恵美君；宮本岳志君；吉川元君；日吉雄太君
議案提出の賛成者	岡島一正君；落合貴之君；武内則男君；手塚仁雄君；寺田学君；長尾秀樹君；長谷川嘉一君；松田功君；村上史好君；森山浩行君；矢上雅義君；山川百合子君；山花郁夫君；早稲田夕季君；青山大人君；浅野哲君；伊藤俊輔君；稲富修二君；小熊慎司君；大西健介君；奥野総一郎君；吉良州司君；城井崇君；岸本周平君；源馬謙太郎君；小宮山泰子君；後藤祐一君；近藤和也君；斉木武志君；階猛君；下条みつ君；白石洋一君；関健一郎君；玉木雄一郎君；津村啓介君；西岡秀子君；原口一博君；平野博文君；古川元久君；前原誠司君；牧義夫君；緑川貴士君；森田俊和君；山岡達丸君；山井和則君；渡辺周君；安住淳君；江田憲司君；大串博志君；岡田克也君；黒岩宇洋君；玄葉光一郎君；田嶋要君；中川正春君；中村喜四郎君；野田佳彦君；広田一君；もとむら賢太郎君；赤嶺政賢君；笠井亮君；穀田恵二君；志位和夫君；塩川鉄也君；田村貴昭君；高橋千鶴子君；畑野君枝君；藤野保史君；宮本徹君；本村伸子君；照屋寛徳君；小沢一郎君

第 8　2016（平28）年 第190回国会 衆法【資料⑥】野党案

→上記第 5 第208 回国会衆法議案55【資料⑤】と内容同じ

1　性的指向又は性自認を理由とする差別の解消等の推進に関する法律案

https://www.shugiin.go.jp/internet/itdb_gian.nsf/html/gian/honbun/houan/g19005057.htm

2　法律案に係る議案審議経過情報等（表）

https://www.shugiin.go.jp/internet/itdb_gian.nsf/html/gian/keika/ 1 DBFA 9 E.htm

議案名「性的指向又は性自認を理由とする差別の解消等の推進に関する法律案」の審議経過情報

項目	内容
議案種類	衆法
議案提出回次	190
議案番号	57

議案件名	性的指向又は性自認を理由とする差別の解消等の推進に関する法律案
議案提出者	西村　智奈美君外六名
議案提出会派	民進党・無所属クラブ；日本共産党；生活の党と山本太郎となかまたち；社会民主党・市民連合
衆議院予備審査議案受理年月日	
衆議院予備付託年月日／衆議院予備付託委員会	／
衆議院議案受理年月日	平成28年５月27日
衆議院付託年月日／衆議院付託委員会	平成28年５月31日／法務
衆議院審査終了年月日／衆議院審査結果	／
衆議院審議終了年月日／衆議院審議結果	／閉会中審査
衆議院審議時会派態度	
衆議院審議時賛成会派	
衆議院審議時反対会派	
参議院予備審査議案受理年月日	平成28年５月30日
参議院予備付託年月日／参議院予備付託委員会	／
参議院議案受理年月日	
参議院付託年月日／参議院付託委員会	／
参議院審査終了年月日／参議院審査結果	／
参議院審議終了年月日／参議院審議結果	／
公布年月日／法律番号	／

議案提出者一覧	西村智奈美君；山尾志桜里君；細野豪志君；井出庸生君；池内さおり君；玉城デニー君；吉川元君
議案提出の賛成者	安住淳君；阿部知子君；青柳陽一郎君；赤松広隆君；荒井聰君；井坂信彦君；石関貴史君；泉健太君；今井雅人君；江田憲司君；枝野幸男君；小川淳也君；小熊慎司君；緒方林太郎君；大串博志君；大島敦君；大西健介君；大畠章宏君；太田和美君；逢坂誠二君；岡田克也君；岡本充功君；奥野総一郎君；落合貴之君；柿沢未途君；金子恵美君；神山洋介君；菅直人君；木内孝胤君；吉良州司君；黄川田徹君；菊田真紀子君；岸本周平君；北神圭朗君；黒岩宇洋君；玄葉光一郎君；小宮山泰子君；小山展弘君；後藤祐一君；郡和子君；近藤昭一君；近藤洋介君；

	佐々木隆博君；坂本祐之輔君；重徳和彦君；階猛君；篠原豪君；篠原孝君；鈴木克昌君；鈴木義弘君；田島一成君；田嶋要君；高井崇志君；高木義明君；武正公一君；玉木雄一郎君；津村啓介君；辻元清美君；寺田学君；中島克仁君；中根康浩君；長島昭久君；長妻昭君；野田佳彦君；初鹿明博君；原口一博君；伴野豊君；平野博文君；福島伸享君；福田昭夫君；古川元久君；古本伸一郎君；馬淵澄夫君；前原誠司君；牧義夫君；升田世喜男君；松田直久君；松野頼久君；松原仁君；水戸将史君；宮崎岳志君；村岡敏英君；本村賢太郎君；山井和則君；柚木道義君；横路孝弘君；横山博幸君；笠浩史君；鷲尾英一郎君；渡辺周君；赤嶺政賢君；梅村さえこ君；大平喜信君；笠井亮君；穀田恵二君；斉藤和子君；志位和夫君；清水忠史君；塩川鉄也君；島津幸広君；田村貴昭君；高橋千鶴子君；畑野君枝君；畠山和也君；藤野保史君；堀内照文君；真島省三君；宮本岳志君；宮本徹君；本村伸子君；小沢一郎君；照屋寛徳君

第9　2016（平28）年 自民党 性的指向・性自認に関する特命委員会案【資料⑦】

→「性的指向及び性自認の多様性に関する国民の理解の増進に関する立法措置の概要」「性的指向及び性の同一性の多様性に関する国民の理解の増進に関する法律案要綱」案参照

第１　目的（１条関係）
第２　定義（性的指向・性自認）（２条関係）
第３　基本理念（３条関係）
第４　責務
　１　国及び地方公共団体の責務（４条・５条関係）
　２　国民の責務（６条関係）
第５　基本計画（７条関係）
第６　公表（８条関係）
第７　財政上の措置（９条関係）
第８　連絡会議（10条関係）

第10　文部科学省HP（国会質疑引用関係）

法律制定により、現在の文部科学省の HP 掲載資料を掲載することとする。
https://www.mext.go.jp/a_menu/shotou/jinken/sankosiryo/1415166_00004.htm

性的マイノリティに関する施策

性的指向等を含め、個々人が持つ多様な背景に関わらず、全ての人がお互いを尊重し、誰もが生き生きとした人生を享受することのできる共生社会を目指すため、文部科学省はLGBT等、性的マイノリティに関する施策の充実に取り組んでいます。このページでは、性的マイノリティについての理解を深めるための情報や、関連する制度や取り組みについてまとめています。

学校における対応等について

令和４年12月に公表した改訂版生徒指導提要において、性的マイノリティに関する課題と対応について新たに追記したほか、教職員向けの研修動画の配信、教職員向け理解啓発パンフレットの作成・周知、教育委員会等への通知の発出など、適切な対応のための取組を行っております。

- 生徒指導提要（令和４年12月改訂）※「性的マイノリティ」に関する記載はP266～P270をご覧ください。
- 学校で配慮と支援が必要なLGBTsの子どもたち：校内研修シリーズ No87｜NITS 独立行政法人教職員支援機構別ウィンドウで開きます
- 性同一性障害や性的指向・性自認に係る、児童生徒に対するきめ細かな対応等の実施について（教職員向け）周知資料（平成28年４月）
- 性同一性障害に係る児童生徒に対するきめ細かな対応の実施等について（平成27年４月）
- 学校における性同一性障害に係る対応に関する状況調査について（平成26年６月）
- 「児童生徒が抱える問題に対しての教育相談の徹底について（通知）」平成22年４月23日
- 大学等における性的指向・性自認の多様な在り方の理解増進に向けて（平成30年12月）｜JASSO

性的指向及びジェンダーアイデンティティの多様性に関する国民の理解の増進に関する法律（令和５年法律第68号）について

令和５年６月23日に法律が公布・施行されたことを踏まえ、文部科学省から各教育委員会等に対して通知を発出しました。

- 「性的指向及びジェンダーアイデンティティの多様性に関する国民の理解の増進に関する法律」の公布について（通知）
- 令和５年７月20日産経新聞朝刊３面「文科省 LGBT団体の教育　中立性を求める文書」及び同内容の配信記事について

第11　法務省HP（国会質疑引用関係）

法律制定により、現在の法務省のHP掲載資料を掲載することとする。
https://www.moj.go.jp/JINKEN/jinken04_00126.html

性的マイノリティに関する偏見や差別をなくしましょう

様々な人権問題に関する相談を受け付けています。

性的マイノリティであることを理由とする偏見や差別により、苦しんでいる人々がいます。

これらの人々は、社会の中で偏見の目にさらされ、昇進を妨げられたり、学校生活でいじめられたりするなどの差別を受けています。

このような偏見や差別を解消するため、労働施策総合推進法の改正（令和２年６月施行）に基づいて定められたパワーハラスメント防止のための指針において、相手の性的指向等に関する侮辱的な言動を行うこと等をパワーハラスメントに該当すると考えられる例として明記したり、性的マイノリティに関する企業の取組事例集等を作成・周知するなど、職場における性的マイノリティに関する正しい理解を促進するための取組が進められています。

また、学校等においても、児童、生徒及び学生等に対するきめ細かな対応や、適切な教育相談が行われるよう、教育関係者への働きかけが行われています。

令和５年６月には、「性的指向及びジェンダーアイデンティティの多様性に関する国民の理解の増進に関する法律」（令和５年法律第68号）が成立・施行されました。同法では、性的指向及びジェンダーアイデンティティの多様性に関する国民の理解の増進に関する基本理念等について定められています。同法11条に基づき、令和５年８月、国民の理解の増進に関する施策の総合的かつ効果的な推進を図るために「性的指向・ジェンダーアイデンティティ理解増進連絡会議」が設置されました。

法務省の人権擁護機関では、「性的マイノリティに関する偏見や差別をなくそう」を強調事項として掲げ、啓発冊子の配布や性的マイノリティをテーマとした啓発動画の配信など、各種人権啓発活動を実施しています。令和５年３月には、企業・団体における性的マイノリティの取組を促進するとともに、社会全体の性的マイノリティの方々に対する理解の増進に資するよう、企業・団体の取組事例を紹介する特設サイト「Myじんけん宣言・性的マイノリティ編」を開設しました。是非、ご覧いただき、今後の取組の参考としてください。

また、最寄りの法務局等において人権相談に応じています。人権相談等を通じて性的マイノリティの方々に関する人権侵害の疑いのある事案を認知した場合は、人権侵犯事件として調査を行い、事案に応じた適切な措置を講じています。

法務省の人権擁護機関による取組内容

■性的マイノリティに関する人権侵犯事件の新規救済手続開始件数

	平成30年	令和元年	令和２年	令和３年	令和４年
性的マイノリティに関する人権侵犯	19	17	17	9	9

第12　LGBTQに係る学術研究データ・資料等（国会質疑引用関係）

1　河口和也ら（科研研究）『セクシュアルマイノリティをめぐる意識と施策に関する研究』（2018～2022）

http://alpha.shudo-u.ac.jp/~kawaguch/

2　埼玉県『埼玉県多様性を尊重する共生社会作りに関する調査報告書』（2021）

https://www.pref.saitama.lg.jp/a0303/2020lgbtqchousa.html

3　令和元年度厚生労働省委託事業『職場におけるダイバーシティ推進事業報告書』（2020年3月。三菱UFJリサーチ＆コンサルティング）

https://www.mhlw.go.jp/content/000673032.pdf

4　認定NPO法人ReBit『LGBTQ医療福祉調査2023』

https://prtimes.jp/main/html/rd/p/000000045.000047512.html

5　性的指向および性自認を理由とするわたしたちが社会で直面する困難のリスト（第3版）（2019年3月4日。一般社団法人性的指向および性自認等により困難を抱えている当事者等に対する法整備のための全国連合会）

https://lgbtetc.jp/news/1348/

通番	各章ごとの通番	困難
		(a)子ども・教育
		【学校での生活】
1	a−1	学校で「男のくせに」「気持ち悪い」「ホモ」「おかま」「レズ」などと侮蔑的な言葉を投げかけられ、自尊感情が深く傷つけられた。
2	a−2	小学校の教室内で、ホモやオカマという言葉が日常的に笑いの対象になっており、自分のセクシュアリティがバレたら生きていけないと思った。
3	a−3	学校で仕草が女みたいだと言われ、仕草をまねされたり、笑いのネタにされた。
4	a−4	同級生から「おまえは男らしさが足りない」といわれ、女物の下着をはかされた上で写真を撮られた。
5	a−5	学校への登校途中、「女みたいな色を着るな」と言われ、着ていたきれいな色の上着を奪い取られ、破り捨てられた。
6	a−6	書いていた日記を勝手に読まれた上、同性の友達に恋愛感情をもっていたことをからかわれ、同性の友達との仲を裂かれた。
7	a−7	外見や仕草から性的指向や性自認が非典型であることが推測され、学校で奇異の目にさらされ、不登校になった。
8	a−8	学校の同級生に、セクシュアリティを含む個人情報をSNSでアウティングされた。その結果、学校で持ち物を壊される、けがを負わされる等のいじめに遭った。着替えも教室の外、給食も食べないなど、強い孤立状態に陥った。
9	a−9	性別への違和感について、教員や同級生が笑いのネタにしたため、その場の空気で一緒に笑わざるを得なかった。
10	a−10	自分の性別に違和感があることを教員に相談したところ、「そんな風だと堅気の仕事につけないぞ」とたしなめられた。
11	a−11	性的指向について、教員や同級生がおかしいものと話したり、「うちの学校にはいない」と言われ、何も言い返すことができなかった。

(a)子ども・教育		
12	a-12	同性愛者であることを明らかにして学校生活を送っていたところ、一部の同級生によって学級会の議題にされ、クラス全員の前で「話し方がオカマっぽくて気色悪い」等の批判を受けた。教員からも「本人は治そうと頑張っているんだから応援しよう」という逆に人格を否定するフォローを入れられ、自尊感情を深く傷つけられた。
13	a-13	同性の友達にラブレターを出したところ、相手の親が学校に通報したため、教員に呼び出されて咎められた。
14	a-14	同級生から性的指向や性自認に関するいじめを受けていたところ、教員からも「お前が悪い」と言われた。
15	a-15	いじめの被害について先生に相談しても、「お前が悪い、何かあれば退学だ」等と言われ、授業に関することも教えてくれなくなった。先生が怖くなり、部活も休みがちで、評価も下げられるのではないかと不安を感じた。
16	a-16	性的指向や性自認に基づく差別やいじめから誰も救ってくれなかったため、学校内の活動から孤立し、学習を継続することが困難となった。
17	a-17	中学校でいじめに遭ったとき、真剣に向き合って手を差し伸べてくれる人や相談場所が見つからなかった。先生には「卒業証書は渡すから学校に来なくていい」と言われた。
18	a-18	レズビアンかどうか悩んでいたとき、臨床心理士の資格を持ち開業していたスクールカウンセラーから「異性との性行為をしてみればその良さがわかるよ」と言われた。専門職の人が言った言葉はとても重く、「同性が好きな自分は気の迷いなのか」と思ってしまった。長く感じていた思いを否定されたように思い、その後、学校を休学せざるを得なかった。
19	a-19	学校や教科書で多様な性に関して適切な情報を得られず、相談できる場所もなかった。インターネット上で情報を探しても不正確なものばかりで、「誰かにバレたら生きていけない」、「大人になれない」と思った。
20	a-20	学校で自分の性自認や性的指向について誰にも話すことができず、メンタルヘルスが悪化し、自死に追い込まれた。
21	a-21	学校で性的指向や性自認に伴う悩みを相談しようと思っても、相談できる場所がなく、支援が受けられなかった。メンタルヘルスが悪化したり、自殺未遂に追い込まれた。

(a)子ども・教育		
22	a-22	学校において、性的指向や性自認について相談したい子どもが支援を受ける機関や居場所がなく、スクールカウンセラーにも知識がないため、誰にも相談できなかった。
23	a-23	宿泊行事、健康診断、身体測定など、身体の露出がある場面において、性的指向や性自認による困難を抱えている子どもの想定・配慮がされておらず、身体を見る/見られることへの不快感など、苦痛を感じた。
24	a-24	体育の授業などで過度な身体の接触を強制され、不快に感じることがあった。
25	a-25	学籍簿の性別や氏名が、戸籍や住民票にもとづいて記載されているため、別人と疑われたり、性同一性障害であることが周囲に知られ、同級生などから仲間はずれにされた。
26	a-26	合唱コンクールで男声パートを歌うことにどうしても抵抗があり、教員に掛け合ったが、女声音域が出るのにもかかわらず、「低音を練習してください」と言われ、性自認に従った合唱への参加が認められなかった。
27	a-27	どの部活に入るか迷っていたところ、男性であることだけを理由に、教員から柔道部に無理矢理入部させられた。
28	a-28	女子として生活するために髪を伸ばしていたところ、学校の教員から坊主刈りにすることを強要され、学校で坊主刈りにされた。
29	a-29	学校行事において男女で色分けしたり、役割を決めていたりするため、自分が望まない色をあてがわれ、好まない役割を担わされた。
30	a-30	男女で分けた授業や種目、体育祭、部活動において、性自認と戸籍性の不一致のために自分のやりたいことを選択できなかった。
31	a-31	学校の制服や体操服などが戸籍上の性別で分けられたため、苦痛を感じ、不登校となった。
32	a-32	他の人に身体を見られる心配や、他の人の身体が目に入る罪悪感から、学校の更衣室やトイレが使いづらかった。
33	a-33	学生証に性別欄があるため、見た目の性別と違うとして、別人と疑われたり、性同一性障害であることが周囲に知られた。

(a)子ども・教育		
34	a-34	高校に女子生徒として入学したが（戸籍上の性は男性）、学校から「マイナンバーの提出がなければ就学支援金制度が受けられない」と言われた。生活保護のケースワーカーや保健師に話しても状況は改善せず、希死念慮が生じた。
35	a-35	学生寮が戸籍上の男女でわかれていたため、入寮できなかった。
36	a-36	学校で使う教科書に性的指向や性自認に対する配慮がなく、自尊感情が深く傷ついた。
37	a-37	学校で性的指向や性自認などのセクシュアリティについて適切な指導を受けることができなかった。
38	a-38	子どもが情報を探せる公共図書館などに性的指向や性自認について書かれている資材や教材が不足しており、あったとしても、司書や職員に差別や偏見があることを心配して借りる事ができなかった。
39	a-39	学校のパソコンルームや図書館のパソコンのフィルタリングサービスが不適切なため、性的指向や性自認に関する困難へ対応する支援団体や相談窓口の情報へアクセスできなかった。
40	a-40	高校を卒業して社会に出たが、同性との性行為での性感染症についての予防方法などは高校で習わなかった。その後、HIVに感染した。また、検査が無料だということも知らなかったので、発見も遅れた。
41	a-41	学校の性教育の授業で、同性間の性的な接触について扱われなかったため、性感染症の予防について正しい知識を受けることができなかった。
42	a-42	性の多様性をふまえない現在の性教育では典型的な異性間の性行為しか想定しておらず、コンドームは避妊具のみとしてしか扱われず、HIV・性感染症予防のために必要な情報を得ることができなかった。
43	a-43	異性間の避妊ではなく、感染症予防に関する性教育を受ける機会は、生徒の質問があれば先生が答える個別対応になっているが、受け身の対応では不十分だと感じた。
44	a-44	学校の教員を含めて、身近にカミングアウトしている大人がいなかったため、自分のロールモデル（役割モデル）が見つけられなかった。
45	a-45	学校教育としてのキャリア教育に性的指向や性自認の多様性が想定されていないため、児童・生徒・学生にとってロールモデルを見つけられなかった。

(a)子ども・教育		
46	a-46	卒業証明書・卒業見込証明書や成績証明書に性別欄があるため、見た目の性別と違うとして、性同一性障害であることが就職活動先に知られ、採用面接で不快な質問をされ、不採用となった。
47	a-47	戸籍の性別を変更したが、学校が発行する証明書等が元の性別のままであったため、性同一性障害であることが就職活動先に知られたり、採用面接で不快な質問をされたり、採用試験で落とされたりした。
48	a-48	医療施設や福祉施設での実習の際に、学校から実習先に説明や配慮の依頼がないために、更衣室や名札などの使用で苦痛を覚えたり、実習先の職員や患者・施設利用者から不快な言動をされた。
49	a-49	トランスジェンダーの学生が教職員を目指す際に、自認の性別での教育実習の受け入れがなされなかった。
50	a-50	トランスジェンダーの学生が実習を必要とする職業を目指したが、自認の性別での実習の受け入れがなされなかったので、その職業をあきらめざるを得なかった。
51	a-51	性的指向や性自認について発達段階別に伝えるためのカリキュラムと教材・指導案がないため、教員が児童・生徒・学生に対して適切な指導をすることができなかった。
52	a-52	学校で性的指向や性自認によって困難を抱える児童・生徒・学生に対応する必要に迫られたが、現場にそのような子どもへの対応を記載したマニュアル・ガイドブック等がなく、適切・迅速な処遇ができなかったり、処遇を行うことやその内容について教員・職員・他の保護者などから十分な理解を得られなかった。
53	a-53	学校で性的指向や性自認に関する問題に取り組もうとしたが、文部科学省や教育委員会から適切な指導や支援が得られなかった。
54	a-54	教員が性的指向や性自認に関する問題について学校で扱ったところ、保護者や教育行政の職員、他の教員などから否定的な意見が寄せられ、処分を受けた。また、それに伴い、児童・生徒・学生は適切な授業を受けることができなかった。
55	a-55	思春期の子どもへの支援体制の整備（学校と支援団体の交流など）が足りないために、「性別違和を感じて子どもが悩んでいる」「不登校になった」と親や教員が相談しても、解決策がわからず、子どもへのアプローチ法もわからなかった。

(a)子ども・教育		
56	a-56	大学で、パワハラ・アカハラに関しては教職員向けの研修(SOGIやSOGIハラにも言及)が行われ、既に防止ガイドラインを作成、相談窓口も設置済みであったのに、性的指向・性自認に関するハラスメントについてはガイドラインに追加するなどの検討がなされなかったので、当事者の教員が検討すべきと申し出たが大学は対応しようとしなかった。
57	a-57	保護者のカウンセリングを行っていたところ、後日その保護者から「カウンセラーが、ややオネェっぽいのだが、子どもに影響しては困る」という苦情を受けた。それだけでも十分にハラスメントであるが、カウンセラーが「普通の人」かどうかをわざわざ、教育委員会が確認しに来て、「普通の人で良かったです」と言われた。
		【家庭・施設等での生活】
58	a-58	幼少期に、自分のセクシュアリティなどに関して養育者からの虐待(通学させてもらえない、邪魔者あつかいされる等)を受けた。また、それを止めてくれる大人がいなかった。その結果、PTSDとなって治療が必要となった。
59	a-59	自認する性に従った行動を家族が許してくれず、「女っぽいぞ」と父から叩かれたり、「もっと男らしくしなさい」と母から怒鳴られるなど、虐待を受けた。
60	a-60	親にカミングアウトしたところ、無理矢理ポルノビデオをみせられたり、性風俗のお店へ連れていかれたりした。
61	a-61	親から「一時の気の迷いだから精神科へ行け」「同性愛は治療できる」といわれ、病院に強制的に入院させられた。
62	a-62	好きな子がいるが、同性で告白できず学校に行けなくなった。周囲にカミングアウトをしていないため、事情のわからない家族から心療内科の受診を勧められた。医師に相談しても仕方がないので本当のことが言えず苦しい。
63	a-63	好きな同性の子がいることが親にばれたため、「学校に行くな」と軟禁された上、勝手に転校を決められた。
64	a-64	部屋に置いていたゲイ雑誌が親に見つかり、家を追い出され、ホームレスとなった。
65	a-65	カミングアウトをしたところ、家族の中で自分の存在を無視をされたり、死んだ者として扱われたりした。

(a)子ども・教育		
66	a-66	性的指向や性自認について正確な知識を持っていない親にカミングアウトしたところ、暴力をふるわれるようになり、家庭が崩壊した。
67	a-67	家族の中で「異性愛以外は認めない」「不自然」「気持ち悪い」「うちの家族にはいない」などの差別的発言が繰り返されたため、メンタルヘルスを悪化させてしまった。
68	a-68	ゲイであることを親に告白したところ、親から「ゲイの息子なんていらない」「お前なんか死んだほうがましだ」「いやらしい！きもちわるい」と言われた。
69	a-69	テレビ番組に出演しているオネエタレントをみて、親が「生まれてくる子がゲイなら中絶する」「うちの家族にはいなくてよかった」と言われ、傷ついた。
70	a-70	親にカミングアウトしたところ、好きでもない相手と勝手に結婚話を進められ、結婚を強要された。
71	a-71	自分の性自認や性的指向について家族から理解が得られなかったため、家から追い出され、ホームレスとなった。
72	a-72	生活している地域において、子どもが性的指向や性自認について相談したり、支援を受ける機関や居場所がなく、誰にも相談できなかった。
73	a-73	性的指向や性自認に関する困難を抱える人の人権に関する講演会のチラシを持ち帰ったところ、親が「同性愛について教えるな」と学校に抗議した。
74	a-74	保育園、こども園、幼稚園、児童館、学童保育、児童養護施設の職員に性的指向や性自認に関する知識や意識がなく、養成課程や研修においても、性的指向や性自認に困難を抱える子どもへの対応研修などの取り組みがないため、適切な対応が受けられなかった。
75	a-75	性自認に関する親の虐待について誰かに言いたいが、保護される児童養護施設では戸籍等の性に従った生活をしなければならないのではと不安になり、誰にも相談できなかった。
76	a-76	児童養護施設で「トランスジェンダー児童が暮らせる空間はない」と入所を断られ、家庭に戻された。
77	a-77	児童養護施設で、自認する性(女性)とは異なる男子部屋に入れられた。男子だけの集団生活の中では「女の子っぽい」という理由でいじめに遭うことが多かった。
78	a-78	児童養護施設でスカートを履きたかったが、先生は「社会では受け入れてくれないぞ」と許してくれなかった。

(b)就労		
		【1. 求職・就職活動】
79	b-1	「男女のみ募集」という求人のため、性別への違和感を理由に応募できなかった。
80	b-2	望みの性別での就労ができないことから、結果的にいつまでたっても就職できなかった。
81	b-3	性別違和のため、就職活動の際に要求される男女分けを前提としたリクルートスーツが着用できず、就活が困難になったり、業種が限られたりした。
82	b-4	就職活動の際、履歴書の性別に現在生活している性別を記載した結果、「詐称だ」と言われた。
83	b-5	就職活動の際、JIS履歴書・エントリーシート・ハローワークの求職票へ性別の記載や写真の添付が要求されることから、就活が困難になったり、業種が限られたりした。
84	b-6	結婚や転籍などにより新戸籍が編制されても、戸籍の身分事項に性別変更を示す条文が記載され、性別変更がわかってしまうため、就職や転職等で不利に扱われた。
85	b-7	自治体の教員・警察官・行政職等の採用試験の適性試験において、性別の質問に「同性に惹かれることはあるか」「女性に生まれたかったか」などの質問項目があり、回答することに精神的苦痛を感じ、マイナス評価へと繋がった。
86	b-8	性的指向が非典型なHIV陽性者が就活中、面接官に感染経路を聞かれ、男性同性間性的接触と答えるべきか困った。
87	b-9	自らの性的指向や性自認が非典型であることをオープンにした結果、公務員（とくに教員）の採用試験で不当に低い評価を受けた。
88	b-10	就職活動の際、面接で子どもを産む予定があるかどうかを尋ねられ、否定した途端、面接官の態度が否定的になった。
89	b-11	就職活動の際、結婚などの話題から性的指向や性自認をカミングアウトしたところ、面接を打ち切られた。
90	b-12	トランスジェンダーであることを伝えたら内定を取り消された。
91	b-13	性的指向や性自認を理由に、解雇や内定取り消しをされたり、辞職を強要された。
92	b-14	大学キャリアセンター（就職支援室）でカミングアウトをして就職活動をしたい旨を伝えたら、どこも受からないからと口止めされた。

(b)就労		
93	b-15	大学キャリアセンターで就職活動において性的指向・性自認(SOGI)に関連した困りごとを相談したら、そんな相談を受けるのは初めてだと言われ、LGBTの説明のみされ、結局支援を受けられなかった。
94	b-16	大学キャリアセンターでカミングアウトをして就職活動をしたい旨を伝えたら、大学の恥になるから言うなと口止めされた。
95	b-17	ハローワークでトランスジェンダーであることを伝えると「あなたに紹介する仕事はない」と言われた。
96	b-18	就職活動をする際にトランスジェンダーであることがバレないように戸籍上の性別を変えることを周囲から勧められた。
97	b-19	就職活動をする際にトランスジェンダーであるとバレたらどこも採用をされないと思い、休学をし、手術費用をためて戸籍変更後に就職活動をした。しかしながら、なぜ休学したのかを面接時に詰問されて答えられず困った。
98	b-20	就職活動をする際に戸籍上の性別を変更しないと採用されないと思い、身体にムチを打って働き、急いで性別適合手術をしたところ、心身のバランスを崩した。
99	b-21	内定は出すけれど、入社時に全社にカミングアウトをすることが採用の条件だと言われた。
100	b-22	就労支援機関では自分の性的指向・性自認(SOGI)のことが話せず、包括的な支援を受けられなかったため、復職への一歩が踏み出せなかった。
101	b-23	大学在学時の就職活動でさまざまなハラスメントを受けたが、キャリアセンター等で就労について相談ができないまま卒業し、フリーターとなった。
102	b-24	就労支援機関で利用者や職員から性的指向・性自認（SOGI）についてのハラスメントを受け、通所できなくなった。
103	b-25	就労支援機関で支援者の認識不足により性的指向・性自認（SOGI）についての理解が得られないため通所できず、復職できないでいた。
		【2. 規則・環境整備】
104	b-26	就業規則などで性的指向や性自認に関係する差別を禁止することが明確にされておらず、職場で差別があったのにうやむやにされた。

(b)就労		
105	b-27	職場で安心感が得られず、常に緊張感を強いられたため、メンタルに不調をきたし、強い孤独感を感じ、休職や辞職につながった。
106	b-28	就職活動の際、性的指向や性自認に関わる困難について、就活生の相談や支援を行う機関がなかった。
107	b-29	就職活動の際、性的指向や性自認にフレンドリーな職場を見極めるための指標がなかった。
108	b-30	職場に性的指向や性自認について対応できる相談窓口がなく、相談することができなかった。
109	b-31	高齢者介護サービスを担う社会福祉施設職員、看護職員、訪問介護員、介護支援専門員、介護福祉士等に関して、性自認・性的指向に困難を抱えている人材を職員として養成・確保するための職場環境の整備がなく、従事できなかった。
110	b-32	職場の相談窓口に適切なプライバシーポリシーがなく、アウティングされたり、不利益な取り扱いを受けたりするかもしれないとの不安から、必要な事実を打ち明けられなかった。
111	b-33	性的指向や性自認で困難を抱える職員がいるという想定や配慮がなく、職員の自助のためのネットワークや支援がなかった。
112	b-34	キャリアセンター・地域若者サポートステーション・ハローワークなどの就労・自立支援機関の職員・相談員・ソーシャルワーカーに性的指向や性自認についての知識がなく、アウティングなど二次被害に遭ったり、十分な支援を受けられなかったりした。
113	b-35	厚生労働省・都道府県労働局・労働基準監督署の職員・相談員に性自認・性的指向についての知識がないため、アウティングなど二次被害に遭ったり、十分な支援を受けられなかったりした上、適切な行政指導も行われなかった。
114	b-36	使用者に対する性の多様性に関する研修・講演会が乏しく、使用者に理解がなかった。
115	b-37	将来への不安や職場での孤立など、セクシュアリティについての悩みから自死した。遺族は遺書を読んで初めて本人の抱えていた悩みを知り、強い無力感や自責の念を感じてしまった。
116	b-38	職場の行動基準やサプライヤー基準の人権ポリシーに性的指向や性自認が明記されていないため、性的指向や性自認に関する人権侵害を甘受せざるをえなかった。
117	b-39	「LGBTフレンドリー」であることを社外的にアピールしている企業を選んで就職したが、実際の現場は差別的言動が多く、非常に失望し、転職を考えた。

(b)就労		
		【3. いじめ・ハラスメント・無理解】
118	b-40	性的指向や性自認に関するいじめ・ハラスメントにより、転職を重ねた結果、非正規雇用につかざるを得ず、経済的な困窮につながった。
119	b-41	性的指向や性自認に関するするいじめ・ハラスメントにより休職・辞職に追い込まれたが、復帰に繋がる支援を受けることができなかった。
120	b-42	職場でレズビアンとカミングアウトしたら、「治してやる」「男を知れば変われる」などといってレイプされた。
121	b-43	営業職を希望していたが、「オカマっぽい人に営業はやらせられない」と言われ、業務内容を制限された。
122	b-44	同性パートナーの存在を隠していたところ、たまたま超勤が多かっただけで、「プライベートがちゃんとしていないと早く帰ろうという気持ちが起こらないから、仕事の能率も上がらない」といわれた。
123	b-45	子どもの性的指向や性自認のあり方が職場に広まり、「育て方が悪い」「親の人間性を疑う」「親も当事者では」などあらぬ噂が広がり、ハラスメントとして申し立てたが取り扱ってもらえなかった。
124	b-46	「FTMは女じゃないからいいだろ」といいながら会社の同僚に胸を揉まれた。
125	b-47	「レズビアンは女が好きなんだろう」といわれ、同僚の社員から男性向けのポルノ雑誌を無理矢理みせられた。
126	b-48	就業後の飲み会で、酔った上司から、「お前はホモか？気持ち悪いな、もっと男っぽくしろ」と怒鳴られた。
127	b-49	法律上の結婚ができない／していないため、結婚をすすめられたり、結婚や出産をしていないと一人前ではないというような話をされる。
128	b-50	パートナーとの死別に際して、ショックで休職したことでカミングアウトせざるを得なくなったが、周囲のいたわりがなく、うつ病を発症した。
129	b-51	同性パートナーの存在を隠していたところ、「家族がない人は楽でいいから」と言われ、仕事を押し付けられ、長時間労働を強いられた。

(b)就労		
130	b-52	宴会芸で女装ネタで盛り上がる場面に遭遇するたびに苦痛を感じ、ゲイであることはこの職場では絶対に言えないと思った。
131	b-53	職場ではゲイであることを隠しているが、宴会芸の女装ネタをやる係に指名され断れず、女装ネタを強制された。その経験により大きな精神的苦痛を感じ、うつを発症して休職、最終的には退職した。
132	b-54	職場では性的指向を隠しているが、日常会話および会社の飲み会でのいわゆる「ホモネタ」「ホモいじり」が起こるたびにとても辛くなり、早くこの話題が過ぎ去らないかと苦痛に感じる。心理的安全性が脅かされ、健康の維持が困難になった。
133	b-55	働きながら性別移行を進めているが、職場や上司の理解が得られず、性別移行が直接の理由だとは言われなかったが、長年携わってきた仕事から外された。
134	b-56	Xジェンダー(FTX)であり、正式にはカミングアウトしていない。「女性」社員で営業職なので人事から「ちゃんと化粧をするように」と再三注意を受けたが無視をしていたところ、人事との間で険悪な雰囲気になっていた。
135	b-57	職場でカミングアウトしているが、宗教上のことを理由に、差別的内容が書かれた匿名の手紙が届いた。気味が悪い。
136	b-58	職場でカミングアウトしているが、そのために社内SNSで名指しされて差別的なことを記載された。会社に訴えたが、差別事案ではなく単なる個人間のSNSトラブルという扱いで、相手側の処分等はされなかった。
137	b-59	顧客から「なんだあのオカマは、担当を変えろ」とカスタマーハラスメントがあったことから、異動を命じられてしまい、給料も下がった。
138	b-60	取引先から「男だか女だか分からない人ではなく、もうちょっとマトモな人はいないのか」と上司が言われ、担当を変えられてしまうだけでなく、後日バックオフィスへ異動させられてしまった。
139	b-61	同性愛者であることを明らかにして働いており、出張の際に宿泊する部屋が同性の同僚との2人部屋になったが、同僚が嫌がっているように感じ、緊張感に耐えられず自分でお金を出して別の部屋に宿泊した。

(b)就労		
140	b-62	異性愛でシスジェンダーの男性しかいないという想定のもと、男性向けの工場や寮が共同浴場になっており、居心地の悪い思いをした。「裸の付き合い」が推奨され、そこで多くのコミュニケーションが行われるため、疎外感を抱いた。
141	b-63	自分はトランスジェンダーだが、宿泊研修の部屋割りが戸籍等の性別ごとの3人部屋になり、性自認上では異性の同僚に性的にプライベートな部分を見られそうになって苦痛を感じた。
		【4. カミングアウト・アウティング】
142	b-64	戸籍と性自認の不一致が職場で理解が得られず、カミングアウトしたことを咎められた上で、隠しておくことを強要された。
143	b-65	カミングアウトしたら、「あいつはホモ／レズだから気をつけろ」と職場内で言いふらされた。
144	b-66	会社が同性パートナーにも福利厚生を適用するよう社内規則を変更したので、申請しようとしたところ、親に「会社には言うな」と反対されて申請できていない。
145	b-67	職場の健康診断のデータ管理についての適切なプライバシーポリシーがなく、ホルモン治療の事実が総務部の職員に知られるなどして、アウティングにつながった。
146	b-68	取引先との商談や飲み会の席で、信頼して打ち明けていた上司に「こいつゲイなんですよ」とアウティングされた。
147	b-69	トランスジェンダーであることを人事にカミングアウトしたところ、別のトランスジェンダーの社員について「あの人もトランスなんですよ」と言われた。自分のセクシュアリティもこうやってアウティングされるのではないかと不安になった。
148	b-70	「LGBTフレンドリー」だと言われている企業で、大丈夫だろうと上司にだけカミングアウトしたところ、翌日には職場の全員に知れわたっていて、仲間外れや無視されるようになった。それがもとで結局退職に追い込まれた。
149	b-71	人事に必要があって性別変更したことを伝えているが、その情報を人事内でどのくらいの人に知られているのかわからず不安。また人事以外でも上司や役員などにその情報が漏れているのではないかと不安に思っている。
150	b-72	性別変更したことについて、会社から「絶対に他の社員に言わないように」と口止めされた。

(b)就労		
151	b-73	必要に迫られて派遣元(派遣会社)に戸籍の性別を変更したことを説明し、その際、派遣先(実際に勤務する会社)には伝えないよう求めたが、知らないうちに派遣元から派遣先に性別に関する事情が伝わっていた。
152	b-74	戸籍等の性別が現在生活している性別と異なることを職場に知られてしまうことに抵抗がある。雇用保険や社会保険の資格を取得する場合には戸籍等の性別が記載された書類を会社に提出しなくてはならないので、それを避けるために雇用保険や社会保険の適用とならない短時間の労働を複数掛け持ちしていて、体力的にも経済的にも余裕がない。
		【5. 人事(配転・出向・キャリア関係)】
153	b-75	能力開発支援において、「男性」以外はキャリアに繋がるような研修を受けることができなかった。
154	b-76	努力して海外赴任のチャンスを勝ち取ったが、同性パートナーを家族として会社に認めてもらえないため、赴任地に同行させられず、海外赴任を諦めた。
155	b-77	同性パートナーの存在を隠しているため、単身者扱いで転勤を命じられた。それでもカミングアウトできる環境ではなく、しぶしぶ転勤命令に従わざるを得ず、望まない単身赴任となってしまった。
156	b-78	差別的に取り扱われるのではという不安で、異動先に同性パートナーの帯同を申請できず単身赴任になったが、遠距離恋愛になり、精神的にも金銭的にも負担が大きかった。
157	b-79	職場での昇進・昇格に結婚要件があったため、同性パートナーがいたのにもかかわらず、昇進・昇格できなかった。
158	b-80	男女間に賃金格差があるため、女性同士のカップルは経済的な困窮につながった。
159	b-81	海外赴任を打診され自分も行きたいと思ったが、赴任先の国では同性間の性行為が犯罪とされていて、自分が同性愛者だと知られてしまったら刑罰の対象になるかもしれないと恐ろしくなった。会社にはカミングアウトしていないため、事情を話して赴任先を別の国にする等の配慮を求めることもできず、海外赴任自体を諦めた。
		【6. 服務】
160	b-82	戸籍性とは別の容姿で就労しようとしたが、企業秩序維持を理由に自宅待機や戸籍性の容姿での就労を命じられ、応じなかったところ、懲戒・解雇された。
161	b-83	会社の更衣室・制服・社員寮・宿泊研修等での男女分けがあり、戸籍性でしか利用できなかった。

(b)就労		
162	b-84	職場の健康診断の際、人前で服を脱がなければならず、不快な思いをした。
163	b-85	性別違和があるにもかかわらず、戸籍性の姿を強制されたり、性自認の性別の服装を批難され、苦痛を感じた。
164	b-86	トランスジェンダーで、自分の場合は男女に分かれた職場のトイレが使えない。職場でトイレを使いたくないため、もう何年も1日中飲まず食わずで働いている。それでもどうしてもトイレに行きたくなった場合には、職場から離れた駅のトイレを利用している。
165	b-87	職場で女子トイレに入らざるを得ないが、知らない人がトイレに入ってくると、何度も見られ、警備員を呼ばれたことがあった。
166	b-88	健康診断で「女性です」というと身体を執拗にチェックされた。
167	b-89	派遣元(派遣会社)に、現在生活している性別が戸籍等の性別と異なるので派遣先(実際に勤務する会社)に事情を話してトイレや更衣室の使用等について配慮を求めて欲しいと言ったが、派遣先に行ってみるとまったく伝わっていなかった。
		【7. 福利・厚生】
168	b-90	パートナーが業務上の理由で死亡し、使用者に対して遺族補償の給付を申し込もうとしたが、遺族ではないことを理由に拒否された。
169	b-91	パートナーとの死別の際、使用者に対して、死亡退職金の給付を申し込もうとしたが、遺族ではないことを理由に拒否された。
170	b-92	パートナーとの死別などの際、使用者に対して、見舞金・慶弔金の支給を申し込もうとしたが、配偶者ではないことを理由に拒否された。
171	b-93	パートナーやパートナーの親族との死別の際、使用者に対して、慶弔休暇・忌引を申し込もうとしたが、配偶者等ではないことを理由に拒否された。
172	b-94	使用者に対して、パートナーと共に育てている子どもの育児休業・看護休暇を取得しようとしたが、法的な親ではなく、養育していると認められないことを理由に拒否された。
173	b-95	使用者に対して、パートナーやその父母の介護休業・介護休暇を取得しようとしたが、配偶者ではないことを理由に拒否された。

(b)就労		
174	b-96	パートナーの子どもの育児を理由に残業の免除を申請したが、法的関係がないことを理由に認められなかった。
175	b-97	使用者に対して、扶養手当・家族手当の給付を申し込もうとしたが、パートナーやその子どもが法的な配偶者や子でないことを理由に拒否された。
176	b-98	使用者に対して、パートナーと委託保健施設・保養所の共同利用を申し込もうとしたが、親族ではないことを理由に拒否されたり、割引料金の適用がなかったりした。
177	b-99	使用者に対して、パートナーとの寮・職員住宅の共同利用を申し込もうとしたが、親族ではないことを理由に拒否された。
178	b-100	使用者に対して、住宅資金の貸付を申し込もうとしたが、パートナーが親族ではないことを理由に拒否された。
179	b-101	パートナーの介護や連れ子の育児の負担が考慮されないまま、使用者から遠隔地への配転・出向を命じられた。
180	b-102	使用者に対して、パートナーの健康診断・人間ドックの割引利用を申し込もうとしたが、親族ではないことを理由に拒否された。
181	b-103	職場に対し、パートナーを扶養家族として、給与からの所得税の控除額を低くしてもらうおうとしたが、親族ではないことを理由に拒否された。
182	b-104	性別適合手術を受ける際、職員に対する積立休暇が使えず、支援もなかった。
183	b-105	性別移行の準備や性別適合手術のための診断書作成のために、就業中に望みの性別で生活をするRLE(リアル・ライフ・エクスペリエンス)の実施を申し出たが、使用者に拒否された。
184	b-106	配偶者・扶養家族を対象としたキャリア形成、健康診断や財産形成等のライフプランについての、職場からの情報提供を、同性パートナーが受けることが出来なかった。
185	b-107	海外赴任先で同性パートナーと結婚し、当然に配偶者扱いしてもらえたが、同じ企業の日本支社に赴任したらその家族扱いがなくなり、住居手当等が使えなくなり、心理的、金銭的負担が大きかった。

(b)就労		
186	b-108	会社が同性パートナーにも福利厚生を適用するよう社内規則を変更したが、上司を通さないと申請できず、また、誰がその内容を見ることができるのか不安で、希望していても申請することができない。
187	b-109	職場に登録する緊急連絡先に同性パートナーを指定したところ、関係をしつこく詮索されたり、親族以外の人は登録できないと言われたりした。
		【8. 安全・衛生】
188	b-110	在職のまま性別を移行していれば、性別適合手術で休職する期間に健康保険の傷病手当金(健康保険の被保険者が病気やケガで仕事ができない期間の所得を保障する給付)が受けられる可能性があった。しかし、職場に相談できずに退職して健康保険の被保険者でなくなってから性別移行したため、健康保険の給付が受けられずに手術後、仕事ができない期間の生活が苦しかった。
189	b-111	性同一性障害と診断されてホルモン療法を受けているが、転勤したところ、近くにホルモン療法に対応している医療機関がなく、遠方の医療機関に通院しなくてはならなくなった。1回の通院に丸1日かかる距離のため、通院の交通費が高額になり、体力的にも負担が大きい。また、仕事が休みの日に医療機関の予約が取れないことも多いので有給休暇の大部分を通院に使っている。会社には事情を言っていないので配慮を求めることもできない。
(c)カップル・養育・死別・相続		
190	c-1	公証役場で、パートナーシップ契約の公正証書を作ろうとしたが、公証人によっては、公序良俗に反するなどの理由で違法だといわれ、拒否された。
191	c-2	パートナーを扶養家族として所得税の申告をしようとしたが、親族ではないことを理由に拒否された。
192	c-3	日本人と同性パートナー関係にある外国人が、「日本人の配偶者等」の在留資格を得ることができなかった。
193	c-4	法的な夫婦ではないため、同性カップルが特別養子を受け入れることが出来なかった。
194	c-5	里親の認定基準が厳しく、同性パートナーは養育補助者とは認められないため、独身者としての里親登録ができなかった。

(c)カップル・養育・死別・相続		
195	c-6	里親の認定基準が厳しく、原則として夫婦でなければならないため、同性カップルとしての里親登録ができなかった。
196	c-7	レズビアンカップルの一方が妊娠・出産したが、法的な夫婦でないために、もう一方との間に法的な親子関係が成立せず、親権等を行使することができなかった。
197	c-8	DVを受け、パートナーと住んでいた家から逃げ出したが、法的な夫婦でないために生活費を請求できず、経済的に困窮した。
198	c-9	同性パートナーと関係を解消する際に、財産分与請求をしようとしたが、法的な夫婦でないために認められなかったり、認めてもらうために多大な労力をかけなければならなかったりした。
199	c-10	パートナーが認知症を発症したが、後見・保佐・補助の申し立てができなかった。
200	c-11	パートナーの不慮の死に際して、親族ではないことを理由に、自分が身元確認を行うことができなかった。
201	c-12	パートナーとの死別に際して、パートナーの家族から喪主になることやお骨の引き渡しを拒否された。
202	c-13	パートナーとの死別に際して、親族から葬儀への参列の声が掛からなかった。
203	c-14	パートナーとの死別に際して、パートナーの名義で所有・賃借していた住居から退去しなければならなくなった。
204	c-15	パートナーとの死別に際して、財産をそのパートナーである自分に譲り渡す旨の遺言状があったが、2人の関係に否定的なパートナーの親族からの脅迫を受けて、放棄させられた。
205	c-16	パートナーとの死別に際して、パートナーの財産を相続できなかった。
206	c-17	パートナーとの死別に際して、財産をすべて譲り渡す旨の遺言が存在したが、パートナーの親から多額の遺留分を請求された。
207	c-18	パートナーとの死別に際して、墓がなかったが、「申込みは本人または親族のみ」と言われ、墓園の申し込みを断念せざるを得なかった。

(d)医療		
		【1. 外来受診】
208	d-1	トランスジェンダー男性のための的確な医療情報やネットワークが充実しておらず、ホルモン注射などで受診できる医療機関を見つけるのが困難であった。
209	d-2	婦人科など性別に特化した病院を利用しようと思ったが、戸籍の性別と異なるため、受診がためらわれた。
210	d-3	生殖機能を除去していないトランスジェンダーの場合、見た目の性別と身体的な性別が違うことも多く、奇異な目で見られる。受診の際に説明が難しく、受診自体を断念してしまうため、病気がかなり悪化してから受診することが多い。
211	d-4	性別適合手術を終えているが、戸籍の性別を変更していないため、身体の状態と保険証の性別との違いから、他の病気等の際に受診しづらかった。
212	d-5	HIV/AIDS検査を受けようとしたが、自分が性的指向・性自認に困難を抱えていることを話しても安全なのかわからず、受診をためらった。
213	d-6	同性愛者のコミュニティーでは、HIVや薬物などの依存に関する問題意識が強いが、相談がしづらく支援を受けるのが難しい。
214	d-7	医療機関の受付で戸籍上の名前が呼ばれるため、受診しづらくなった。
215	d-8	鬱(うつ)で受診しているが、自身にとって重要なアイデンティティの一つである性的指向・性自認(SOGI)の話ができていない。
216	d-9	HIVの診療場面でも、医療者に性的指向・性自認(SOGI)に関することは話しづらい。
217	d-10	HIVと診断された保健所で感染経路を聞かれたが、同性間であることを正直に話すことがためらわれ、異性間の性的接触と答えてしまった。
218	d-11	HIV感染判明前に体調不良で受診した医療機関があったが、セクシュアリティについて開示できなかったため診断には至らず、結果的に診断が遅れた。
219	d-12	産婦人科や泌尿器科の医師に性的指向を打ち明けたところ、「そんな不道徳な生き方はよくない」と説教され、深く傷ついた。

(d)医療		
220	d-13	精神疾患を患っていたときに、同性愛をカミングアウトしたら医師に「性倒錯」とカルテに書かれた。日本でも診療等に広く使われている「国際疾病分類ICD-10」では、同性愛は1990年に精神疾患から削除されている（性倒錯でもない）のに、この診断には納得がいかない。
221	d-14	HIV陽性者で適切な治療を受けているのに、人工透析や歯医者を利用しようとしたら断られた。
222	d-15	性自認・性的指向に困難を抱えている場合に特有の医療ニーズに沿って安心して受診できる医療機関が地域になく、健康を害してしまった。
223	d-16	性同一性障害についてホルモン療法をしてくれる病院が見つからず、インターネットで個人輸入した薬を飲んだところ、副作用が出てしまった。
224	d-17	診断や体調維持のために行う染色体検査やホルモン値検査、性別変更後のホルモン治療について、公的医療保険の適用対象となるかどうか明確な通知がなく、医療機関や公的医療保険の運営者によって扱いが異なっている。
225	d-18	性同一性障害のホルモン療法に対して健康保険が適用されず、経済的負担が大きくなり、十分な診療が受けられなかった。
226	d-19	性同一性障害について相談できる医療機関が身近にないため、遠方の病院に夜行バスで通院しているが、貯金が底をつき、途中で受診を断念せざるを得なかった。
227	d-20	情報が不十分で「ホルモン注射無料券」などを配られたり、3分の診断で、性別移行手術を勧誘されたり、不可逆な性別適合手術を早急に受けなければならないと思い込まされそうになった。
228	d-21	日本語が不自由だが性同一性障害のホルモン療法をするというクリニックに行ったら、前金制で料金だけ取られ、注射はしてもらえず帰された。血液検査を頼んだら、「うちではやっていないので、他の病院へいけ」と言われた。不満だったが、訴えでることができなかった。
229	d-22	入国管理局の収容施設において、性別違和（性同一性障害）をかかえる外国籍者が適切な医療的措置（ホルモン治療等）を受けられなかった。
		【2. 入院・手術】
230	d-23	救急車を呼んだ時に性同一性障害であることを理由に「どう対応したらいいかわからない」と言われ、搬送されるまでに時間がかかってしまった。

(d)医療		
231	d-24	現在入院中。病気とは関係ないので同性愛をカミングアウトする気はないが、看護師等からの「彼氏はいるのか。いないなら、紹介しようか」などの声かけがつらい。ここでカミングアウトしたら、共同部屋から追い出されるのか不安。
232	d-25	男女分けされた共同病室に、性自認に沿って入院できない。
233	d-26	トランスジェンダー。戸籍の性に沿って共同病室に入院したが、同じ病室の患者などにのぞかれた。
234	d-27	トランスジェンダーが男性の共同病室に入院した際に、同室の患者等にのぞかれたことに苦情を言ったら、個室を利用してほしいと言われた。個室と共同病室の差額料金が払えず、断念するしかなかった。
235	d-28	パートナーが入院したが、病室での付き添いや看護をさせてもらえなかった。
236	d-29	認知症・意識不明状態のパートナーが入院したが、病院・医師から安否情報の提供や治療内容の説明を受けられず、面会もできなかった。
237	d-30	認知症・意識不明状態のパートナーについて、外科手術が必要となったが、法律上の親族の同意が必要だと言われ、スムーズに治療を受けることができなかった。
238	d-31	医療機関側が、認知症・意識不明状態の患者についての安否・治療内容などの情報を患者の同性パートナーに提供してよいのか戸惑った。
239	d-32	認知症・意識不明状態の患者について、どのような治療を行うかを決める場合に、患者の同性パートナーの意向が考慮されなかったり、他の親族よりも軽視されたりした。
240	d-33	認知症・意識不明状態の患者について、外科手術が必要となったが、医療機関側が、患者の同性パートナーによる同意がどこまで意味を持つのか判断に戸惑い、スムーズに治療を行うことができなかった。
241	d-34	性別適合手術をしないという選択肢はないと思い込んでいたため、高額な医療費が必要となった。
242	d-35	性同一性障害治療における性別適合手術について、健康保険の適用対象となったが、（現在は保険適用外の）ホルモン治療との併用が認められていないため、多額の自己負担を強いられた。
243	d-36	国内で性別適合手術ができる医療機関が少なく、自分の生活圏内で受けられなかったり、安全性に乏しい医療機関で手術を受けざるを得なかった。

(d)医療		
244	d-37	国内で性別適合手術ができる医療機関が少なく、海外へ行かざるを得なかったが、医療の専門知識のない者が通訳をしたり、多額の費用負担を強いられ、正確な情報も得られず、術後のアフターケアも十分に受けられなかった。
245	d-38	パートナーとの死別に際して、臓器提供を望まなかったが、遺族ではないことを理由にその意志が考慮されなかった。
246	d-39	病院でパートナーが死亡したが、診療経過や死亡原因等の診療情報を提供してもらうことができなかった。
		【3. 家族・パートナー】
247	d-40	HIVの感染がわかったが、感染経路の話にもなるだろうから、一番身近な家族には伝えられないし、相談もできないでいる。
248	d-41	既婚のバイセクシュアル男性のため、妻にHIV感染のことを伝えづらく、いつも悩んでいる。
249	d-42	HIVを感染させてしまった人が、罪悪感から自殺してしまった。残された同性パートナーは周囲に話せないでいる。
250	d-43	HIV陽性者であることを周囲に伝えたところ、適切な治療を受けているものの感染経路が同性間であると知られて混乱された。
(e)福祉		
251	e-1	障がい福祉施設の男女分けがはっきりしており、性別違和から安心して利用できなかった。
252	e-2	高齢者向け施設に入った人へ訪問に来た、家族のひとりに性別違和をもった人がいたことから、施設の職員、利用者に「精神異常では」などと言われ、利用者はもちろん、その家族ともども嫌われ、粗雑な扱いを受けた。
253	e-3	高齢者介護サービスを担う仕事に就いているが、社会福祉施設職員、看護職員、訪問介護員、介護支援専門員、介護福祉士などの偏見を恐れ、性的指向と性自認がバレないよう怯え、日々緊張を強いられて睡眠障害になった。
254	e-4	高齢者向けの施設において、男女分けで施設が運営されているため、性別違和をかかえる当事者の意向を伝えても考慮されず、戸籍の性で分類され、精神的な負担が大きかった。

(e)福祉		
255	e-5	高齢の性的指向や性自認に困難を抱える人々が差別を恐れずに安心して通える社会福祉施設がなく、サービスを受けられなかった。
256	e-6	高齢福祉施設で虐待を受けた高齢の性的指向や性自認に困難を抱える人が、適切な支援を受けられなかった。
257	e-7	性的指向・性自認に困難を抱える高齢者に、子どもがいないため、司法書士などが成年後見人になったが、理解がなく、十分に意思疎通ができなかった。
258	e-8	高齢者が、性的指向・性自認を理由に家庭で虐待を受け、地域において支援を受けることができず、行き場を失って自死した。
259	e-9	海外では、手術要件もなく性別を変更できる国があるというのに、手術をしなければ性別変更できないことに不便を感じる。
260	e-10	性的指向が非典型なHIV陽性者が、世間話の中でホモネタとHIVが一連で語られるのを耳にし、二重につらい思いをした。
261	e-11	地域の障がい者施設を利用していたが、その活動の中で同性愛のネタで笑うような会話が交わされ、二度と行きたくないと思った。
262	e-12	性別違和／性同一性障害により、職場の人間関係が悪くなって失業。生活が立ち行かなくなって結果的に生活保護受給になった。働きたいけれど、職場における性別のプレッシャーを考えると、望む性別で働けるようになりたい。そのための診断や手術費用捻出などの時間とお金を考えると、もう生きていてはいけないような気がした。
263	e-13	公的機関や支援機関で相談した担当者などから、性的指向・性自認に基づくハラスメント（SOGIハラ）を受けた。
264	e-14	支援機関で性被害に遭ったが、自分の性的指向・性自認（SOGI）を明かしたくないため訴えることができなかった。
265	e-15	過去の同性からの性被害を訴える場がない。トラウマが解消しないまま、現在の対人恐怖につながっている。仕事も難しい状況におちいっているが、相談できる場すらない。

(e)福祉		
266	e−16	福祉施設の利用を始めたが利用者も職員もLGBTへの理解がまったくなく、ホモネタで笑ったり、異性愛や結婚のプレッシャーをかけてきたりして、カミングアウトができなかった。そのことにより、自己主張せず、友達も作らず、なるべく会話を避けるようになってしまい状況が悪化した。
267	e−17	身体障害の重複したHIV陽性者だが、ヘルパーなど介護職に性自認の開示ができず、関係性を築きにくい。
268	e−18	トランスジェンダーが性暴力の被害にあい、支援窓口を探したが情報が少なく見つけるのが困難であった。知人から紹介してもらい性暴力被害を扱う支援団体に電話をしたが、トランスジェンダーは取り扱っていないと言われた。
269	e−19	トランスジェンダー。ホルモン剤を服用しているが、ケースワーカーがトランスジェンダーに関する知識がなく、ホルモン剤摂取を止めるよう指導されている。
270	e−20	ゲイ男性で、持病があり、現在就労不可のため生活保護を受給している。性感染症の疑いがあり、泌尿器科か性病科の受診を希望し、福祉事務所に医療券の発行を願い出たところ、感染経路をしつこく聞かれた。カミングアウトをしたところ、「こんなことをしていたら、いずれエイズになるぞ」ときつく注意された。
(f)公共サービス・社会保障		
		【1．行政手続き等】
271	f−1	性自認や性的指向に関する講演会場として公共施設に利用を申し込んだところ、講演の内容を理由に、利用を拒否された。
272	f−2	公的な書類に不用意に記載された性別欄と外見の性別が異なるため、本人確認ができないという理由で必要な行政サービスや民間サービスが受けられなかった。
273	f−3	印鑑登録証明書に性別欄の記載があるため、不動産や自動車の売買、会社登記等に支障をきたした。
274	f−4	性別を削除した住民票の写しを市町村役場に希望したが、法令上、そうした扱いは自治体の権限ではできず、戸籍上と外見で性別が違うことが暴露された。
275	f−5	マイナンバー(個人番号)カードの表面に性別が記載されているため、本人確認等に支障をきたしたり、外見との違いから差別を受ける不安がある。

(f)公共サービス・社会保障		
276	f−6	役所窓口、試験会場、警察、郵便物受取などで本人確認が必要な場合に、身分証明書の性別（戸籍性）と見た目の性別が一致しないことからトラブルがおきた。
277	f−7	スポーツ大会において、自分の性自認にもとづく選手登録ができず、出場を断念せざるを得なかった。
278	f−8	同性パートナーが事故に遭い、携帯電話の履歴を見た救急隊から連絡を受け、安否情報の提供や病院の照会を申し入れたが、親族ではないことを理由に拒否された。
279	f−9	選挙の際、投票所入場券や選挙人名簿に性別の記載があるため、見た目との不一致により、本人確認で不快な質問をされたり、周囲の人に戸籍の性別がわかってしまう場合があり、その不安から、投票へ行けなくなった。
280	f−10	外見の性別は望みの性別に近づいたが、戸籍変更の厳しい要件を満たすことができず、常に説明をしなくてはならないため、とても不便を感じている。
281	f−11	現在、異性と結婚している状態にあるため、戸籍上の性別を変更できなかった。
282	f−12	未成年の子がいるため、戸籍上の性別を変更できなかった。
283	f−13	パスポートの性別が外見と異なるため、出入国の際や海外で不審に思われたり別人と思われて、空港などで出入国審査に時間を要したり、入国を拒否された。
284	f−14	パスポートにトランスジェンダーやXジェンダーなどの記載が認められていないため、入国審査などの際に本人確認と称して身体検査をされ、苦痛を感じた。
285	f−15	性的指向や性自認を理由とする迫害を理由に難民申請をしたが、不認定となり、法務大臣への異議申立も却下された。
286	f−16	性的指向や性自認を理由とする迫害を理由に在留特別許可を求めたが、認められなかった。
287	f−17	性的指向が非典型であることを理由に、入国管理局の収容施設内で他の収容者から暴行を受けた。
288	f−18	いわゆるレインボーパレードを申請するために警察署に出かけたが、入口の来署者名簿に全員の本名を記入しない限り警察署には入れないし申請を受け付けることもできないと言われ、アウティングの恐れや、セクシュアリティと結合した個人情報を収集されかねないことへの抵抗感から受け入れることができず、パレードの開催自体を断念せざるを得なかった。

(f)公共サービス・社会保障		
289	f-19	性的指向や性自認において抱える困難や差別の実態について調査や統計が不足しており、問題の深刻さについて実情を十分に把握したり、行政の担当者などに深刻さを十分理解してもらえなかった。
		【2. 相談・生活支援・保険・年金】
290	f-20	性的指向や性自認の問題について、役所の職員や電話相談サービス、ケースワーカーらが正確な知識があるかどうかが不安なため、相談を躊躇したり、本当のことが話せなかった。
291	f-21	性別違和感に関する相談やサポートのための社会資源が乏しく、十分な相談体制やサポートが得られなかった。
292	f-22	性的指向や性自認を理由にいじめを受け、就労困難となったため生活保護を申請したが、窓口で「それくらいの理由で就労できないわけがない」と言われ、申請を断念した。
293	f-23	生活保護を受給していたが、性別違和／性同一性障害のためにホルモン投与に支出したところ、受給を打ち切られた。
294	f-24	生活困窮者自立支援法の住宅確保給付金の給付対象が世帯ごとのため、非正規雇用・低賃金のため経済的困窮状態にあるような同性カップルなどの場合、世帯にカウントされない同性パートナーが更なる困窮に陥ってしまう。
295	f-25	同性パートナーと公営住宅への入居を申し込もうとしたが、同居親族に当たらないことを理由に拒否された。
296	f-26	同性パートナーと公団住宅への入居を役所へ申し込もうとしたが、同居親族に当たらないことを理由に拒否された。
297	f-27	同性パートナーを会社の健康保険の被扶養者として加入させようとしたが、配偶者ではないことを理由に拒否された。
298	f-28	同性パートナーを年金の3号被保険者として加入させようとしたが、配偶者ではないことを理由に拒否された。
299	f-29	年金に加入していた同性パートナーとの関係を解消したが、パートナー関係にあった間の年金記録を分割することができなかった。
300	f-30	配偶者ではないことを理由に、加給年金を受給することができなかった。

(f)公共サービス・社会保障		
301	f-31	年金に加入していた同性パートナーとの死別に際して、遺族年金を請求しようとしたが、親族でないことを理由に拒否された。
302	f-32	年金に加入していた同性パートナーとの死別に際して、死亡一時金を受給することができなかった。
		【3. 被災者支援】
303	f-33	避難所に届いた支援物資が、登録されている性別ごとに配布されたため、性自認にもとづく肌着や衣服などを入手することができなかった。
304	f-34	避難所のトイレが男女分けのものしかなく、見た目の性と性自認が不一致であったため利用しにくかった。
305	f-35	避難所で性的指向を暴露されてしまい、周囲から阻害され、変態扱いなどのいやがらせを受けたため、避難所を離れざるを得なかった。
306	f-36	避難所を管理する自治体職員に性的指向や性自認への配慮を求めたところ、「こんな大変な時にわがままを言わないで欲しい」とたしなめられた。
307	f-37	性別移行のための治療中に罹災したが、避難所で十分なホルモン剤などが入手できず、治療を中断・断念せざるをえなかったため、体調が著しく悪化した。
308	f-38	避難所で同性パートナーの所在を確認しようとしたところ、親族でないことを理由に情報提供を拒まれ、確認できなかった。
309	f-39	周囲の視線が気になり、避難所で同性パートナーと一緒に寝起きすることができず、不安な毎日を過ごすこととなった。
310	f-40	復興支援住宅に同性パートナーとの入居を希望していたが、申し込みがカミングアウトにつながることに恐怖を感じ、申し込みを断念した。
311	f-41	復興支援住宅に同性パートナーとの入居を申し込んだが、親族ではないことを理由に共同での入居は断られた。
(g)民間サービス・メディア		
312	g-1	戸籍上の性別を男性から女性に変更した後に、ゴルフ場の会員になりたいと申し込んだところ、性別変更を理由に入会を断られた。

(g)民間サービス・メディア		
313	g-2	パートナーを生命保険の受取人に指定したところ、親族でないことを理由に拒否された。
314	g-3	パートナーを自動車保険の運転者家族限定特約の補償対象として申し込もうとした、親族でないことを理由に拒否され、限定なしの割高な保険料負担を強いられた。
315	g-4	パートナーに銀行口座の代理人カードの発給を申し込もうとしたところ、親族でないことを理由に拒否された。
316	g-5	パートナーを携帯電話の家族割引対象に申し込もうとしたところ、携帯会社によっては、親族でないことを理由に拒否された。
317	g-6	パートナーにクレジットカードの親族カードの発給を申し込もうとしたところ、親族でないことを理由に拒否された。
318	g-7	パートナーと結婚式を挙げようとしたところ、式場によっては、同性であることを理由に拒否された。
319	g-8	近所のスーパーマーケットでポイントカードのポイントの家族合算を申し入れたが、親族でないことを理由に拒否された。
320	g-9	交通機関の夫婦割引を申し入れたが、法的な夫婦ではないことを理由に拒否された。
321	g-10	パートナーと二人の名義で住居を借りようとしたところ、ルームシェアが可能な物件にしか入居できず、年齢等の条件も含めると、入居が可能な物件がほとんど見つからなかった。
322	g-11	パートナーと二人で収入を合算して住宅ローンを組もうとしたところ、法定相続が生じないことを理由に拒否された。
323	g-12	住居を借りる際、住民票の性別記載が外見と異なることを理由に大家から断られた。
324	g-13	性自認が見た目の性別とは違って見えたため、公衆浴場、温泉、女性用下着の試着室などのサービスや商品が利用できなかった。
325	g-14	マイレージクラブなど会員証に性別欄があり、見た目と違うとして、別人と疑われたり、サービスを利用しづいことがあった。
326	g-15	法的に性別を変更しないまま、海外旅行へ行こうとしたところ、パスポートの性別と見た目との違いを理由に、航空券の予約が勝手に破棄された。

(g)民間サービス・メディア		
327	g-16	パートナーと、ホテルのカップル限定クリスマスディナーを予約しようとしたが、カップルだと説明したのにも関わらず、女性同士だと女子会扱いになるという理由で拒否された。
328	g-17	同性パートナーと、ホテルのダブルルームの予約をしようとしたが、空室があるのにも関わらず、拒否された。
329	g-18	メディアで性別違和や同性愛をおかしいものと話したり、存在しないと言ったり、笑いのネタにしたり、カミングアウトした当事者に対しても否定したりするのを見て、深く傷つけられた。
330	g-19	メディアによる差別的な表現を周囲がおもしろおかしく真似することで、いじめや差別が横行していた。
331	g-20	メディアに流布する性的指向や性自認に関する差別的情報から、メンタルヘルスの悪化を招いた。
332	g-21	性自認や性的指向について不正確な知識をもとに、面白半分でテレビや週刊誌が報道しており、正確な知識の習得を阻害され、自尊感情を深く傷つけられた。
(h)刑事手続		
333	h-1	同性の元パートナーからストーカー行為を受け警察に相談したところ、性的指向を理由に揶揄されたり、事件と関係ないのに性体験について質問されたりした。
334	h-2	逮捕され、取調べの際に、押収した携帯電話の内容から同性愛者であることを察知した警察官から、「お前はオカマちゃんなのか？」などと暴言を吐かれた。
335	h-3	レイプ被害を受けたが、被害者加害者とも男性であったため、被害者は偏見や差別を恐れて、罪がより重い強制性交等罪での訴えに踏み切ることができなかった。法的には刑法改正により適用対象となったことは知っていたが。
336	h-4	パートナーが逮捕された際、親族でないことを理由に、留置場所を教えてもらえず、本当に逮捕されたのかや釈放されているのか否かなども知ることができなかった。
337	h-5	パートナーが覚せい剤所持で逮捕された際、同居していたパートナーが覚せい剤の共同使用を目的に同棲していると誤解され、任意同行を求められた。
338	h-6	パートナーが逮捕され面会に行った際、会話の内容から同性カップルであることを察知した立会人がニヤニヤ笑っており、深く傷ついた。

(h)刑事手続		
339	h-7	自分のパートナーが逮捕された際、配偶者であれば自分が弁護士を選任できるのに相手が同性のパートナーであったため、自ら弁護人を選任することができなかった。
340	h-8	刑事・民事の裁判で証人として呼び出しを受けた場合に、同性パートナーが刑事訴追を受けるおそれがある情報についても証言を拒むことができなかった。
341	h-9	パートナーが起訴された際に、情状証人となったが、アウティングを恐れるあまり二人の関係性やパートナーに有利な情報について曖昧にしか陳述できなかったため、説得力を欠く証言になってしまい、実刑判決を受けて強い無力感に苛まれた。
342	h-10	パートナーが起訴された際に、「同居人」としての立場でしか情状証人になることができなかった。
343	h-11	刑事収容施設において、一般的な性風俗雑誌の差し入れが認められているのに、ゲイ専門の雑誌であることを理由に、差し入れを拒否された。
344	h-12	パートナーのいる刑事収容施設へ面会に行ったところ、「親族ではない者に会わせても受刑者の更生にはつながらない」と言われ、面会させてもらえなかった。
345	h-13	刑事収容施設において、ホルモン療法の継続など適切な治療を受けることができず、性別の移行を中断せざるをえなかったばかりか、心身に悪影響が生じた。
346	h-14	性別適合手術を受け、身体の外見変更を行っているにもかかわらず、外見の性別ではなく、戸籍の性別で刑事収容施設を割り振られてしまった。
(i)その他（地域・コミュニティ）		
347	i-1	子どもが性自認や性的指向の困難を周囲に嘲笑され、本人だけでなく家族全体が居住している地域から孤立してしまった。
348	i-2	性自認や性的指向に関する差別的な地域に住んでいるため、居場所もなく、同じような困難を抱えている人ともつながることができず、友人や恋人を見つけることが難しくて孤立した。
349	i-3	地域活動において、性自認や性的指向について差別的な発言が繰り返され、性自認や性的指向を揶揄されたり、そのことを理由に地域活動から排除されたりした。
350	i-4	居住している地域で差別的な噂を流されたため、メンタルヘルスが著しく悪化した。

(i)その他（地域・コミュニティ）		
351	i-5	性的指向・性自認に困難を抱える高齢者が、退職後、ITに詳しくないため、当事者コミュニティやサービスに接続できず、社会から孤立してしまった。
352	i-6	性的指向・性自認に困難を抱える高齢者が、性自認・性的指向について偏見の強い地域で噂を立てられることを恐れ、地域活動に踏み出すことができなかった。
353	i-7	当事者コミュニティ内の人との契約が履行されず、消費者被害を受けたが、当事者であることが発覚することを恐れ、被害に対する支援を要望したり、支援を受けることができなかった。
354	i-8	地方では、周囲に性的指向や性自認等についてカミングアウトしづらく、心から打ち解けられる友人ができず、住み慣れた土地を結局離れて都会に出ざえるを得なかった。

(C)性的指向および性自認等により困難を抱えている当事者等に対する法整備のための全国連合会

6　性の多様性に関する条例

一般財団法人地方自治研究機構のHPより引用
http://www.rilg.or.jp/htdocs/img/reiki/002_lgbt.htm
※点下線は筆者が条例立案担当課長として制定に関与した文京区条例に関わる記述箇所

性の多様性に関する条例
（令和5年9月6日更新）

【性の多様性に関する用語】
○　性の多様性に関しては、LGBT、性的少数者、性的指向、性自認、性同一性障害などの用語が使われている。最初に、用語の整理をしておく。

○　LGBTとは、Lesbian（レズビアン：女性の同性愛者)、Gay（ゲイ：男性の同性愛者)、Bisexual（バイセクシャル：両性愛者)、Transgender（トランスジェンダー：こころの性とからだの性との不一致）の頭文字を組み合わせた言葉である。

法律及び自治体の条例において、「LGBT」の使用例はない。

○　性的指向とは、英語のSexual Orientationの日本語訳で、どのような性別の人を好きになるかということであり、LGBTのうち、L、G、Bがその類型に入るとされている。また、性自認とは、英語のGender Identityの日本語訳（Gender Identityは、「性同一性」とも訳される）で、自分の性をどのように認識しているかということであり、LGBTのうち、Tがその類型に入るとされている。国連では、平成23年6月に人権理事会が「性的指向及び性自認に関する決議」を採択するなど、性的指向・性自認の概念が使われている。性的指向と性自認のそれぞれの頭文字をとって、SOGIという言葉も使われている。

最近自治体が制定する性の多様性に関する条例では、一般的に「性的指向」及び「性自認」が使われている。「性的指向」は平成15年に制定された小金井市男女平等基本条例や平成18年に制定された（鳥取県）琴浦町男女共同参画推進条例などで使用されているが、「性的指向」及び「性自認」を併せて使用した最初の条例は平成25年に制定された文京区男女平等参画推進条例と多摩市女と男の平等参画を推進する条例である（なお、文京区条例は「性自認」ではなく「性的自認」と表記している)。また、平成元年10月に制定された大阪府の条例では、条例名にも使用されている（大阪府性的指向及び性自認の多様性に関する府民の理解の増進に関する条例)。ちなみに、大阪府条例では、「性的指向」を「自己の恋愛又は性愛の対象となる性別についての指向」と、「性自認」を「自己の性別についての認識」と定義づけている。

○　性的少数者とは、英語Sexual Minorityの日本語訳であり、性的マイノリティなどともいわれる。

一部の自治体の条例では、「性的少数者」や「性的マイノリティ」が使用されている。ちなみに、渋谷区男女平等及び多様性を尊重する社会を推進する条例は「性的少数者」を「同性愛者、両性愛者及び無性愛者である者並びに性同一性障害を含め性別違和がある者」と、世田谷区多様性を認め合い男女共同参画と多文化共生を推進する条例は「性的マイノリティ」を「性自認、性的指向等のあり方が少数と認められる人々」と、鳴門市男女共同参画推進条例は「セクシュアル・マイノリティ」を「同性愛者、両性愛者、性同一性障がい者、インターセックス等の性的少数者」と定義づけている。

○　性同一性障害とは、英語のGender Identity Disorderの日本語訳で、医学的な疾患名であり、性自認が一致しないため、社会生活に支障がある状態とされる。

平成15年に性同一性障害者の性別の取扱いの特例に関する法律が制定され、法律用語となっている。法律では、「生物学的には性別が明らかであるにもかかわらず、心理的にはそれとは別の性別であるとの持続的な確信を持ち、かつ、自己を身体的及び社会的に他の性別に適合させようとする意思を有する者であって、そのことについてその診断を的確に行うために必要な知識及び経験を有する二人以上の医師の一般に認められている医学的知見に基づき行う診断が一致しているもの」（2条）と定義されている。

「性同一性障害」を使用する条例は、平成14年に制定された堺市男女平等社会の形成の推進に関する条例や平成16年に制定された八女市男女共同参画のまちづくり条例など、少なくない。

○　令和5年6月、議員立法により「性的指向及びジェンダーアイデンティティの多様性に関する国民の理解の増進に関する法律」が制定された（令和５年６月23日公布・施行）。同法は、同年５月に自民党及び公明党により「性的指向及び性同一性の多様性に関する国民の理解の増進に関する法律案」、立憲民主党及び共産党により「性的指向及び性自認の多様性に関する国民の理解の増進に関する法律案」、維新の会及び国民民主党により「性的指向及びジェンダーアイデンティティの多様性に関する国民の理解の増進に関する法律案」がそれぞれ提案され、自民党及び公明党案が修正された（「性的指向及び性同一性の多様性に関する国民の理解の増進に関する法律案に対する修正案」）うえで、賛成多数により可決され、成立している（令和５年６月16日成立　審議経過については衆議院HP「衆法第211回国会13性的指向及び性同一性の多様性に関する国民の理解の増進に関する法律案議案審議経過情報」を参照されたい。）。

同法は、「性的指向」を「恋愛感情又は性的感情の対象となる性別についての指向」（２条１項）、「ジェンダーアイデンティティ」を「自己の属する性別についての認識に関するその同一性の有無又は程度に係る意識」（２条２項）と定義づけたうえで、基本理念として「性的指向及びジェンダーアイデンティティの多様性に関する国民の理解の増進に関する施策は、全ての国民が、その性的指向又はジェンダーアイデンティティにかかわらず、等しく基本的人権を享有するかけがえのない個人として尊重されるものであるとの理念にのっとり、性的指向及びジェンダーアイデンティティを理由とする不当な差別はあってはならないものであるとの認識の下に、相互に人格と個性を尊重し合いながら共生する社会の実現に資することを旨として行われなければならない。」（３条）と規定している。

併せて、国及び地方公共団体の役割（４条、５条）、事業主等の努力（６条）、施策の実施の状況の公表（７条）、政府による基本計画の策定（８条）、学術研究、知識の着実な普及等（９条、10条）等について、規定している。

同法制定までは、「性的指向」や「性自認」は法律用語としては用いられていなかったが、同法により新たに「性的指向」と「ジェンダーアイデンティティ」が法律用語となったことになる。「性自認」は依然して法律用語として用いられていない。

【条例の制定状況】

○　性的指向・性自認及び性的少数者に対する差別的な取扱いを禁止することなどを規定している条例として、以下のようなものがある。

大阪府泉南市	泉南市男女平等参画推進条例	平成23年12月26日公布	平成24年４月１日施行
東京都文京区	文京区男女平等参画推進条例	平成25年９月27日公布	平成25年11月１日施行
東京都多摩市	多摩市女と男の平等参画を推進する条例	平成25年９月30日公布	平成26年１月１日施行
大阪府羽曳野市	羽曳野市男女共同参画推進条例	平成25年12月27日公布	平成26年４月１日施行
大阪府阪南市	阪南市男女共同参画推進条例	平成26年３月27日公布	平成26年４月１日施行
東京都台東区	台東区男女平等推進基本条例	平成26年12月17日公布	平成27年１月１日施行
徳島県鳴門市	鳴門市男女共同参画推進条例	平成27年３月24日公布	平成28年１月１日施行
大阪府松原市	松原市男女輝きまちづくり条例	平成27年３月27日公布	平成27年４月１日施行
東京都渋谷区	渋谷区男女平等及び多様性を尊重する社会を推進する条例	平成27年４月１日公布	平成27年４月１日施行（一部、平成27年10月28日施行）
和歌山県橋本市	橋本市男女共同参画推進条例	平成27年９月25日公布	平成27年10月１日施行
埼玉県戸田市	戸田市男女共同参画推進条例	平成28年９月30日公布	平成28年10月１日施行

鳥取県日野町	日野町男女共同参画推進条例	平成29年3月21日公布	平成29年3月21日施行
東京都武蔵野市	武蔵野市男女平等の推進に関する条例	平成29年3月22日公布	平成29年4月1日施行 令和4年4月1日改正施行
奈良県五條市	五條市男女共同参画推進条例	平成29年3月28日公布	平成29年3月28日施行
東京都国立市	国立市女性と男性及び多様な性の平等参画を推進する条例	平成29年12月28日公布	平成30年4月1日施行 令和3年4月1日改正施行
東京都世田谷区	世田谷区多様性を認め合い男女共同参画と多文化共生を推進する条例	平成30年3月6日公布	平成30年4月1日施行
東京都	東京都オリンピック憲章にうたわれる人権尊重の理念の実現を目指す条例	平成30年10月15日公布	平成30年10月15日施行 令和4年11月1日改正施行
東京都国立市	国立市人権を尊重し多様性を認め合う平和なまちづくり基本条例	平成30年12月27日公布	平成31年4月1日施行
兵庫県宝塚市	宝塚市男女共同参画推進条例		平成31年3月29日改正施行
奈良県大和郡山市	大和郡山市男女共同参画推進条例	平成30年12月20日公布	平成31年4月1日施行
岩手県北上市	北上市男女共同参画と多様性社会を推進する条例	平成31年3月22日公布	平成31年4月1日施行
岡山県総社市	総社市多様な性を認め合う社会を実現する条例	平成31年3月22日公布	平成31年4月1日施行
茨城県	茨城県男女行動参画推進条例		平成31年4月1日改正施行

東京都豊島区	豊島区男女共同参画推進条例		平成31年4月1日改正施行
神奈川県横須賀市	横須賀市男女共同参画及び多様な性を尊重する社会実現のための条例		平成31年4月1日改正施行
岡山市	岡山市男女共同参画社会の形成の促進に関する条例		平成31年4月1日改正施行
岩手県盛岡市	盛岡市男女共同参画推進条例	令和元年6月28日公布	令和元年6月28日施行
沖縄県久米島町	久米島町男女共同参画推進条例	令和元年7月1日公布	令和元年7月1日施行
大阪府	大阪府性的指向及び性自認の多様性に関する府民の理解の増進に関する条例	令和元年10月30日公布	令和元年10月30日施行
川崎市	川崎市差別のない人権尊重のまちづくり条例	令和元年12月16日公布	令和元年12月16日施行
宮崎県高鍋町	高鍋町男女共同参画推進条例	令和2年3月23日公布	令和2年4月1日施行
茨城県守谷市	守谷市男女共同参画推進条例		令和2年3月26日改正施行
大阪府岬町	岬町男女共同参画推進条例		令和2年3月26日改正施行
東京都港区	港区男女平等参画条例		令和2年4月1日改正施行
東京都狛江市	人権を尊重しみんなが生きやすい狛江をつくる基本条例	令和2年3月31日公布	令和2年7月1日施行
三重県いなべ市	いなべ市性の多様性を認め合う社会を実現するための条例	令和2年6月26日公布	令和2年7月1日施行

香川県丸亀市	丸亀市人権を尊重し多様性を認め合うまちを実現する条例	令和2年12月21日公布	令和3年1月1日施行
奈良県宇陀市	宇陀市男女共同参画推進条例	令和2年12月25日公布	令和2年12月25日施行
兵庫県宍粟市	宍粟市誰もが自分らしく生きる共同参画社会づくり条例	令和3年3月12日公布	令和3年4月1日施行
宮崎県木城町	木城町多様性を認め合い他者を思いやる差別のない社会を推進する条例	令和3年3月18日公布	令和3年3月18日施行
三重県	性の多様性を認め合い、誰もが安心して暮らせる三重県づくり条例	令和3年3月23日公布	令和3年4月1日施行
沖縄県浦添市	浦添市性の多様性を尊重する社会を実現するための条例	令和3年3月23日公布	令和3年10月1日施行
茨城県潮来市	潮来市男女共同参画基本条例		令和3年3月24日改正施行
静岡県富士市	富士市男女共同参画条例		令和3年4月1日改正施行
鹿児島県南さつま市	南さつま市男女共同参画推進条例	令和3年7月7日公布	令和3年8月1日施行
鳥取県	鳥取県人権尊重の社会づくり条例		令和3年4月1日改正施行
大阪府守口市	守口市男女共同参画推進条例		令和4年2月16日改正施行
宮崎県国富町	国富町男女共同参画推進条例	令和4年3月14日公布	令和4年4月1日施行
埼玉県深谷市	深谷市性的指向及び性自認の多様性を理解し尊重する社会の推進に関する条例	令和4年3月23日公布	令和4年3月23日施行

兵庫県加西市	加西市誰もが性差にとらわれず共に生きる社会づくり条例	令和4年3月24日公布	令和4年4月1日施行
秋田県	秋田県多様性に満ちた社会づくり基本条例	令和4年3月25日公布	令和4年4月1日施行
東京都江戸川区	江戸川区性の平等と多様性を尊重する社会づくり条例	令和4年3月25日公布	令和4年4月1日施行
徳島県阿南市	阿南市男女共同参画推進条例		令和4年3月25日改正施行
京都府福知山市	福知山市みんなの多様な性を尊重する条例	令和4年3月29日公布	令和4年4月1日施行
茨城県取手市	取手市男女共同参画推進条例		令和4年4月1日改正施行
長野県安曇野市	安曇野市多様性を尊重し合う共生社会づくり条例		令和4年4月1日改正施行
愛知県岡崎市	岡崎市男女共同参画の推進及び多様な性を尊重する社会を実現するための条例		令和4年4月1日改正施行
神奈川県逗子市	逗子市男女平等参画及び多様性を尊重する社会を推進する条例	令和4年6月20日公布	令和4年10月1日施行
埼玉県	埼玉県性の多様性を尊重した社会づくり条例	令和4年7月8日公布	令和4年7月8日施行
兵庫県加西市	加西市人権尊重のまちづくり条例	令和4年10月1日公布	令和4年10月1日施行
岡山県美作市	美作市男女共同参画まちづくり促進に関する条例		令和4年10月1日改正施行
鹿児島県志布志市	志布志市ひとがともに輝くまちづくり条例	令和4年12月16日公布	令和5年4月1日施行

兵庫県明石市	あかしジェンダー平等の推進に関する条例	令和４年12月23日公布	令和５年４月１日施行
東京都杉並区	杉並区性の多様性が尊重される地域社会を実現するための取組の推進に関する条例	令和５年３月15日公布	令和５年４月１日施行（一部、令和５年４月24日施行）
東京都中央区	中央区男女の平等及び共同参画による社会づくりに関する基本条例	令和５年３月17日公布	令和５年４月１日施行
長野県松本市	差別をなくし多様性を認め合うまちまつもと条例	令和５年３月22日公布	令和５年３月22日施行
千葉県木更津市	木更津市彩り豊かな個性が集う共生社会づくり条例	令和５年３月23日公布	令和５年４月１日施行
愛知県大府市	大府市人権を尊重した誰一人取り残さないまちづくり推進条例	令和５年３月23日公布	令和５年４月１日施行
山梨県	山梨県多様性を認め合う共生社会づくり条例	令和５年３月24日公布	令和５年３月24日施行
千葉県流山市	流山市多様性を尊重する社会の推進に関する条例	令和５年３月27日公布	令和５年４月１日施行
東京都町田市	町田市性の多様性の尊重に関する条例	令和５年３月31日公布	令和５年４月１日施行
沖縄県	沖縄県差別のない社会づくり条例	令和５年３月31日公布	令和５年４月１日施行
東京都墨田区	墨田区女性と男性及び多様な性の共同参画基本条例		令和５年４月１日改正施行
東京都日野市	日野市すべての人の性別等が尊重され多様な生き方を認め合う条例		令和５年４月１日改正施行
愛知県豊橋市	豊橋市男女共同参画及び性の多様性を尊重する社会づくりを推進する条例		令和５年４月１日改正施行
埼玉県横瀬町	横瀬町男女共同参画推進条例	令和５年６月14日公布	令和５年７月１日施行

○　平成23年12月に制定された泉南市条例は、「性的指向」を「性的意識の対象が異性、同性又は両性のいずれかに向かうのかを示す概念」（２条６号）と定義づけたうえで、「すべての人は、社会のあらゆる分野において、直接的又は間接的を問わず性別及び性的指向を理由とする権利侵害及び差別的取扱いを行ってはならない。」（10条１項）と規定し、「性的指向」に対する差別的取扱いを禁止した。

その後平成20年代に制定された大阪府下の羽曳野市、阪南市及び松原市の条例も、「性的指向」に対する差別的取扱いを禁止している。

○　平成25年９月に制定された文京区条例及び多摩市の条例は、「性的指向」及び「性自認」に対する差別的取扱いを禁止した。但し、文京区条例は「性的自認」としている。両条例については、次項において解説する。

その後制定された全国の条例のほとんどは、「性的指向」及び「性自認」に対する差別的取扱いの禁止としている。なお、日野町条例は「性的自認」とし、五條市及び久米島町の条例は「性的指向」ではなく「性的思考」としている。

○　平成27年に制定された鳴門市条例は、「セクシュアル・マイノリティ」を「同性愛者、両性愛者、性同一性障がい者、インターセックス等の性的少数者」（２条12号）と定義づけたうえで、「すべての人は、セクシュアル・マイノリティへの理解を深めるとともに、差別をしたり人権を侵害してはなりません。」（11条１項）と規定している。なお、あわせて「すべての人は、生まれついての生物学的な性別やジェンダーにとらわれずに、自分が決定した性の自認や性的指向が尊重されなければなりません。」（同条2項）と規定している。

同じく平成27年に制定された渋谷区条例は、「性的指向」を「人の恋愛や性愛がどういう対象に向かうかを示す指向（異性に向かう異性愛、同性に向かう同性愛及び男女両方に向かう両性愛並びにいかなる他者も恋愛や性愛の対象としない無性愛）」（2条6号）、「性的少数者」を「同性愛者、両性愛者及び無性愛者である者並びに性同一性障害を含め性別違和がある者」（同条7号）と定義づけたうえで、「区、区民及び事業者は、性別による固定的な役割分担の意識を助長し、若しくはこれを是認させる行為又は性的少数者を差別する行為をしてはならない。」（8条3項）と規定している。

○　総社市及びいなべ市の条例は、「性的マイノリティ」を「性的指向（どの性別を恋愛の対象にするかを表すものをいう。）や性自認（自己の性別についての認識をいう。）のあり方が多数者とは異なる者」（総社市条例は3条2号、いなべ市条例は2条1号）と定義づけたうえで、「性的マイノリティであることを理由とする差別的取扱い又は暴力的行為」を禁止している（両条例とも8条1号）。

また、浦添市条例は、「性自認」を「自己の性別についての認識」、「性的指向」を「人の性的関心（恋愛又は性的欲求）がどのような対象に向かうか（向かわない場合を含む。）を表す概念」、「性別等」を「生物学的な性、性自認、性的指向及び性別表現（服装、仕草及び言葉遣い等で表現する性別）」、「性的マイノリティ」を「性別等が多数者と異なる者」と定義づけた（2条2号～5号）うえで、「性的マイノリティであることを理由とする差別的取扱い又はハラスメントを行うこと」（8条1号）を禁止している。

なお、世田谷区条例は、「性的マイノリティ」を「性自認、性的指向等のあり方が少数と認められる人々」（2条6号）と定義づけている。

【文京区条例と多摩市条例】

○　文京区男女平等参画推進条例は、性的指向又は性的自認に起因する差別的な取扱いに関して、「何人も、配偶者からの暴力等、セクシュアル・ハラスメント、性別に起因する差別的な取扱い（性的指向又は性的自認に起因する差別的な取扱いを含む。）その他の性別に起因する人権侵害を行ってはならない」（7条1項）と規定している。

本条例では、「性的指向」及び「性的自認」という用語を使用している一方で、「性的指向」及び「性的自認」の定義規定は置いていないが、これに関しては、「LGBT概念に入らない、例えばXジェンダー、クエスチョン、インターセックスという類型の人たちを排除することにもなるおそれ」を危惧し、LGBT概念は使用せず、「国連でも使われていたSOGI（Sexual OrientationとGender Identity）概念すなわち性的指向・性自認の用語を用いることとし、禁止規定に位置づけることで、定義付けはあえて行わなかった」（谷口洋幸編著「LGBTをめぐる法と社会」（日本加除出版　2019年）76頁）とされている。

また、「区民及び事業者は、区に対し、区が関与する男女平等参画に関する施策に係る苦情を申し立てることができる」（15条1項）として、苦情申立ての規定を置いている。

なお、現在の文京区のSOGIに関する取組は、文京区HP「SOGI（性的指向と性自認）」を参照のこと。

○　多摩市女と男の平等参画を推進する条例は、基本理念として「すべての人が、個人として尊重され、性別並びに性的指向及び性自認にかかわらず、個人の能力及び個性を発揮し、意欲及び希望に沿って、社会的責任を分かち合うこと」（3条1号）及び「すべての人が、性別による差別的取扱い並びに性的指向及び性自認による差別を受けることなく、固定的な性別役割分担意識に基づく社会制度や慣行を解消されること」（3条2号）を掲げたうえで、性的指向及び性自認による差別に関して、「市、市民、事業者及びその他の団体は、社会のあらゆる場において、性別による差別的取扱い並びに性的指向及び性自認による差別を行ってはなりません」（7条1項）とし、また、「市、市民、事業者及びその他の団体は、情報を公表する際には、それらの情報が、男女平等参画社会の実現を阻害し、性別による差別的取扱い並びに性的指向及び性自認による差別を助長し、又は暴力的行為を誘発することのないように配慮しなければなりません」（8条）と規定している。

「性的指向」を「人の恋愛感情や性的な関心がいずれの性別に向かうかの指向（この指向については、異性に向かう異性愛、同性に向かう同性愛、男女両方に向かう両性愛等の多様性があります。）をいいます」（2条6号）と、「性自認」を「自分がどの性別であるかの認識（この認識については、自分の生物学的な性別と一致する人もいれば、一致しない人もいます。）のことをいいます」（2条7号）とそれぞれ定義づけているが、これに関しては「広く使用されている『性的マイノリティ』（性的少数者）という表現をせずに、『性的指向』、『性自認』として第2条に定義しました」（多摩市HP「平成26年1月1日から、「多摩市女と男の平等参画を推進する条例」が施行されました！」）とされている。

また、「市民、事業者及びその他の団体は、市が実施する男女平等参画社会の実現に関する施策又は男女平等参画社会の実現に影響を及ぼすと認める施策並びに性別による差別的取扱い、性的指向及び性自認による差別その他の男女平等参画社会の実現を阻害する人権侵害と認める事項に関し、市に対して、苦情の申し出をすることができます」（21条1項）として、苦情処理の規定を置いている。

【同性パートナーシップ制度を規定している条例】

○　上記条例のうち、同性パートナーシップ制度を規定しているのは、渋谷区、総社市、豊島区、港区、いなべ市、国立市、浦添市、武蔵野市、福知山市、岡崎市、東京都、美作市、町田市、日野市及び杉並区の条例である。

同性パートナーシップ制度とは、自治体が、同性カップルに対して、二人のパートナーシップを証明し、または、二人のパートナーシップの宣誓を受け取るなどの制度であるが、令和5年6月28日時点で、全国の自治体のうち328団体が導入している（「渋谷区・虹色ダイバーシティ全国パートナーシップ制度共同調査」）とされる。328団体のうち、渋谷区、総社市、豊島区、港区、いなべ市、国立市、浦添市、武蔵野市、福知山市、岡崎市、東京都、美作市、町田市、日野市及び杉並区が条例を根拠とし、それ以外の団体は規則、要綱等を根拠としている。

○　全国で初めて同性パートナーシップ制度を導入し、かつ、条例に規定したのは、渋谷区である。

渋谷区男女平等及び多様性を尊重する社会を推進する条例は、特に、性的少数者の人権の尊重に関する規定（4条）を置き、性的少数者に対する社会的な偏見及び差別をなくし、性的少数者が、個人として尊重されること、性的少数者が、社会的偏見及び差別意識にとらわれることなく、その個性と能力を十分に発揮し、自らの意思と責任により多様な生き方を選択できること、学校教育、生涯学習その他の教育の場において、性的少数者に対する理解を深め、当事者に対する具体的な対応を行うなどの取組がされること等を理念として掲げている。

そして、「パートナーシップ」を「男女の婚姻関係と異ならない程度の実質を備える戸籍上の性別が同一である二者間の社会生活関係」（2条8号）と定義づけたうえで、区長は、公序良俗に反しない限りにおいて、パートナーシップに関する証明をすることができる（10条1項）とし、パートナーシップ証明制度を設けている。

証明にあたっては任意後見契約に係る公正証書及び共同生活の合意契約に係る公正証書による確認が必要である（10条2項）などの手続きを定めるとともに、区民及び事業者は、その社会活動の中で、区が行うパートナーシップ証明を最大限配慮しなければならないなどの配慮規定（11条）を置いている。

なお、制度の内容は、渋谷区HP「渋谷区パートナーシップ証明書」を参照のこと。また、条例の内容等は、渋谷区HP「渋谷区男女平等及び多様性を尊重する社会を推進する条例」を参照のこと。

○　総社市多様な性を認め合う社会を実現する条例は、パートナーシップの宣誓制度を規定している。

すなわち、「パートナーシップ」を「２人の者が，互いを人生のパートナーとし，相互の協力により継続的な共同生活を行っている，又は継続的な共同生活を行うことを約した関係」（２条４号）と、「宣誓」を「パートナーシップの関係にある者同士が，市長に対し，パートナーシップの関係である旨を誓うこと」（２条５号）と定義づけたうえで、パートナーシップの宣誓は，宣誓書を市長に提出することにより行い、市長は，パートナーシップの宣誓があった場合は，パートナーシップ登録簿への登録を行うとともに，登録証明書に宣誓書の写しを添えて交付する（12条）こととしている。

なお、制度の内容は、総社市HP「総社市パートナーシップ宣誓制度」を参照のこと。

○　豊島区男女共同参画推進条例は、パートナーシップ制度を規定している。

すなわち、「パートナーシップ」を「互いを人生の伴侶とし、日常の生活において、経済的又は物理的かつ精神的に相互に協力し合うことを約した、一方又は双方が多様な性自認又は性的指向の２人の者の関係」（２条７号）と定義づけたうえで、区長は、パートナーシップの届出があったときは、規則で定めるところにより、受理証明書を交付することができる（８条の２）とし、事業者は、その社会活動の中で、受理証明書を最大限に配慮し、必要な措置を講ずるよう努めるものとする（８条の３）としている。

なお、制度の内容等は、豊島区HP「豊島区パートナーシップ制度」及び自治体法務研究2020年夏号条例制定の事例CASESTUDY「豊島区男女共同参画推進条例」を参照のこと。

○　港区男女平等参画条例は、みなとマリアージュ制度を規定している。

すなわち、区は、「みなとマリアージュ制度（性的指向又は性自認にかかわらず、誰もが人生を共にしたい人と家族として暮らすことを尊重する施策を推進するための制度）」を設け、制度の利用に関し必要な事項は区規則で定める（９条の２）こととしている。

なお、制度の内容は、港区HP「みなとマリアージュ制度の概要」を参照のこと。

○　いなべ市性の多様性を認め合う社会を実現するための条例は、パートナーシップの宣誓制度を規定している。

すなわち、「パートナーシップ」を「２人の者が、互いを人生のパートナーとし、相互の協力により継続的な共同生活を行っている、又は継続的な共同生活を行うことを約した関係」（２条３号）と、「宣誓」を「パートナーシップの関係にある者同士が、市長に対し、パートナーシップの関係である旨を誓うこと」（２条４号）と定義づけたうえで、パートナーシップの宣誓は，宣誓書を市長に提出することにより行い、市長は、パートナーシップの宣誓があった場合は、パートナーシップ登録簿への登録を行うとともに、宣誓した２人の者に対して、登録証明書を交付する（12条）こととしている。

なお、制度の内容は、いなべ市HP「いなべ市パートナーシップ宣誓制度」を参照のこと。

○　国立市は国立市女性と男性及び多様な性の平等参画を推進する条例を令和３年４月１日改正施行して、パートナーシップ制度を規定した。

すなわち、「パートナーシップ」を「互いを人生のパートナーとし、相互の人権を尊重し協力し合うことを約した、継続的かつ対等な２者間の関係」（２条10号）と定義づけたうえで、市長は、パートナーシップの届出があったときは、規則で定めるところにより、受理証明書を交付し、事業者等は、その事業活動の中で、市が実施するパートナーシップに係る制度を尊重し、必要な措置を講ずるよう努める等（10条）としている。

なお、制度の内容は、国立市HP「くにたちパートナーシップ制度」を参照のこと。

○　浦添市性の多様性を尊重する社会を実現するための条例は、パートナーシップの宣誓証明制度を規定している。

すなわち、「パートナーシップ」を「互いを人生のパートナーとして、日常の生活において相互に協力し合うことを約束した二者間の関係であって、その一方又は双方が性的マイノリティであるもの」（２条６号）と定義づけたうえで、市長は、公序良俗に反しない限りにおいて、パートナーシップ宣誓証明書を交付することができるとし、その申請手続その他必要な事項は、規則で定める（10条）としている。

なお、制度の内容は、浦添市HP「パートナーシップ宣誓証明書交付受付が始まります！！」を参照のこと。

○　武蔵野市は、武蔵野市男女平等の推進に関する条例を令和４年４月１日改正施行して、パートナーシップ制度を規定した。

すなわち、「パートナーシップ制度」を「性別等にかかわりなく、お互いを人生のパートナーとして、日常生活において、互いに協力し、及び扶助し合うことを約した２人が、安心して暮らし続けられることを目的として、市長がパートナーシップの届出を受理した場合に、受理したことを証する書面を交付する制度」（２条12号）と定義づけたうえで、市長は、パートナーシップの届出があったときは、規則で定めるところにより、受理したことを証する書面を交付する（18条）としている。また、事業者等は、その活動においてパートナーシップ制度を最大限に尊重し、必要な措置を講ずるよう努める（６条３項）としている。

なお、制度の内容は、武蔵野市HP「武蔵野市パートナーシップ制度」を参照のこと。

○　福知山市みんなの多様な性を尊重する条例は、パートナーシップ制度を規定している。

すなわち、「パートナーシップ」を「互いを人生のパートナーとし、日常の生活において協力し合うことを約した一方又は双方が性的マイノリティである２者の関係」（２条６号）と定義づけたうえで、市長は、パートナーシップの届出があったときは、規則で定めるところにより、受理証明書を交付し、市、市民、事業者及び教育に携わる者は、その活動の中で、受理証明書を最大限に尊重し、必要な措置を講ずるよう努める等（12条）としている。

なお、制度の内容は、福知山市HP「福知山市パートナーシップ制度がスタートしました！」を参照のこと。

○　岡崎市は、岡崎市男女共同参画推進条例を令和４年４月１日改正施行して、岡崎市男女共同参画の推進及び多様な性を尊重する社会を実現するための条例としたうえで、パートナーシップ・ファミリーシップ制度を規定した。

すなわち、「パートナーシップ」を「互いを人生のパートナーとし、相互の協力により継続的な共同生活を行っている、又は継続的な共同生活を行うことを約束した２人の関係」（２条４号）と、「ファミリーシップ」を「パートナーシップにある者が、そのパートナーの実子又は養子と継続的な共同生活を行っている関係」（２条８号）と定義づけたうえで、市長は、パートナーシップ・ファミリーシップに係る届出があったときは、規則で定めるところにより、受理証明書を交付し、事業者は、その社会活動の中で受理証明書に係るパートナーシップ・ファミリーシップを最大限に配慮し、必要な措置を講ずるよう努める等（10条の２）としている。

なお、制度の内容は、岡崎市HP「岡崎市パートナーシップ・ファミリーシップ制度」を参照のこと。

○　東京都は、令和４年６月22日に東京都オリンピック憲章にうたわれる人権尊重の理念の実現を目指す条例の一部を改正する条例を公布し、条例にパートナーシップ宣誓制度に関する規定を置き、令和４年11月１日に施行している。

すなわち、「性的マイノリティ」を「性自認が出生時に判定された性と一致しない者又は性的指向が異性に限らない者」(改正後３条の２第１号)、「パートナーシップ関係」を「双方又はいずれか一方が性的マイノリティであり、互いを人生のパートナーとして、相互の人権を尊重し、日常の生活において継続的に協力し合うことを約した二者間の関係」(改正後３条の２第２号)、「東京都パートナーシップ宣誓制度」を「知事がパートナーシップ関係にある者（双方又はいずれか一方が都の区域内において居住し、就業し、又は就学している場合に限る。）からの宣誓に係る届出を受理したことを証明する制度」(改正後７条の２第２項）と定義づけたうえで、「都は、多様な性に関する都民の理解を推進するとともに、パートナーシップ関係に係る生活上の不便の軽減など、当事者が暮らしやすい環境づくりにつなげるため、東京都パートナーシップ宣誓制度を実施するものとする。」(改正後７条の２第１項）と規定している。

なお、制度の内容は、東京都HP「東京都パートナーシップ宣誓制度」を参照のこと。

○　美作市は、美作市男女共同参画まちづくり促進に関する条例を令和４年10月１日に改正施行して、パートナーシップ及びファミリーシップ宣誓制度を規定した。

すなわち、「パートナーシップ」を「互いを人生のパートナーとし、相互の協力により継続的な共同生活を行っている、又は継続的な共同生活を行うことを約束した２人の関係」（２条５号）と、「ファミリーシップ」を「パートナーシップの関係にある２人とそれらの者の子（実子又は養子をいう。以下この号において「子」という。）との関係であって、次のいずれかに該当するものをいう。　ア　子とその親との関係　イ　子の親のパートナー（当該パートナーシップの関係にある者に限る。以下同じ。）が、当該子と生計を同一とし、家族として豊かな愛情をもって当該子を養育することを約した場合における、当該パートナーと当該子との関係」（２条６号）と定義づけたうえで、市長は、パートナーシップ又はファミリーシップの宣誓があったときは、規則で定めるところにより、受理証明書を交付する（９条）としている。

なお、制度の内容は、美作市HP「美作市パートナーシップ・ファミリーシップ宣誓制度」を参照のこと。

○　町田市性の多様性の尊重に関する条例は、パートナーシップ宣誓制度を規定している。

すなわち、「パートナーシップ」を「互いを人生のパートナーとし、日常生活において、継続的かつ相互に協力することを約した戸籍（日本の国籍を有しない者にあっては、その本国の行政機関が発行する性別を証する書類その他これに準ずるものとして市長が認める書類）上の性別が同一である２人の者の関係」（３条３号)、「宣誓」を「パートナーシップを結んだ２人の者が、市長に対し、双方が互いのパートナーであることを誓うこと」（３条４号）と定義づけたうえで、市は、宣誓が行われたことの証明（以下「パートナーシップ宣誓証明」という。）をする町田市パートナーシップ宣誓制度を実施するものとし（10条１項)、市長は、宣誓が行われたときは、町田市規則で定めるところにより、宣誓を行った者に対し、パートナーシップ宣誓証明書を交付する（10条２項）としている。そのうえで、市、市民、事業者及び教育に携わる者は、その活動の中で、パートナーシップ宣誓証明を最大限配慮しなければならない（10条４項）としている。

なお、制度の内容は、町田市HP「町田市パートナーシップ宣誓制度」を参照のこと。

○　日野市は、日野市男女平等基本条例を令和５年４月１日改正施行して、日野市すべての人の性別等が尊重され多様な生き方を認め合う条例としたうえで、パートナーシップ制度を規定した。

すなわち、「パートナー」を「人生を共に歩む伴侶のこと」（改正後２条５号）と、「パートナーシップ」を「互いをパートナーとし、互いの人権を尊重し、協力し合うことを約した継続的な２人の者の関係」（改正後２条６号）と定義づけたうえで、市長は、パートナーシップに係る届出があったときは、規則で定めるところにより、パートナーシップ宣誓証明書を交付する（改正後９条の２第１項、第２項）としている。また、事業者は、証明書の提示があったときは、当該証明書に記載されている情報の取扱いについて被交付者の意思を十分に確認する等、必要な措置を講じなければならない（改正後９条の２第３項）としている。

なお、制度の内容は、日野市HP「日野市パートナーシップ制度」を参照のこと。

○　杉並区性の多様性が尊重される地域社会を実現するための取組の推進に関する条例は、パートナーシップ制度を規定している。

すなわち、「パートナーシップ関係」を「双方又はいずれか一方が性的指向が異性に限らない者又は性自認が出生時に判定された性別と一致しない者であり、互いを人生のパートナーとして、相互の人権を尊重し、継続的に協力し合い、共同生活を営むことを約した２者間の関係」（２条３号）と定義づけたうえで、区長は、パートナーシップ関係にある旨の届出があったときは、規則で定めるところにより、届出を受理したことを証する書面を交付し（９条１項、２項）、また、届出を受理したことを証するカードの申請があったときは、当該カードを交付する（９条３項、４項）としている。

なお、制度の内容は、杉並区HP「パートナーシップ制度」を参照のこと。

○　なお、都道府県では、東京都のほか、茨城県、大阪府、群馬県、佐賀県、三重県、青森県、秋田県、福岡県、栃木県、富山県、静岡県及び岐阜県が同性パートナーシップ制度を実施している。

茨城県は、茨城県男女行動参画推進条例を改正し、性的指向や性自認を理由とする差別的な取り扱いを禁止する規定（19条３項）などを設けたが、その後、「いばらきパートナーシップ宣誓制度実施要綱」により、パートナーシップ宣誓制度を令和元年７月１日から実施している。

大阪府は、大阪府性的指向及び性自認の多様性に関する府民の理解の増進に関する条例を制定したが、同条例７条２項は「府が実施する事務事業において、性的指向及び性自認の多様性に配慮するよう努めるものとする」と規定しており、それを踏まえ、パートナーシップ宣誓証明制度を令和２年１月22日から「大阪府パートナーシップの宣誓の証明に関する要綱」に基づき実施している。

群馬県は、パートナーシップ宣誓制度を令和２年12月21日から「ぐんまパートナーシップ宣誓制度実施要綱」に基づき実施している。

佐賀県は、パートナーシップ宣誓制度を令和３年８月27日から「佐賀県パートナーシップ宣誓制度実施要領」に基づき実施している。

三重県は、性の多様性を認め合い、誰もが安心して暮らせる三重県づくり条例を制定したが、同条例の趣旨を踏まえ、パートナーシップ宣誓制度を令和３年９月１日から「三重県パートナーシップ宣誓制度要綱」に基づき実施している。

青森県は、パートナーシップ宣誓制度を令和4年2月7日から「青森県パートナーシップ宣誓制度実施要領」に基づき実施している。

秋田県は、秋田県多様性に満ちた社会づくり基本条例を制定したが、同条例の趣旨を踏まえ、パートナーシップ宣誓証明制度を令和4年4月1日から「あきたパートナーシップ宣誓証明制度実施要綱」に基づき実施している。

福岡県は、パートナーシップ宣誓制度を令和4年4月1日から「福岡県パートナーシップ宣誓制度実施要綱」に基づき実施している。

栃木県は、パートナーシップ宣誓制度を令和4年9月1日から「とちぎパートナーシップ宣誓制度実施要綱」に基づき実施している。

富山県は、パートナーシップ宣誓制度を令和5年3月1日から「富山県パートナーシップ宣誓制度実施要綱」に基づき実施している。

静岡県は、パートナーシップ宣誓制度を令和5年3月1日から「静岡県パートナーシップ宣誓制度実施要綱」に基づき実施している。

岐阜県は、パートナーシップ宣誓制度を令和5年9月1日から「岐阜県パートナーシップ宣誓制度実施要綱」に基づき実施している。

【アウティングとカミングアウト強制・禁止の禁止規定を置く条例】

○　アウティング（本人の意思に反して第三者が性的指向又は性自認を公表すること）とカミングアウト（自らの性的指向又は性自認を公表すること）の強制・禁止を禁止する規定を置くものとして、国立市、総社市、豊島区、港区、いなべ市、宍粟市、木城町、三重県、浦添市、富士市、加西市、深谷市、江戸川区、武蔵野市、福知山市、岡崎市、逗子市、埼玉県、美作市、志布志市、明石市、杉並区、町田市、墨田区、日野市及び豊橋市の条例がある。

○　国立市女性と男性及び多様な性の平等参画を推進する条例は、基本理念として「性的指向、性自認等に関する公表の自由が個人の権利として保障されること」（3条2号）を掲げ、本人の公表の権利を規定したうえで、「何人も、性的指向、性自認等の公表に関して、いかなる場合も、強制し、若しくは禁止し、又は本人の意に反して公にしてはならない。」（8条2項）とし、アウティングを禁止するとともにカミングアウトの強制・禁止を禁止している。

なお、国立市の条例については、自治体法務研究2018年冬号CLOSEUP先進・ユニーク条例「国立市女性と男性及び多様な性の平等参画を推進する条例」を参照のこと。

○　総社市多様な性を認め合う社会を実現する条例は、「カミングアウト」を「自らが性的マイノリティであることを公表すること」（3条3号）と定義づけたうえで、「性的マイノリティであることを、本人の意に反して公にすること」及び「カミングアウトを強制し、又は禁止すること」を禁止している（8条2号及び3号）。

○　豊島区男女共同参画推進条例は、「何人も、性自認又は性的指向の公表に関して、本人に対し強制又は禁止してはならない。」（7条5項）とするとともに、「何人も、本人の同意なくして性自認又は性的指向を公表してはならない。」（7条6項）と規定している。

なお、豊島区の条例については、自治体法務研究2020年夏号条例制定の事例CASESTUDY「豊島区男女共同参画推進条例」を参照のこと。

○　港区男女平等参画条例は、「何人も、他人の性的指向又は性自認に関して、公表を強制し、若しくは禁止し、又は本人の意に反して公にしてはならない。」（7条3項）と規定している。また、「何人も、正当な理由がない限り、他人の性別表現を妨げてはならない。」（7条4項）と規定し、「性別表現」（外面に表れる性別についての自己表現　2条5号）の自由を保障しているとしている。

○　いなべ市性の多様性を認め合う社会を実現するための条例は、「カミングアウト」を「自らが性的マイノリティであることを公表すること」（２条２号）と定義づけたうえで、「性的マイノリティであることを、本人の意に反して公にすること」及び「カミングアウトを強要し、又は禁止すること」を禁止している（８条２号及び３号）。

○　宍粟市誰もが自分らしく生きる共同参画社会づくり条例は、「何人も、本人の同意を得ないで、当該本人に関して知り得た性的指向、性自認等の内容を他人に漏らしてはならない。また、いかなる場合も本人に公表を強制し、又は禁止してはならない。」と規定している（９条３項）。

○　木城町多様性を認め合い他者を思いやる差別のない社会を推進する条例は、「カミングアウト」を「これまで公にしていなかった自らの性的指向又は性自認を表明すること」、「アウティング」を「本人の了解を得ずに他の人に公にしていない性的指向又は性自認のことを暴露すること」と定義づけた（３条４号及び５号）うえで、「カミングアウトを強制し、又は禁止すること」及び「アウティング」を禁止している（７条１号及び２号）。

○　性の多様性を認め合い、誰もが安心して暮らせる三重県づくり条例は、「性的指向又は性自認の表明に関して、強制し、禁止し、または本人の意に反して、正当な理由なく暴露（本人が秘密にしていることを明かすことをいう。）をしてはならない。」（４条）と規定している。都道府県において、条例でアウティングを禁止する規定を置くのは、三重県条例が初めてとなる。

なお、三重県の条例については、自治体法務研究2021年冬号CLOSEUP先進・ユニーク条例「性の多様性を認め合い、誰もが安心して暮らせる三重県づくり条例」を参照のこと。

○　浦添市性の多様性を尊重する社会を実現するための条例は、「性的マイノリティであることを、本人の意に反して公にすること」及び「性的マイノリティであることの公表を強要し、又は禁止すること」を禁止している（８条２号及び３号）。

○　富士市男女共同参画条例は、「性別等」を「性別、性自認及び性的指向」（２条４号）と定義づけたうえで、「何人も、性別等に関する個人情報を本人の意に反して他に公開し、及び他に公開することを強要してはならない。」（９条３項）と規定している。

○　加西市誰もが性差にとらわれず共に生きる社会づくり条例は、「全ての人は、本人の同意を得ないで、当該本人に関して知り得た性的指向、性自認等の内容を他人に漏らし、又は本人に公表を強制若しくは禁止してはなりません。」（９条３項）と規定している。

○　江戸川区性の平等と多様性を尊重する社会づくり条例は、「何人も、個人の性的指向、性自認に関して、正当な理由なく、公表を強制し、若しくは禁止し、又は本人の意に反して公にしてはならない。」（８条２項）と規定している。また、併せて、「何人も、情報の発信及び流通に当たっては、性別等に起因する人権侵害に当たる表現を用いないよう十分に配慮しなければならない。」（８条３項）と規定している。

○　武蔵野市男女平等の推進に関する条例は、「市、市民及び事業者等は、性自認又は性的指向に関する公表を強制し、又は禁止してはならない。」（７条３項）と規定するとともに、「市、市民及び事業者等は、本人の意思に反して性自認又は性的指向を第三者に公表してはならない。」（７条４項）と規定している。

○　福知山市みんなの多様な性を尊重する条例は、「性自認又は性的指向を本人の意に反して公にすること」及び「性自認又は性的指向の公表を強制又は禁止すること」を禁止している（８条２号及び３号）。また、併せて、「性的表現」を「服装、言動、ふるまい方等、外面に表れる性別についての自己表現」（３条３号）と定義づけたうえで、「正当な理由なく、他人の性別表現を妨げること」を禁止している（8条4号）。

○　岡崎市男女共同参画の推進及び多様な性を尊重する社会を実現するための条例は、「何人も、性的指向又は性自認の公表に関して、本人に対し強制し、又は禁止してはならない。」（9条5項）とするとともに、「何人も、本人の同意なくして性的指向又は性自認を公表してはならない。」（9条6項）と規定している。

○　逗子市男女平等参画及び多様性を尊重する社会を推進する条例は、「何人も、他人の性的指向又は性自認に関して、公表を強制し、若しくは禁止し、又は本人の意に反して公にしてはならない。」（8条3項）と規定している。また、併せて、「何人も、情報の発信に当たっては、性別等による人権侵害に当たる表現又は性別による役割分担を助長し、若しくは連想させる表現を用いないよう配慮しなければならない。」（8条4項）と規定している。

○　埼玉県性の多様性を尊重した社会づくり条例は、「何人も、性的指向又は性自認の表明に関して、強制し、又は禁止してはならない。」（4条2項）とするとともに、「何人も、正当な理由なくアウティング（性的指向又は性自認に関して本人の意に反して本人が秘密にしていることを明かすことをいう。）をしてはならない。」（4条3項）と規定している。

○　美作市男女共同参画まちづくり促進に関する条例は、「他者に対しその性自認又は性的指向の公表を強制し、又は禁止する行為」（7条1項4号）及び「本人の同意なく他者の性自認又は性的指向を公表する行為」（7条1項5号）を禁止している。

○　志布志市ひとがともに輝くまちづくり条例は、「何人も、性的指向及び性自認の公表に関して、いかなる場合も強制し、若しくは禁止し、又は本人の意に反して公にしてはならない。」（8条2項）と規定している。

○　あかしジェンダー平等の推進に関する条例は、「何人も、性自認又は性的指向の公表を本人に対して強制し、又は禁止してはならず、かつ、本人の同意なく性自認又は性的指向を暴露してはならない。」（8条4項）と規定している。

なお、明石市の条例については。自治体法務研究2023年夏号CLOSEUP先進・ユニーク条例「あかしジェンダー平等の推進」を参照のこと。

○　杉並区性の多様性が尊重される地域社会を実現するための取組の推進に関する条例は、「何人も、正当な理由なく、本人の意に反して、性的指向若しくは性自認の表明を強制し、若しくは禁止し、又は性的指向若しくは性自認を明らかにしてはならない。」（4条2項）と規定している。

○　町田市性の多様性の尊重に関する条例は、「性自認又は性的指向を本人の意に反して公表すること。」（8条2号）及び「性自認又は性的指向の公表を強要し、又は禁止すること。」（8条3号）を禁止している。

○　墨田区女性と男性及び多様な性の共同参画基本条例は、「何人も、他人の性的指向、性自認等の公表に関して、いかなる場合も、強制し、若しくは禁止し、又は本人の意に反して公にしてはならない。」（10条3項）と規定している。

○　日野市すべての人の性別等が尊重され多様な生き方を認め合う条例は、「何人も、性自認、性的指向等の公表に関して、いかなる場合であっても、本人に対し強制又は禁止し、若しくは本人の意に反して行ってはならない。」（7条5項）と規定している。

○　豊橋市男女共同参画及び性の多様性を尊重する社会づくりを推進する条例は、「何人も、性的指向又は性自認の公表を本人に対して強制又は禁止してはならない。」（9条3項）とするとともに、「何人も、本人の意に反して性的指向又は性自認を公表してはならない。」（9条4項）と規定している。

【その他】

○　性の多様性等に対する自治体の役割については、鈴木秀洋「性的マイノリティへの対応と自治体の役割」（自治体法務研究2020年夏号特集「ダイバーシティの推進と自治体」）を参照されたい。

○　性の多様性に関する条例を含む人権の尊重と差別の解消に関する条例については、「人権の尊重と差別の解消に関する条例」を参照されたい。

7　G７広島サミット（2023年５月19日～21日）成果文書（首脳コミュニケ仮訳）

外務省HPから一部引用
https://www.mofa.go.jp/mofaj/files/100507034.pdf

（仮訳）

G７広島首脳コミュニケ（2023年５月20日）

＜前文＞

1．我々G７首脳は、現在のグローバルな課題に対処し、より良い未来に向けた方針を定めるとの決意において、これまで以上に結束し、2023年５月19～21日に開催される年一回のサミットのため、広島で一堂に会した。我々の取組は、国際連合憲章の尊重及び国際的なパートナーシップに根ざしている。

我々は、次に掲げる具体的な措置を講じている。

- ロシアの違法な侵略戦争に直面する中で、必要とされる限りウクライナを支援する。
- 全ての者にとっての安全が損なわれない形での核兵器のない世界という究極の目標に向けて、軍縮・不拡散の取組を強化する。
- デカップリングではなく、多様化、パートナーシップの深化及びデリスキングに基づく経済的強靱性及び経済安全保障への我々のアプローチにおいて協調する。
- G７内及びその他の国々との協力を通じ、将来のクリーン・エネルギー経済への移行を推進する。
- 今日及び将来に向けたニーズに対応するため、パートナー国と共に、「強靱なグローバル食料安全保障に関する広島行動声明」を発出する。
- 「グローバル・インフラ投資パートナーシップ（PGII）」を通じて質の高いインフラへの資金提供において最大6,000億米ドルを動員するという我々の目標を実施する。

上記は、本コミュニケの参考文書に示されている。

我々は、次のとおり協働し、また他の主体と共に取り組むことを決意している。

- 自由で開かれたインド太平洋を支持し、力又は威圧による一方的な現状変更の試みに反対する。
- 強固で強靱な世界経済の回復を促進し、金融安定を維持し、雇用と持続可能な成長を促進する。
- 貧困の削減並びに気候及び自然危機への取組は密接に関連を持っていることを認識し、持続可能な開発目標（SDGs）の達成を加速させる。
- 国際開発金融機関（MDBs）改革を加速させる。
- アフリカ諸国とのパートナーシップを強化し、多国間フォーラムにおいてアフリカがより代表されるように支援する。
- 我々のエネルギー部門の脱炭素化及び再生可能エネルギーの展開を加速させることで地球を保全し、プラスチック汚染をなくし海洋を保護する。
- 「公正なエネルギー移行パートナーシップ（JETPs）」、「気候クラブ」及び「森林・自然・気候の新カントリーパッケージ」を通じた協力を強化する。
- 世界各地でのワクチン製造能力、パンデミック基金、パンデミックへの対応に関する新たな法的文書及びユニバーサル・ヘルス・カバレッジ（UHC）の達成に向けた取組を通じて、国際保健に投資する。
- 国際移住について協力し、人身取引及び密入国との闘いにおける我々共通の取組を強化する。
- 我々が共有する民主的価値に沿った、信頼できる人工知能（AI）という共通のビジョンと目標を達成するために、包摂的なAIガバナンス及び相互運用性に関する国際的な議論を進める。

2．我々は、次のとおり国際的な原則及び共通の価値を擁護する。
- 大小を問わず全ての国の利益のため、国連憲章を尊重しつつ、法の支配に基づく自由で開かれた国際秩序を堅持し、強化する。
- 世界のいかなる場所においても、力又は威圧により、平穏に確立された領域の状況を変更しようとするいかなる一方的な試みにも強く反対し、武力の行使による領土の取得は禁止されていることを再確認する。
- 普遍的人権、ジェンダー平等及び人間の尊厳を促進する。
- 平和、安定及び繁栄を促進するための国連の役割を含む多国間主義及び国際協力の重要性を改めて表明する。
- ルールに基づく多角的貿易体制を強化し、デジタル技術の進化に歩調を合わせる。

3．我々は、誰一人取り残さず、人間中心で、包摂的で、強靱な世界を実現するために、我々の国際パートナーと協働していく。その精神から、我々は、豪州、ブラジル、コモロ、クック諸島、インド、インドネシア、大韓民国、ベトナムの首脳の参加を歓迎した。

（中略）

＜ジェンダー＞

42. ジェンダー平等及びあらゆる女性及び女児のエンパワーメントの実現は、強靱で公正かつ豊かな社会のための基本である。我々は、あらゆる多様性をもつ女性及び女児、そしてLGBTQIA＋の人々の政治、経済、教育及びその他社会のあらゆる分野への完全かつ平等で意義ある参加を確保し、全ての政策分野に一貫してジェンダー平等を主流化させるため、社会のあらゆる層と共に協働していくことに努める。この観点から、我々は、長年にわたる構造的障壁を克服し、教育などの手段を通じて有害なジェンダー規範、固定観念、役割及び慣行に対処するための我々の努力を倍加させることにコミットし、多様性、人権及び尊厳が尊重され、促進され、守られ、あらゆる人々が性自認、性表現あるいは性的指向に関係なく、暴力や差別を受けることなく生き生きとした人生を享受することができる社会を実現する。我々は、ジェンダー平等アドバイザリー評議会（GEAC）の活動を歓迎し、その更なる強化に期待する。我々は、ジェンダー・ギャップに関するＧ７ダッシュボードの最初の改訂と、ジェンダー平等を前進させるための過去のＧ７のコミットメントを監視することを目的とする、最初の実施報告書の本年の公表を期待している。

43. 我々は、特に危機的な状況下で女性及び女児の権利が後退することに強い懸念を表明し、世界中の女性及び女児並びにLGBTQIA＋の人々の人権と基本的自由に対するあらゆる侵害を強く非難する。我々はさらに、SRHRがジェンダー平等並びに女性及び女児のエンパワーメントにおいて、また、性的指向及び性自認を含む多様性を支援する上で果たす、不可欠かつ変革的な役割を認識する。我々は、安全で合法な中絶と中絶後のケアへのアクセスへの対応によるものを含む、全ての人の包括的なSRHRを達成することへの完全なコミットメントを再確認する。国内外において、ジェンダー平等及びあらゆる多様性をもつ女性及び女児の権利を擁護し、前進させ、守ることにコミットし、この分野における苦労して勝ち取った進展を損ない、覆そうとする試みを阻止するために協働する。この観点から、我々は、WPSフォーカル・ポイント・ネットワークとのパートナーシップ及び国家行動計画の策定への支援を通じて、防災への適用を含む「女性・平和・安全保障（WPS）」アジェンダの前進、実施及び強化並びに交差的アプローチの推進にコミットする。我々は、暴力的紛争の予防、救援・復興活動の提供、永続的な平和の構築における女性の主導的な役割を強調し、和平及び政治プロセスにおける女性の完全で、平等で、意義のある参加を支持することを誓う。我々は、紛争に関連した性的暴力及びジェンダーに基づく暴力を撲滅するための取組の強化及びサバイバー中心のアプローチを用いて、被害者・サバイバーに包括的な支援と意義のある参加を提供する重要性にコミットする。我々はさらに、あらゆる形態の、性的及びジェンダーに基づくオフライン及びオンラインにおけるハラスメントや虐待、援助に関連した性的搾取や虐待を撲滅することにコミットする。我々は、全ての人々への教育の権利確保にコミットし、安全でジェンダー分野で変革的な質の高い教育への公平なアクセスを促進するとともに、科学、技術、工学、数学（STEM）の分野、教育及びデジタルにおけるジェンダー格差を解消する措置を講じる重要性を強調する。我々は、これが、気候、自然及び開発の課題に対処するために不可欠の土台である女性の起業家精神を促進するための鍵であると考える。我々はまた、リスキリングと技能向上の促進、働きがいのある人間らしい労働条件の促進、あらゆる多様性をもつ女性の金融包摂の強化及びジェンダー間の賃金格差の解消にコミットする。我々はさらに、女性の完全なエンパワーメントと、指導的地位を含むあらゆるレベルの意思決定プロセスへの完全かつ平等な参加を促進するためのコミットメントを改めて表明する。我々は、質の高いケアは、我々の社会及び経済の機能において不可欠な役割を果たすが、そのジェンダー不平等な分配によりジェンダー不平等の主要な原因となっていることを認識する。

44. 我々のコミットメントを前進させるために、我々は、統合への取組を強化し、我々の社会の実質的な変革のためのジェンダー主流化を深化させることにより、ジェンダー平等問題の断片化と疎外化を克服する必要性を強調する。この観点から、我々は、政治と安全保障、経済と社会の領域を橋渡しする「ネクサス（nexus）」を作り出すことによって、ジェンダー平等を促進するための継続的で、全体的かつ包括的なアプローチを求め、多部門の政策及び政策実施における多様な次元にわたる我々の行動の効率と影響の最大化を提唱する。我々は、外交及び持続可能な開発政策並びにODAにおける、このようなネクサス・アプローチの重要性を強調し、ネクサスを支援するよう努める。我々は、今後数年間にわたり、ジェンダー平等並びに女性及び女児のエンパワーメントを促進する、我々の二国間で割当可能なODAの割合を共同で増加させるべくあらゆる努力をするという我々のコミットメントを再確認する。この観点から、我々は、専門家が作成した「ファクトシート：ネクサス・アプローチを通じたジェンダー主流化の促進」を歓迎し、この分野での更なる進展を期待する。

＜人権、難民、移住及び民主主義＞

45. 我々は、世界人権宣言に示された全ての人の人権と尊厳を堅持し、誰もが社会に完全にかつ平等に参加できるようにするとの我々のコミットメントを再確認する。我々は、人権侵害に対してしっかりと声を上げると同時に、対話と協力を通じて、人権を守り促進しようとする国々及び市民社会団体の声に耳を傾け、これを支援することにコミットする。我々は、G7内外においてビジネスと人権に関する議論を深める必要性を認識し、企業活動及びグローバル・サプライチェーンにおける人権及び国際労働基準の尊重の確保並びにビジネスのための強靱性、予見可能性及び確実性の更なる向上に向けて、情報交換の加速化を含む協力及び共同の取組を強化する意図を有しており、他者に対し、我々のこれらの取組に参加するよう呼びかける。我々は、難民を保護し、避難を強いられた人々や受入国及びコミュニティを支援し、難民及び避難民の人権及び基本的自由の完全な尊重を確保し、性的及びジェンダーに基づく暴力からの自由を含む紛争、危機及び避難により悪化した、脆弱な状況に直面する人々や疎外された人々の権利擁護と促進に対するコミットメントを再確認する。我々は、国際社会に対しても同様の対応を求める。我々は、記録の改善とともに、不処罰と闘うこと、及び、紛争に関連した性的暴力を含む、国際的な懸念事項である最も重大な犯罪の加害者の責任を追及することにコミットする。この観点から、我々は、将来の紛争に関連した性的暴力を防止するための国際的なアーキテクチャを強化する必要性を想起する。我々は、人道に対する犯罪の防止及び処罰に関する国際法委員会の条文草案の議論についての重要性を認識する。我々は、2023年12月の第2回グローバル難民フォーラムに向けて、国際社会との協力を継続する。我々は、人権及び基本的自由への完全な尊重を確保し、国際協力の精神に基づき、「難民に関するグローバル・コンパクト」並びに国内の政策、法制度及び状況に沿った形で、難民の包摂を支援するというコミットメントを再確認する。

（後略）

第13　関連法律

1　人権教育及び人権啓発の推進に関する法律（平成12年法律第147号）

第一条　目的
第二条　定義
第三条　基本理念
第四条　国の責務
第五条　地方公共団体の責務
第六条　国民の責務
第七条　基本計画の策定
第八条　年次報告
第九条　財政上の措置
附　則
第一条　施行期日
第二条　見直し

2　障害を理由とする差別の解消の推進に関する法律（平成25年法律第65号）

第一章　総則
　第一条　目的
　第二条　定義
　第三条　国及び地方公共団体の責務
　第四条　国民の責務
　第五条　社会的障壁の除去の実施についての必要かつ合理的な配慮に関する環境の整備
第二章　障害を理由とする差別の解消の推進に関する基本方針
　第六条

第三章　行政機関等及び事業者における障害を理由とする差別を解消するための措置
　第七条　行政機関等における障害を理由とする差別の禁止
　第八条　事業者における障害を理由とする差別の禁止
　第九条　国等職員対応要領
　第十条　地方公共団体等職員対応要領
　第十一条　事業者のための対応指針
　第十二条　報告の徴収並びに助言、指導及び勧告
　第十三条　事業主による措置に関する特例
第四章　障害を理由とする差別を解消するための支援措置
　第十四条　相談及び紛争の防止等のための体制の整備
　第十五条　啓発活動
　第十六条　情報の収集、整理及び提供
　第十七条　障害者差別解消支援地域協議会
　第十八条　協議会の事務等
　第十九条　秘密保持義務
　第二十条　協議会の定める事項
第五章　雑則
　第二十一条　主務大臣
　第二十二条　地方公共団体が処理する事務
　第二十三条　権限の委任
　第二十四条　政令への委任
第六章　罰則
　第二十五条
　第二十六条
附　則
　第一条　施行期日
　第二条　基本方針に関する経過措置
　第三条　国等職員対応要領に関する経過措置
　第四条　地方公共団体等職員対応要領に関する経過措置
　第五条　対応指針に関する経過措置
　第六条　政令への委任
　第七条　検討
　第八条　障害者基本法の一部改正
　第九条　内閣府設置法の一部改正

3　部落差別の解消の推進に関する法律（平成28年法律第109号）

第一条　目的
第二条　基本理念
第三条　国及び地方公共団体の責務
第四条　相談体制の充実
第五条　教育及び啓発
第六条　部落差別の実態に係る調査
附　則

4　本邦外出身者に対する不当な差別的言動の解消に向けた取組の推進に関する法律（平成28年法律第68号）

第一章　総則
　第一条　目的
　第二条　定義
　第三条　基本理念
　第四条　国及び地方公共団体の責務
第二章　基本的施策
　第五条　相談体制の整備
　第六条　教育の充実等
　第七条　啓発活動等
附　則
　施行期日
　不当な差別的言動に係る取組についての検討

5　男女共同参画社会基本法（平成11年法律第78号）

第一章　総則
　第一条　目的
　第二条　定義
　第三条　男女の人権の尊重
　第四条　社会における制度又は慣行についての配慮
　第五条　政策等の立案及び決定への共同参画
　第六条　家庭生活における活動と他の活動の両立
　第七条　国際的協調
　第八条　国の責務
　第九条　地方公共団体の責務
　第十条　国民の責務
　第十一条　法制上の措置等
　第十二条　年次報告等
第二章　男女共同参画社会の形成の促進に関する基本的施策
　第十三条　男女共同参画基本計画
　第十四条　都道府県男女共同参画計画等
　第十五条　施策の策定等に当たっての配慮
　第十六条　国民の理解を深めるための措置
　第十七条　苦情の処理等
　第十八条　調査研究
　第十九条　国際的協調のための措置
　第二十条　地方公共団体及び民間の団体に対する支援
第三章　男女共同参画会議
　第二十一条　設置
　第二十二条　所掌事務
　第二十三条　組織
　第二十四条　議長
　第二十五条　議員
　第二十六条　議員の任期
　第二十七条　資料提出の要求等
　第二十八条　政令への委任
附　則　抄
　第一条　施行期日
　第二条　男女共同参画審議会設置法の廃止
　第三条　経過措置
附　則(平成一一年七月一六日法律第一〇二号)抄
　第一条　施行期日
　第二十八条　委員等の任期に関する経過措置
　第三十条　別に定める経過措置
附　則（平成一一年一二月二二日法律第一六〇号）抄
　第一条　施行期日

6　こども基本法（令和４年法律第77号）

第一章　総則
　第一条　目的
　第二条　定義
　第三条　基本理念
　第四条　国の責務
　第五条　地方公共団体の責務
　第六条　事業主の努力
　第七条　国民の努力
　第八条　年次報告
第二章　基本的施策
　第九条　こども施策に関する大綱
　第十条　都道府県こども計画等
　第十一条　こども施策に対するこども等の意見の反映
　第十二条　こども施策に係る支援の総合的かつ一体的な提供のための体制の整備等
　第十三条　関係者相互の有機的な連携の確保等
　第十四条
　第十五条　この法律及び児童の権利に関する条約の趣旨及び内容についての周知
　第十六条　こども施策の充実及び財政上の措置等
第三章　こども政策推進会議
　第十七条　設置及び所掌事務等
　第十八条　組織等
　第十九条　資料提出の要求等
　第二十条　政令への委任

附　則　抄

第一条　施行期日

第二条　検討

第14　厚生労働省医薬・生活衛生局生活衛生課長通知

薬生衛発0623第１号
令和５年６月23日

各 ｛都道府県／保健所設置市／特別区｝ 衛生主管部（局）長　殿

厚生労働省医薬・生活衛生局生活衛生課長
（公　印　省　略）

公衆浴場や旅館業の施設の共同浴室における男女の取扱いについて

公衆浴場や旅館業の施設の共同浴室については、「公衆浴場における衛生等管理要領等について」（平成12年12月15日付け生衛発第1811号厚生省活衛局長通知）の別添２「公衆浴場における衛生等管理要領」及び別添３「旅館業における衛生等管理要領」において、「おおむね７歳以上の男女を混浴させないこと」などと定めています。

これらの要領でいう男女とは、風紀の観点から混浴禁止を定めている趣旨から、身体的な特徴をもって判断するものであり、浴場業及び旅館の営業者は、例えば、体は男性、心は女性の者が女湯に入らないようにする必要があるものと考えていますので、都道府県、保健所設置市及び特別区におかれては、御了知の上、貴管内の浴場業及び旅館業の営業者に対する周知や指導等について御配慮をお願いいたします。

なお、本通知は地方自治法（昭和22年法律第67号）第245条の４第１項の規定に基づく技術的助言である旨申し添えます。

（参考）

○公衆浴場法（昭和23年法律第139号）

第三条　営業者は、公衆浴場について、換気、採光、照明、保温及び清潔その他入浴者の衛生及び風紀に必要な措置を講じなければならない。

２　前項の措置の基準については、都道府県が条例で、これを定める。

○「公衆浴場における衛生等管理要領」（平成12年12月15日生衛発第1811号）（抜粋）

Ⅱ　施設設備

第１　一般公衆浴場

４　浴室

(1)　男女を区別し、その境界には隔壁を設け、相互に、かつ、屋外から見通しのできない構造であること。

Ⅲ　衛生管理

第１　一般公衆浴場

９　入浴者に対する制限

(1)　おおむね７歳以上の男女を混浴させないこと。

○旅館業法（昭和23年法律第138号）

第四条　営業者は、旅館業の施設について、換気、採光、照明、防湿及び清潔その他宿泊者の衛生に必要な措置を講じなければならない。

２　前項の措置の基準については、都道府県が条例で、これを定める。

３　（略）

○「旅館業における衛生等管理要領」（平成12年12月15日生衛発第1811号）（抜粋）

Ⅱ　施設設備

第１　旅館・ホテル営業の施設設備の基準

12　浴室の構造設備は、次の(1)～(5)までの要件を満たすものであること。

⑶　共同浴室を設ける場合は、原則として男女別に分け、各1か所以上のものを有すること。

Ⅲ　施設についての換気、採光、照明、防湿及び清潔その他宿泊者の衛生に必要な措置の基準

4　浴室は、次に掲げるところにより措置すること。

⒃　共同浴室にあっては、おおむね7歳以上の男女を混浴させないこと。

（参考）令和5年4月28日衆議院内閣委員会会議録（抜粋）

○國重委員

（略）公衆浴場、いわゆる銭湯や旅館等の宿泊施設の共同浴室について、現在それぞれ衛生等管理要領が定められておりまして、その中で男女別の定めがされています。これらは風紀の観点から混浴禁止を定めていることから、男女の別は身体的な特徴の性をもって判断することとされていると、事前に政府の方からも説明を受けております。

そこで、念のため確認をさせていただきたいんですけれども、これらの共同浴場における男女の判断基準はトランスジェンダーにも当てはまる、つまり、トランスジェンダーの場合も性自認ではなくて身体的特徴に基づいて判断することになると理解をしていますけれども、これで間違いないかどうか、答弁を求めます。

○佐々木政府参考人

お答えいたします。

公衆浴場や宿泊施設の共同浴場につきましては、厚生労働省が管理要領を定めております。具体的には、公衆浴場における衛生等管理要領や旅館業における衛生等管理要領になります。この中で、おおむね七歳以上の男女を混浴させないことなどと定めております。

この要領で言う男女は、風紀の観点から混浴禁止を定めている趣旨から、トランスジェンダーの方も含め、身体的な特徴の性をもって判断するものであり、公衆浴場等の営業者は、体は男性、心は女性の方が女湯に入らないようにする、こういう必要があると考えております。

実際の適用につきましては、都道府県等が条例を定めております。この条例によって、基本的にこの要領と同じような形で男女の浴室を区別し、混浴を禁止しているものと承知しております。

○國重委員

トランスジェンダーの方であっても、心ではなくて身体的特徴で判断するというようなことだったと思います。

では、共同浴場において、先ほど答弁いただいたとおり、風紀の観点から心の性ではなくて身体的特徴をもって男女を区別する、このような現在行われている取扱いというのは憲法十四条に照らしても差別に当たらないと、念のため確認しますが、差別に当たらないということで間違いないかどうか、答弁を求めます。

○伊佐副大臣

憲法十四条、いわゆる法の下の平等でありますが、この原則が規定されております。この趣旨としては、合理的な理由なしに区別をすることを禁止するという趣旨でございます。

つまり、合理的と認められる範囲内の区別を否定するものではないというふうに理解をしておりまして、先ほど委員御指摘の、公衆浴場における入浴者については男女を身体的な特徴の性をもって判断するというこの取扱いは、風紀の観点から合理的な区別であるというふうに考えられております。憲法第十四条に照らしても差別に当たらないものというふうに考えております。

第15　最高裁判所令和５年７月11日第三小法廷判決

1　令和３年（行ヒ）第285号・行政措置要求判定取消、国家賠償請求事件

行政措置要求判定取消等請求事件について

事案の概要

上告人は、生物学的な性別は男性であり、性同一性障害である旨の医師の診断を受けている一般職の国家公務員であるところ、職場において、その執務室がある庁舎のうち執務室がある階とその上下の階の女性トイレの使用を認めず、それ以外の階の女性トイレの使用を認める旨の処遇を受けていた。

本件は、上告人が、国家公務員法86条の規定により、人事院に対し、職場の女性トイレを自由に使用させることを含め、原則として女性職員と同等の処遇を行うこと等を内容とする行政措置の要求をしたところ、いずれの要求も認められない旨の判定（本件判定）を受けたことから、被上告人である国を相手に、本件判定の取消し等を求める事案である。

〔参考〕

国家公務員法

86条　職員は、俸給、給料その他あらゆる勤務条件に関し、人事院に対して、人事院若しくは内閣総理大臣又はその職員の所轄庁の長により、適当な行政上の措置が行われることを要求することができる。

87条　前条に規定する要求のあつたときは、人事院は、必要と認める調査、口頭審理その他の事実審査を行い、一般国民及び関係者に公平なように、且つ、職員の能率を発揮し、及び増進する見地において、事案を判定しなければならない。

原判決及び争点

◇　原判決（東京高裁）は、職場の女性トイレの使用に係る行政措置の要求に関する部分を含め、本件判定は違法であるということはできないとして、その取消請求を棄却すべきものとした。

◇　最高裁における争点は、本件判定のうち、職場の女性トイレの使用に係る行政措置の要求に関する部分が違法なものであるか否かである。

2　最高裁判所令和５年７月11日第三小法廷判決（第一審東京地裁平成27年（行ウ）第667号等／第二審東京高裁令和２年（行コ）第45号）

令和３年（行ヒ）第285号　行政措置要求判定取消、国家賠償事件
令和５年７月11日　第三小法廷

主　　文

1　原判決中、人事院がした判定のうちトイレの使用に係る部分の取消請求に関する部分を破棄し、同部分につき被上告人の控訴を棄却する。

2　上告人のその余の上告を棄却する。

3　訴訟の総費用は、これを10分し、その１を被上告人の負担とし、その余を上告人の負担とする。

理　　由

上告代理人山下敏雅ほかの上告受理申立て理由（ただし、排除された部分を除く。）について

1　本件は、一般職の国家公務員であり、性同一性障害である旨の医師の診断を受けている上告人が、国家公務員法86条の規定により、人事院に対し、職場のトイレの使用等に係る行政措置の要求をしたところ、いずれの要求も認められない旨の判定（以下「本件判定」という。）を受けたことから、被上告人を相手に、本件判

定の取消し等を求める事案である。

2　原審の適法に確定した事実関係等の概要は、次のとおりである。

（1）　国家公務員法86条は、職員は、俸給、給料その他あらゆる勤務条件に関し、人事院に対して、人事院若しくは内閣総理大臣又はその職員の所轄庁の長により、適当な行政上の措置が行われることを要求することができる旨を規定し、同法87条は、上記の要求のあったときは、人事院は、必要と認める調査、口頭審理その他の事実審査を行い、一般国民及び関係者に公平なように、かつ、職員の能率を発揮し、及び増進する見地において、事案を判定しなければならない旨を規定する。

（2）ア　上告人（昭和▲▲年生まれ）は、平成▲年4月、≪略≫として採用され、同16年5月以降、経済産業省の同一の部署で執務している。

上記部署の執務室がある庁舎（以下「本件庁舎」という。）には、男女別のトイレが各階に3か所ずつ設置されている。なお、男女共用の多目的トイレは、上記執務室がある階（以下「本件執務階」という。）には設置されていないが、≪略≫複数の階に設置されている。

イ　上告人は、生物学的な性別は男性であるが、幼少の頃からこのことに強い違和感を抱いていた。上告人は、平成10年頃から女性ホルモンの投与を受けるようになり、同11年頃には性同一性障害である旨の医師の診断を受けた。そして、上告人は、平成18年頃までに、≪略≫を受けるなどし、同20年頃から女性として私生活を送るようになった。

また、上告人は、平成22年3月頃までには、血液中における男性ホルモンの量が同年代の男性の基準値の下限を大きく下回っており、性衝動に基づく性暴力の可能性が低いと判断される旨の医師の診断を受けていた。なお、上告人は、健康上の理由から性別適合手術を受けていない。

（3）ア　上告人は、平成21年7月、上司に対し、自らの性同一性障害について伝え、同年10月、経済産業省の担当職員に対し、女性の服装での勤務や女性トイレの使用等についての要望を伝えた。これらを受け、平成22年7月14日、経済産業省において、上告人の了承を得て、上告人が執務する部署の職員に対し、上告人の性同一性障害について説明する会（以下「本件説明会」という。）が開かれた。担当職員は、本件説明会において、上告人が退席した後、上告人が本件庁舎の女性トイレを使用することについて意見を求めたところ、本件執務階の女性トイレを使用することについては、数名の女性職員がその態度から違和感を抱いているように見えた。そこで、担当職員は、上告人が本件執務階の一つ上の階の女性トイレを使用することについて意見を求めたところ、女性職員1名が日常的に当該女性トイレも使用している旨を述べた。

イ　本件説明会におけるやり取りを踏まえ、経済産業省において、上告人に対し、本件庁舎のうち本件執務階とその上下の階の女性トイレの使用を認めず、それ以外の階の女性トイレの使用を認める旨の処遇（以下「本件処遇」という。）を実施することとされた。

上告人は、本件説明会の翌週から女性の服装等で勤務し、主に本件執務階から2階離れた階の女性トイレを使用するようになったが、それにより他の職員との間でトラブルが生じたことはない。

また、上告人は、平成23年▲月、家庭裁判所の許可を得て名を現在のものに変更し、同年6月からは、職場においてその名を使用するようになった。

（4）　上告人は、平成25年12月27日付けで、国家公務員法86条の規定により、職場の女性トイレを自由に使用させることを含め、原則として女性職員と同等の処遇を行うこと等を内容とする行政措置の要求をしたところ、人事院は、同27年5月29日付けで、いずれの要求も認められない旨の判定（本件判定。以下、本件判定のうち上記のトイレの使用に係る要求に関する部分を「本件判定部分」という。）をした。

3　原審は、上記事実関係等の下において、要旨次のとおり判断し、本件判定部分の取消請求を棄却した。

経済産業省において、本件処遇を実施し、それを維持していたことは、上告人を含む全職員にとっての適切な職場環境を構築する責任を果たすための対応であったというべきであるから、本件判定部分は、裁量権の範囲を逸脱し又はこれを濫用したものとはいえず、違法であるということはできない。

4　しかしながら、原審の上記判断は是認することができない。その理由は、次のとおりである。

（1）　国家公務員法86条の規定による行政措置の要求に対する人事院の判定においては、広範にわたる職員の勤務条件について、一般国民及び関係者の公平並びに職員の能率の発揮及び増進という見地から、人事行政や職員の勤務等の実情に即した専門的な判断が求められるのであり（同法71条、87条）、その判断は人事院の裁量に委ねられているものと解される。したがって、上記判定は、裁量権の範囲を逸脱し又はこれを濫用したと認められる場合に違法となると解するのが相当である。

（2）　これを本件についてみると、本件処遇は、経済産業省において、本件庁舎内のトイレの使用に関し、上告人を含む職員の服務環境の適正を確保する見地からの調整を図ろうとしたものであるということができる。

そして、上告人は、性同一性障害である旨の医師の診断を受けているところ、本件処遇の下において、自認する性別と異なる男性用のトイレを使用するか、本件執務階から離れた階の女性トイレ等を使用せざるを得ないのであり、日常的に相応の不利益を受けているということができる。

一方、上告人は、健康上の理由から性別適合手術を受けていないものの、女性ホルモンの投与や≪略≫を受けるなどしているほか、性衝動に基づく性暴力の可能性は低い旨の医師の診断も受けている。現に、上告人が本件説明会の後、女性の服装等で勤務し、本件執務階から2階以上離れた階の女性トイレを使用するようになったことでトラブルが生じたことはない。また、本件説明会においては、上告人が本件執務階の女性トイレを使用することについて、担当職員から数名の女性職員が違和感を抱いているように見えたにとどまり、明確に異を唱える職員がいたことはうかがわれない。さらに、本件説明会から本件判定に至るまでの約4年10か月の間に、上告人による本件庁舎内の女性トイレの使用につき、特段の配慮をすべき他の職員が存在するか否かについての調査が改めて行われ、本件処遇の見直しが検討されたこともうかがわれない。

以上によれば、遅くとも本件判定時においては、上告人が本件庁舎内の女性トイレを自由に使用することについて、トラブルが生ずることは想定し難く、特段の配慮をすべき他の職員の存在が確認されてもいなかったのであり、上告人に対し、本件処遇による上記のような不利益を甘受させるだけの具体的な事情は見当たらなかったというべきである。そうすると、本件判定部分に係る人事院の判断は、本件における具体的な事情を踏まえることなく他の職員に対する配慮を過度に重視し、上告人の不利益を不当に軽視するものであって、関係者の公平並びに上告人を含む職員の能率の発揮及び増進の見地から判断しなかったものとして、著しく妥当性を欠いたものといわざるを得ない。

（3）　したがって、本件判定部分は、裁量権の範囲を逸脱し又はこれを濫用したものとして違法となるというべきである。

5　以上と異なる原審の判断には、判決に影響を及ぼすことが明らかな法令の違反がある。論旨は理由があり、原判決中、本件判定部分の取消請求に関する部分は破棄を免れない。そして、以上に説示したところによれば、上記請求は理由があり、これを認容した第1審判決は正当であるから、上記部分につき被上告人の控訴を棄却すべきである。

なお、上告人のその余の上告については、上告受理申立て理由が上告受理の決定において排除されたので、棄却することとする。

よって、裁判官全員一致の意見で、主文のとおり判決する。なお、裁判官宇賀克也、同長嶺安政、同渡邉惠理子、同林道晴、同今崎幸彦の各補足意見がある。

裁判官宇賀克也の補足意見は次のとおりである。

1　本件で第1審と原審とで判断が分かれたのは、①上告人が女性ホルモンの投与や≪略≫等により女性として認識される度合いが高いことがうかがわれ、その名も女性に一般的なものに変更されたMtF（Male to Female）のトランスジェンダーであるものの、戸籍上はなお男性であるところ、このような状態にあるトランスジェンダーが自己の性自認に基づいて社会生活を送る利益をどの程度、重要な法的利益として位置付けるかについての認識の相違、及び②上告人がそのような状態にあるトランスジェンダーであることを知る同僚の女性職員が上告人と同じ女性トイレを使用することに対する違和感・羞恥心等をどの程度重視するかについての認識の相違によるのではないかと思われる。

2　本件を検討するに当たって、上告人が戸籍上はなお男性であることをどのように評価するかが問題になる。本件で、経済産業省は、上告人が戸籍上も女性になれば、トイレの使用についても他の女性職員と同じ扱いをするとの方針であったことがうかがわれるが、現行の性同一性障害者の性別の取扱いの特例に関する法律の下では、上告人が戸籍上の性別を変更するためには、性別適合手術を行う必要がある。これに関する規定の合憲性について議論があることは周知のとおりであるが、その点は措くとして、性別適合手術は、身体への侵襲が避けられず、生命及び健康への危険を伴うものであり、経済的負担も大きく、また、体質等により受けることができない者もいるので、これを受けていない場合であっても、可能な限り、本人の性自認を尊重する対応をとるべきといえる。本件においても、上告人は、当面、性別適合手術を受けることができない健康上の理由があったというのであり、性別適合手術を受けておらず、戸籍上はなお男性であっても、経済産業省には、自らの性自認に基づいて社会生活を送る利益をできる限り尊重した対応をとることが求められていたといえる。

3　経済産業省は、職員の能率が充分に発揮され、かつ、その増進が図られるように服務環境を整備する義務を負っているところ（国家公務員法71条1項）、庁舎内のトイレについて、上告人の自らの性自認に基づいて社会生活を送る利益に配慮するとともに、同僚の職員の心情にも配慮する必要がある。本件で経済産業省が、女性職員が上告人と同じ女性トイレを使用することに対する違和感・羞恥心等を重視してとった対応が上告人の自らの性自認に基づいて社会生活を送る利益に対する制約として正当化できるかを検討すると、法廷意見が指摘するとおり、上告人が女性トイレを使用することにより、トラブルが生ずる具体的なおそれはなかったと認められる。

そして、本件判定が行われた平成27年5月29日の時点では、上告人が女性の服装で勤務を開始してから4年10か月以上経過しており、上告人がその名を変更し職場においてその名を使用するようになった平成23年6月からは約4年が経過していた。したがって、本件判定時には、たとえ、上告人がMtFのトランスジェンダーで戸籍上はなお男性であることを認識している女性職員が、本件執務階とその上下の階の女性トイレを使用する可能性があったとしても、そのことによる支障を重視すべきではなく、上告人が自己の性自認に基づくトイレを他の女性職員と同じ条件で使用する利益を制約することを正当化することはできないと考えられる。

さらに、上告人が戸籍上は男性であることを認識している同僚の女性職員が上告人と同じ女性トイレを使用することに対して抱く可能性があり得る違和感・羞恥心等は、トランスジェンダーに対する理解が必ずしも十分でないことによるところが少なくないと思われるので、研修により、相当程度払拭できると考えられる。上告人からカミングアウトがあり、平成21年10月に女性トイレの使用を認める要望があった以上、本件説明会の後、当面の措置として上告人の女性トイレの使用に一定の制限を設けたことはやむを得なかったとしても、経済産業省は、早期に研修を実施し、トランスジェンダーに対する理解の増進を図りつつ、かかる制限を見直すことも可能であったと思われるにもかかわらず、かかる取組をしないまま、上告人に性別適合手術を受けるよう督促することを反復するのみで、約5年が経過している。この点については、多様性を尊重する共生社会の実現に向けて職場環境を改善する取組が十分になされてきたとはいえないように思われる。

4　結論として、本件判定部分は、本件の事実関係の下では、人事院の裁量権の行使において、上告人がMtFのトランスジェンダーで戸籍上はなお男性であることを認識している女性職員が抱くかもしれない違和感・羞恥心等を過大に評価し、上告人が自己の性自認に基づくトイレを他の女性職員と同じ条件で使用する利益を過少に評価しており、裁量権の逸脱があり違法として取消しを免れないと思われる。

裁判官長嶺安政の補足意見は次のとおりである。

私は、法廷意見に賛成であるが、さらに以下の点を敷衍しておきたい。

本件説明会において、担当職員が、数名の女性職員の態度から違和感を抱いていると見たことから、経済産業省としては、職員間の利益の調整を図ろうとして、本件処遇を導入したものと認められるところではあるが、トイレの使用への制約という面からすると、不利益を被ったのは上告人のみであったことから、調整の在り方としては、本件処遇は、均衡が取れていなかったといわざるを得ない。もっとも、上告人は、本件説明会の翌週から女性の服装等で勤務するようになったというのであるから、本件処遇は、急な状況の変化に伴う混乱等を避けるためのいわば激変緩和措置とみることができ、上告人が異を唱えなかったことも併せて考慮すれば、平成22年７月の時点において、一定の合理性があったと考えることは可能である。

しかし、本件判定時に至るまでの４年を超える間、上告人は、職場においても一貫して女性として生活を送っていたことを踏まえれば、経済産業省においては、本件説明会において担当職員に見えたとする女性職員が抱く違和感があったとしても、それが解消されたか否か等について調査を行い、上告人に一方的な制約を課していた本件処遇を維持することが正当化できるのかを検討し、必要に応じて見直しをすべき責務があったというべきである。そして、この間、上告人によるトイレ使用をめぐり、トラブルが生じることもなかったというのである。上記の経緯を勘案し、また、自認する性別に即して社会生活を送ることは、誰にとっても重要な利益であり、取り分けトランスジェンダーである者にとっては、切実な利益であること、そして、このような利益は法的に保護されるべきものと捉えられることに鑑みれば、法廷意見がいうように、人事院が上告人のトイレの使用に係る要求を認めないとした本件判定部分は、著しく妥当性を欠いたものであると考える次第である。

裁判官渡邉惠理子の補足意見は次のとおりである。

私は、その主文および理由ともに、法廷意見に賛同するものであるが、トランスジェンダー（MtF）である上告人による本件庁舎内のトイレ利用の検討について補足意見を述べておきたい。

私は、経済産業省に施設管理権等に基づく一定の裁量が認められることを否定するものではないが、原判決も認めるとおり、性別は、社会生活や人間関係における個人の属性として、個人の人格的な生存と密接かつ不可分であり、個人がその真に自認する性別に即した社会生活を送ることができることは重要な法益として、その判断においても十分に尊重されるべきものと考える。

もっとも、重要な法益であっても、他の利益と抵触するときは、合理的な制約に服すべきことはいうまでもなく、生物学的な区別を前提として男女別トイレを利用している職員に対する配慮も必要であり、したがって、本件についてみれば、トランスジェンダーである上告人と本件庁舎内のトイレを利用する女性職員ら（シスジェンダー）の利益が相反する場合には両者間の利益衡量・利害調整が必要となることを否定するものではない。

しかしながら、女性職員らの利益を軽視することはできないものの、上告人にとっては人として生きていく上で不可欠ともいうべき重要な法益であり、また、性的マイノリティに対する誤解や偏見がいまだ払拭することができない現状の下では、両者間の利益衡量・利害調整を、感覚的・抽象的に行うことが許されるべきではなく、客観的かつ具体的な利益較量・利害調整が必要であると考えられる。本件についてみれば、上告人は、性別適合手術を受けていないものの、本件説明会の翌週から女性の服装等で勤務するようになり、社会生活を送るに当たって、行動様式や振る舞い、外見の点を含め、女性として認識される度合いが高いものであったということができたのであり、上告人による女性トイレの利用に当たっては、法廷意見や１審判決が判示するとおり、女性職員らの守られるべき利益（上告人の利用によって失われる女性職員らの利益）とは何かをまず真摯に検討することが必要であり、また、そのような女性職員らの利益が本当に侵害されるのか、侵害されるおそれがあったのかについて具体的かつ客観的に検討されるべきである。

そして、本件についてみれば、経済産業省は本件説明会において女性職員が違和感を抱いているように「見えた」ことを理由として、上告人に対しては執務する部署が存在する階のみならずその上下の階、あわせて3フロアの女性トイレの利用も禁止するという本件処遇を決定し、その後も、上告人が性別適合手術を受けず、戸籍上の記載が男性であることを理由にこれを見直すことなく約4年10か月にわたり本件処遇を維持してきたものであり、このような経済産業省の対応が合理性を欠くことは明らかであり、また、上告人に対してのみ一方的な制約を課すものとして公平性を欠くものといわざるを得ない。とりわけ、一般に、当初はトランスジェンダーによる自認する性別のトイレ利用に違和感を持ったとしても当該対象者の事情を認識し、理解することにより、時間の経過も相まって緩和・軽減することがあるとする指摘がなされており（一件記録によれば、このように考えていた女性職員らが存在したこともうかがわれる）、また、誤解に基づく不安などの解消のためトランスジェンダーの法益の尊重にも理解を求める方向で所要のプロセスを履践することも重要であるという指摘もなされている。そして、このような観点からは、仮に経済産業省が当初の女性職員らからの戸惑いに対応するため、激変緩和措置として、暫定的に、執務する部署が存在する階のみの利用を禁止する（その必要性には疑問が残るが、たとえ上下2フロアの女性トイレ利用まで禁止する）としても、徒らに性別適合手術の実施に固執することなく、施設管理者等として女性職員らの理解を得るための努力を行い、漸次その禁止を軽減・解除するなどの方法も十分にあり得たし、また、行うべきであった。

また、原審の認定事実によっても、本件説明会において女性職員らが異議を述べなかったことの理由は明らかではない。上告人が男性であると認識していたために、上告人が女性トイレの利用を希望することを知って戸惑う女性職員が存在することそれ自体は自然な流れであるとしても、本件説明会において女性職員らが異議を述べなかった理由は一義的ではなく複数あり得るものである。すなわち、女性職員らが、上告人にその自認する性別のトイレ利用を認めるべきであるとの認識の下で異議を述べなかったことも考えられる（一件記録によれば、このような女性職員の存在もうかがわれる）。また、女性職員らが、異議ある旨の意見を多数の前で述べることに気後れした可能性がないとは言い切れないものの、戸惑いながらも上告人の立場を配慮するとやむを得ないと考えた場合や反対することは適切ではないのではないかと考えた場合（一件記録によれば、このように考えた女性職員らの存在もうかがわれる）などの理由による場合も十分にあり得ると考えられる。

原判決が、こういった女性職員らの多様な反応があり得ることを考慮することなく、「性的羞恥心や性的不安などの性的利益」という感覚的かつ抽象的な懸念を根拠に本件処遇および本件判定部分が合理的であると判断したとすると、多様な考え方の女性が存在することを看過することに繋がりかねないものと懸念する。

以上のとおり、トイレの利用に関する利益衡量・利害調整については、確かに社会においてこれまで長年にわたって生物学的な性別に基づき男女の区別がなされてきたことやそのような区別を前提としたトイレを利用してきた職員に対する配慮は不可欠であり、また、性的マイノリティである職員に係る個々の事情や、例えば、職場のトイレであっても外部の者による利用も考えられる場合には不審者の排除などのトイレの安全な利用等も考慮する必要が生じるといった施設の状況等に応じて変わり得るものである。したがって、取扱いを一律に決定することは困難であり、個々の事例に応じて判断していくことが必要になることは間違いない。

しかしながら、いずれにしても、施設管理者等が、女性職員らが一様に性的不安を持ち、そのためトランスジェンダー（MtF）の女性トイレの利用に反対するという前提に立つことなく、可能な限り両者の共棲を目指して、職員に対しても性的マイノリティの法益の尊重に理解を求める方向での対応と教育等を通じたそのプロセスを履践していくことを強く期待したい。

裁判官林道晴は、裁判官渡邉惠理子の補足意見に同調する。

裁判官今崎幸彦の補足意見は次のとおりである。

トランスジェンダーの人々が、社会生活の様々な場面において自認する性にふさわしい扱いを求めることは、ごく自然かつ切実な欲求であり、それをどのように実現させていくかは、今や社会全体で議論されるべき課題といってよい。トイレの使用はその一例にすぎないが、取組の必要性は、例えばMtF（Male to Female）のトランスジェンダーが意に反して男性トイレを使用せざるを得ないとした場合の精神的苦痛を想像すれば明らかであろう。

本件説明会において、上告人は、女性職員を前に自らがトランスジェンダーであることを明らかにしているが、引き続き行われた意見聴取の際には女性職員から表立っての異論は出されていない。その後上告人は本件処遇に従い使用を許された階の女性トイレを使用しているところ、その期間は本件判定の時点で約４年10か月（休職期間を除いても約３年８か月）にわたっているが、その間何らの問題も生じていない。加えて、原審の認定事実によれば、本件説明会に先立ち、上告人は、平成10年頃から継続的に女性ホルモンの投与を受け、平成20年頃からは私的な時間の全てを女性として過ごすようになっており、そのことを原因として問題が生じたことはなかったというのである。

法廷意見は、こうした事案において、直接には上告人の行政措置要求に対する人事院の本件判定部分の当否を判断の対象としているが、実質においては上告人に対する経済産業省当局の一連の対応の評価が核心であったことはいうまでもない。その観点から得るべき教訓を挙げるとすれば、この種の問題に直面することとなった職場における施設の管理者、人事担当者等の採るべき姿勢であり、トランスジェンダーの人々の置かれた立場に十分に配慮し、真摯に調整を尽くすべき責務があることが浮き彫りになったということであろう。

課題はその先にある。例えば本件のような事例で、同じトイレを使用する他の職員への説明（情報提供）やその理解（納得）のないまま自由にトイレの使用を許容すべきかというと、現状でそれを無条件に受け入れるというコンセンサスが社会にあるとはいえないであろう。そこで理解・納得を得るため、本件のような説明会を開催したり話合いの機会を設けたりすることになるが、その結果消極意見や抵抗感、不安感等が述べられる可能性は否定できず、そうした中で真摯な姿勢で調整を尽くしてもなお関係者の納得が得られないという事態はどうしても残るように思われる（杞憂であることを望むが）。情報提供についても、どのような場合に、どの範囲の職員を対象に、いかなる形で、どの程度の内容を伝えるのか（特に、本人がトランスジェンダーであるという事実を伝えるか否かは場合によっては深刻な問題になる。もとより、本人の意思に反してはならないことはいうまでもない。）といった具体論になると、プライバシーの保護と関係者への情報提供の必要性との慎重な較量が求められ、事案によって難しい判断を求められることになろう。

こうした種々の課題について、よるべき指針や基準といったものが求められることになるが、職場の組織、規模、施設の構造その他職場を取りまく環境、職種、関係する職員の人数や人間関係、当該トランスジェンダーの職場での執務状況など事情は様々であり、一律の解決策になじむものではないであろう。現時点では、トランスジェンダー本人の要望・意向と他の職員の意見・反応の双方をよく聴取した上で、職場の環境維持、安全管理の観点等から最適な解決策を探っていくという以外にない。今後この種の事例は社会の様々な場面で生起していくことが予想され、それにつれて頭を悩ませる職場や施設の管理者、人事担当者、経営者も増えていくものと思われる。既に民間企業の一部に事例があるようであるが、今後事案の更なる積み重ねを通じて、標準的な扱いや指針、基準が形作られていくことに期待したい。併せて、何よりこの種の問題は、多くの人々の理解抜きには落ち着きの良い解決は望めないのであり、社会全体で議論され、コンセンサスが形成されていくことが望まれる。

なお、本判決は、トイレを含め、不特定又は多数の人々の使用が想定されている公共施設の使用の在り方について触れるものではない。この問題は、機会を改めて議論されるべきである。

（裁判長裁判官　今崎幸彦　裁判官　宇賀克也　裁判官　林道晴　裁判官　長嶺安政　裁判官　渡邉惠理子）

第16　法律制定に伴う内閣府HPアップ資料

1　性的指向・ジェンダーアイデンティティ理解増進連絡会議（第１回）における資料（令和５年８月９日（水）付け）

資料目次

- **資料３　総務省資料**

資料３

性的指向及びジェンダーアイデンティティの
多様性への理解増進に向けた取組

令和５年８月９日
総務省

総務省における取組の概要　2

地方公務員の勤務環境の改善

地方公共団体の職員採用等における平等取扱いの原則（ 地方公務員法第１３条）に即した対応を要請

・厚生労働省指針等を踏まえたハラスメント防止への取組の実施や、その周知など

地方公共団体が行う事務の明確化

地方公共団体が行う事務について、以下を周知

・印鑑登録証明書に男女の別を記載しない取扱いとすることが可能
・男女の別を記載しない住民票記載事項証明書の交付に係る本人請求が可能

消防職員の理解促進

消防職員の理解促進のため、以下の取組を実施
・ＬＧＢＴについて、消防大学校における幹部職員の養成研修での講義の実施
・各消防本部へのＬＧＢＴに関する基本的知識や注意事項を掲載したハラスメント教材の配布

• 資料４　法務省資料

令和5年8月　法務省人権擁護局

資料４

法務省の人権擁護機関における「性的マイノリティ」に関する人権擁護活動

人権啓発

○「性的マイノリティに関する偏見や差別をなくそう」を強調事項の一つに掲げて人権啓発活動を実施
○ 性的マイノリティをテーマとする人権啓発動画をYouTube法務省チャンネルで配信
○ 性的マイノリティに関するリーフレット・DVDの作成・配布
○ 特設サイト「Ｍｙじんけん宣言・性的マイノリティ編」を開設し、企業等で行われている性的マイノリティに関する様々な取組を紹介（令和５年３月～）
○ 人権擁護委員や地方公務員等に対する性的マイノリティに関する研修会等の開催

人権相談

全国の法務局・地方法務局又はその支局や特設の人権相談所において、法務局職員や人権擁護委員が、性的マイノリティの方々からの人権相談を含む各種人権相談に応じている。電話やＳＮＳ（ＬＩＮＥ）、インターネットによる相談も可能。

人権侵犯事件の調査救済

人権相談等を通じて、性的マイノリティの方々に関する事案を含め、人権侵害の疑いのある事案を認知した場合は、人権侵犯事件として調査を行い、事案に応じた適切な措置を講じている。

• 資料5　外務省資料

資料5　外務省の取り組みについて（ＬＧＢＴＩコアグループ）

令和5年8月
外務省

概要

◆2008年、国際社会におけるLGBTの人権保護及び促進の活性化を目的とする、有志国による非公式グループとしてLGBTコアグループが創設され（於：NY）、日本もコアグループ入り。
アルゼンチン及びオランダが議長国を務める。

◆2013年以降、国連総会ハイレベル・ウィーク中に毎年コアグループ会合を開催。また、各種会議等の際に共同ステートメントを実施。

◆2017年6月、グループ名称を、LGBTIコアグループと改称。

コアグループ・メンバー一覧

（42か国及び4機関（下線は現議長国））

中南米	アルゼンチン、ブラジル、チリ、コロンビア、ウルグアイ、メキシコ、コスタリカ、ボリビア、エクアドル、ペルー、ホンジュラス、ドミニカ共和国
西欧その他	オランダ、英、仏、独、西、伊、米、加、NZ、豪、イスラエル、ノルウェー、ルクセンブルク、スウェーデン、アイス ランド、マルタ、アイルランド、ベルギー、デンマーク、フィンランド
東欧	クロアチア、モンテネグロ、アルバニア、北マケドニア
アジア太平洋	日本、ネパール、東ティモール
アフリカ	カーボヴェルデ、南アフリカ
その他機関	EU、OHCHR、Human Rights Watch(NGO)、Outright International(NGO)

• 資料6　文部科学省資料

資料6　文部科学省における現在の性的マイノリティ関係の取組・基本認識

取組概要・基本認識

・ 学校教育や社会教育における人権教育を通して、多様性に対する理解、自他の人権の尊重等の態度を育む取組を進めるとともに、
・ 性的マイノリティの児童生徒等へのきめ細かな対応に資するよう、教職員向けの啓発資料や研修動画の作成・周知、改訂版生徒指導提要への性的マイノリティに関する記載の追加

などに努めてきたところであり、共生社会の実現に向けて引き続き取組を推進することが必要。

具体的な取組内容

□ 「生徒指導提要」（改訂版）への記載（令和４年12月公表）
・ 教職員への適切な理解の促進、教職員の人権感覚の醸成及び相談体制の整備が重要であること
・「性的マイノリティ」とされる児童生徒への配慮と、他の児童生徒への配慮との均衡を取りながら支援を進めること
などを記載し、学校現場における生徒指導上の留意点を周知。

□ 理解・啓発パンフレットの作成・周知
✓ 性同一性障害や性的指向・性自認に係る、児童生徒に対するきめ細かな対応等の実施について（初等中等教育段階の教職員向け）（平成28年）
✓ 大学等における性的指向・性自認の多様な在り方の理解増進に向けて((独)日本学生支援機構作成教職員向け理解・啓発資料)(平成30年)

□ (独)教職員支援機構の教職員向けの研修動画「学校で配慮と支援が必要なLGBTs の子どもたち」(宝塚大学 日高庸晴教授)の配信(令和2年)

□ 通知「性同一性障害に係る児童生徒に対するきめ細かな対応の実施等について」（平成27年児童生徒課長通知）の発出
✓ 性同一性障害の児童生徒への支援について周知。他の児童生徒への配慮との均衡を取りながら支援をすること、具体的な支援の事例などを記載。

□ 「学校施設整備指針」への記載（令和４年６月公表）
トイレや更衣室等について、学校施設の計画及び設計における留意事項として、
・ 性同一性障害や性的指向・性自認（性同一性）に係る児童生徒への配慮と他の児童生徒への配慮の均衡を取りながら、学校における支援の事例(※)を踏まえたより多くの児童生徒が快適に学べる施設環境の整備の検討が重要であること
(※)職員トイレ（更衣室等の場合は保健室）やバリアフリートイレ等について児童生徒が使用できる運用とするなど
を記載し、周知。　※公立学校の施設整備については国庫補助を実施

・資料7　厚生労働省資料

厚生労働省の性的指向及び性自認（性同一性）の理解促進に向けた取組

1. 事業主への啓発・指導のための取組

（1）公正な採用選考

○ LGBT等の性的マイノリティの方が、採用選考において、不当な取扱を受けることを防止するため、事業主向け啓発パンフレットに「性的マイノリティなど特定の人を排除しない」旨を記載し、HPに掲載。

（2）雇用管理上の措置

○ 男女雇用機会均等法に基づくセクハラ指針において、被害を受ける方の性的指向や性自認にかかわらず、「性的な言動」であれば、当該者に対する職場におけるセクシュアルハラスメントに該当する旨を明記。

○ パワーハラスメント防止のための雇用管理上の措置義務の新設等を内容とする改正労働施策総合推進法に基づく指針において、相手の性的指向・性自認に関する侮辱的な言動を行うこと等をパワハラに該当すると考えられる例として明記。

○ 上記内容を記載したパンフレットやリーフレットを作成し、HPに掲載。

（3）企業の取組事例等の調査・公表

○ 職場における性的指向・性自認に関する正しい理解を促進するため、性的指向・性自認に関する企業の取組事例等を調査する事業を実施。調査結果等をまとめた報告書・事例集・リーフレットを作成・公表し、周知。

2. 労働者や事業主からの相談対応・体制の整備

○ 性的指向・性自認に関連する労働問題の相談先として総合労働相談コーナーを周知。

○ 労働局職員がLGBT等についての理解を一層深めるために、全職員を対象とした研修を実施。また、ハローワークの職業相談窓口等において適切に対応できるよう、職員向けの啓発資料を作成し、配布。

1

3. 電話による相談支援（寄り添い型相談支援事業）

○ 一般的な生活上の悩みをはじめ、生活困窮者、DV被害者など社会的な繋がりが希薄な方々の相談先として、24時間365日無料の電話相談窓口を各地域に設置するとともに、必要に応じて対面による相談や相談者が各専門機関に相談する際に同行する等の支援を行っている。

【セクシュアルマイノリティについての年間相談件数（令和3年度）】23,303件（全相談件数195,993件の約12%）

4. 被保険者証等の取扱い

○ 性同一性障害を有する方の被保険者証の取扱いについては、医療保険制度全体の統一的な対応として、やむを得ない理由があると保険者が判断した場合には、戸籍上の性別を裏面のみに記載することや、戸籍名を裏面に記載した上で通称名を記載する等の表記方法の工夫をして差し支えない旨の通知を発出した。

○ 被保険者証等により性別の確認ができる各種証等についても、多様な性的指向及び性自認に配慮する観点から、省令改正等を行い、性別欄を削除した。

5. 性別適合手術の保険適用

○ 性同一性障害に対する性別適合手術については、中央社会保険医療協議会における議論を踏まえ、平成30年度診療報酬改定において、「性同一性障害に関する診断と治療のガイドライン」に基づき、一定の施設基準を満たす施設において実施される場合について、保険適用とした。

6. 宿泊施設における配慮

○ 旅館業法上、宿泊拒否事由に該当する場合を除き宿泊を拒んではならないとされており、性的指向や性自認等を理由に宿泊拒否がなされないよう、平成30年1月31日付けで、旅館業における衛生等管理要領を改正し、「宿泊者の性的指向、性自認等を理由に宿泊を拒否することなく、適切に配慮すること」を追記した。

2

• 資料８　国土交通省資料

国土交通省におけるこれまでのLGBT関連の取組み

資料８

● **住宅分野**

➢ 住宅確保要配慮者※の居住の安定の確保を図るため、民間の賃貸住宅や空き家等を住宅確保要配慮者の入居を拒まないセーフティネット住宅として登録する制度を平成29年に創設。

※　住宅確保要配慮者は法令上、低額所得者、被災者、高齢者、障害者、こどもを養育している者等を指す。

➢ この点、自治体の判断で柔軟にセーフティネット住宅の対象者を拡大することができるよう、自治体の賃貸住宅供給促進計画において要配慮者を追加可能としており、国の基本方針において、<u>要配慮者に含まれうる者として、LGBTを明示</u>。

【住宅セーフティネット登録制度のイメージ】

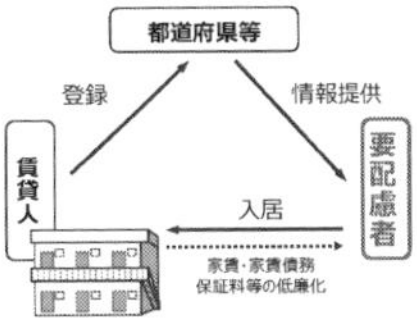

要配慮者の入居を拒まない住宅
（セーフティネット登録住宅）

● **観光分野**

➢ 性的マイノリティの方を含め、多様な価値観を有する人々が旅行を楽しめる環境の整備に当たっては、旅行・宿泊・飲食等の観光に携わる関係者が、性的マイノリティの方のニーズについて理解を深めることが重要。

➢ そのため、観光庁では、令和５年１月、当事者や有識者を交え、これらの基本的理解を促すための<u>セミナー※を開催</u>。

※　セミナーでは、性別を問わず利用可能な浴衣等のアメニティの用意や、宿泊や飲食の場における接客等、具体的な事例の共有を実施

【セミナー開催チラシ】

2　性的指向・ジェンダーアイデンティティ理解増進連絡会議（第２回）における資料（令和５年９月26日（火）付け）

資料目次

- 資料１　令和６年度性的指向・ジェンダーアイデンティティ理解増進関係概算要求一覧（略）
- 資料２　文部科学省資料
- 資料３　厚生労働省資料
  - ３－１　職場における性的指向・性自認の理解促進に向けた取組
  - ３－２　厚生労働省資料　※令和元年度厚生労働省委託事業「職場におけるダイバーシティ推進事業報告書」（抜粋）
  - ３－参考１　企業アンケート調査票（略）
  - ３－参考２　多様な人材が活躍できる職場環境づくりに向けて～性的マイノリティに関する企業の取り組み事例のご案内～
  - ３－参考３　令和元年度厚生労働省委託事業「多様な人材が活躍できる職場環境に関する企業の事例集～性的マイノリティに関する取組事例～」の概要
- 参考資料　令和６年度性的指向・ジェンダーアイデンティティ理解増進関係概算要求に関する資料

• 資料2　文部科学省資料

文部科学省「学校における性同一性障害に係る対応に関する状況調査」
（平成２６年６月公表）について

１．調査概要

（１）目的

学校における性同一性障害に係る対応に関する現状把握を行い、全体的な状況及び配慮の具体的内容など、学校における性同一性障害に係る対応を充実させるための情報を得ることを目的とする。

（２）対象学校

国公私立の小学校、中学校、高等学校、中等教育学校（特区制度により株式会社等が設置する小学校、中学校、高等学校を含む）、及び特別支援学校（除：幼稚部）
※ 各都道府県教育委員会等を通じて調査

（３）対象時期

平成２５年４月～１２月

（４）「性同一性障害に関する教育相談等」について

① 本調査の対象となる**「性同一性障害に関する教育相談等」**とは、児童生徒本人が性別違和感を持ち、かつ児童生徒本人又は保護者が性同一性障害であるとの認識を有している場合であって、「児童生徒又は保護者がその児童生徒本人の自己認識を学校の教職員に開示している」（「児童生徒又は保護者が学校における生活上の特別な配慮を求めている」場合を含む。）場合であるものとする。

② 本調査において、上記①以外の場合について、学校独自の判断で児童生徒を性同一性障害として扱うことがないよう留意すること。

③ 「性同一性障害者の性別の取扱いの特例に関する法律」における「性同一性障害」の定義は、下記参考のとおりであるが、本調査においては、医師の診断の有無にかかわらず、児童生徒又は保護者の認識に基づき判断するものとする。

④ 相談者である児童生徒本人及びその保護者の心情の尊重を最優先事項とし、相談者が本調査に対して回答することを望まないケースについてまで報告を求めるものではないこと。

⑤ 学校において既に把握している教育相談等の事例のみを調査対象とするものであり、新たに児童生徒及び保護者に対して調査を行わないこと。

（参考）「性同一性障害者」の定義

この法律において「性同一性障害者」とは、生物学的には性別が明らかであるにもかかわらず、心理的にはそれとは別の性別であるとの持続的な確信を持ち、かつ、自己を身体的及び社会的に他の性別に適合させようとする意思を有する者であって、そのことについてその診断を的確に行うために必要な知識及び経験を有する二人以上の医師の一般に認められている医学的知見に基づき行う診断が一致しているものをいう。

（「性同一性障害者の性別の取扱いの特例に関する法律」第二条より）

（5）調査項目

【A．調査票を提出する場合に必ず回答を求めた項目】

戸籍上の性別、学校段階、特別の配慮をしているか否か（特別の配慮をしている場合、その具体の項目）

【B．調査票を提出する場合に可能な範囲での任意回答を求めた項目】

医療機関への受診の有無、性同一性障害としての診断の有無、他の児童生徒や保護者に対する取扱（秘匿しているか否か）、学校の体制、現状、課題等

２．結果概要

（1）報告のあった件数：合計６０６件

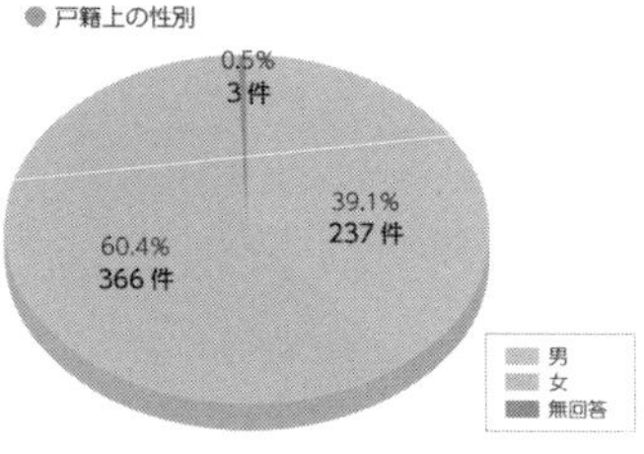

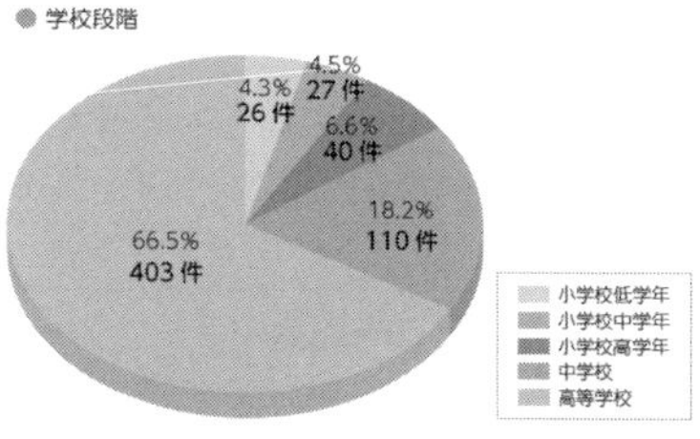

※今回の調査では、児童生徒が望まない場合は回答を求めないこととしつつ、学校が把握している事例を任意で回答するものであり、この件数、戸籍上の男女比、学齢別の分布は、必ずしも、学校における性同一性障害を有する者及びその疑いのある者の実数を反映しているものとは言えないと考えている。

（2）特別な配慮の状況
（小中高等学校全体）

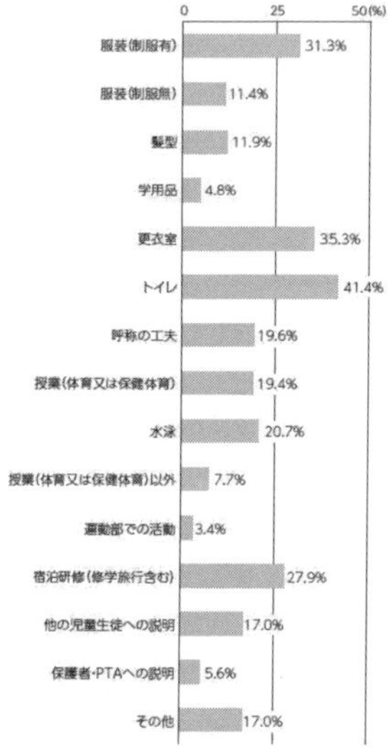

→全国の学校において、服装、トイレ、宿泊研修等に関し個別対応がなされていた。

（3）他の児童生徒や保護者に対する取扱
（秘匿の状況）

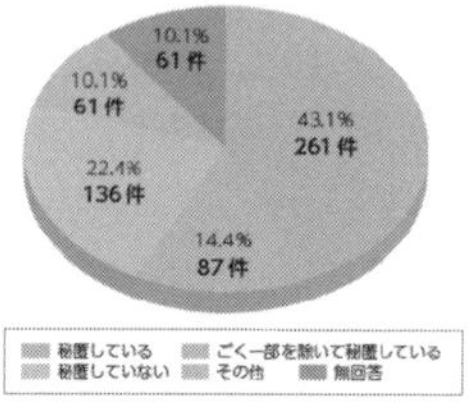

→約２割の児童生徒は、他の児童生徒に知らせた上で学校生活を過ごしていた。一方、約６割の児童生徒は、基本的に他の児童生徒等には知らせていなかった。

（4）性同一性障害としての診断の有無

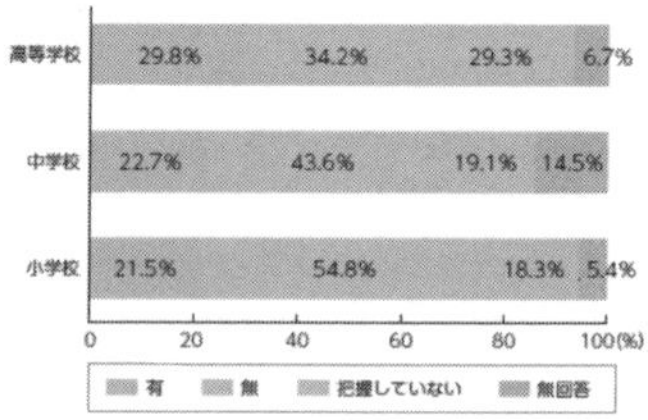

→性同一性障害としての診断を有する児童生徒は、学校段階が上がるにつれ増えるが、全体として見れば診断を有しない者の方が多い状況であった。

（参考）特別な配慮の事例

項目	学校における支援の事例
服装	自認する性別の制服・衣服や、体操着の着用を認める
髪型	標準より長い髪型を一定の範囲で認める（戸籍上男性）
更衣室	保健室・多目的トイレ等の利用を認める
トイレ	職員トイレ・多目的トイレの利用を認める
呼称の工夫	校内文書（通知表を含む）を児童生徒が希望する呼称で記す 自認する性別として名簿上扱う
授業	体育又は保健体育において別メニューを設定する
水泳	上半身が隠れる水着の着用を認める（戸籍上男性） 補習として別日に実施、又はレポート提出で代替する
運動部の活動	自認する性別に係る活動への参加を認める
修学旅行等	1人部屋の使用を認める 入浴時間をずらす

●資料3　厚生労働省資料

●3-1　職場における性的指向・性自認の理解促進に向けた取組

事業主が雇用管理上講ずべき措置（ハラスメント防止対策）

・　男女雇用機会均等法に基づくセクハラ防止指針において、被害を受ける方の性的指向や性自認にかかわらず、「性的な言動」に関するものであれば、当該者に対する職場におけるセクシュアルハラスメントに該当する旨を明記。

・　労働施策総合推進法に基づくパワハラ防止指針において、
①　性的指向・性自認に関する侮辱的な言動を行うこと
②　性的指向・性自認等の機微な個人情報について、当該労働者の了解を得ずに他の労働者に暴露すること（いわゆるアウティング）
をパワハラに該当すると考えられる例として明記。事業主に対して、上記の点も踏まえて、労働者に周知・啓発する（研修、講習の実施など）等のハラスメント防止対策を講ずることを義務付けている。

・　上記内容を記載したパンフレットやリーフレットを作成し、HPに掲載。

企業の取組事例等の調査・公表

・　職場における性的指向・性自認についての理解を促進するため、性的指向・性自認に関する企業の取組事例等を調査する事業を実施。調査結果等をまとめた報告書・事例集・リーフレットを作成・公表し、周知。

＜事例集＞

＜リーフレット＞

●3-2　厚生労働省資料　※令和元年度厚生労働省委託事業「職場におけるダイバーシティ推進事業報告書」（抜粋）

Ⅰ　事業の概要

1　事業の目的

性的指向・性自認に関する社会の関心の高まりを背景として、誰もが働きやすい職場環境を実現していくことが重要な課題となっている。

現に性的指向・性自認に関する従業員研修やトランスジェンダーの従業員に対するトイレや更衣室の利用に関する配慮を行うなどの取組を進める企業も現れている。

一方、いわゆる性的マイノリティ当事者の中でも職場環境に対するニーズは多様であり、企業の取組の在り方についても知見はまだ乏しく、相場観も形成されていない状況にある。

このため、性的指向・性自認に関する企業の取組事例等を調査し、企業での取組や政策の検討に役立てることを目的とする。

2　事業内容

2.1　検討委員会の開催

本事業を実施するにあたり、委員会を設置し、調査の企画検討・実施・報告書および事例集のとりまとめ等のため、企画委員会を全4回開催した。また、委員会と同じ委員構成にて、各種アンケート調査の細部に関する議論を行うためのワーキンググループを、1回開催した。

(1)　委員構成

委員構成は以下の通りである。

（五十音順、敬称略）

氏名	現職
釜野　さおり	国立社会保障・人口問題研究所　人口動向研究部　第2室長
郡司　正人	独立行政法人労働政策研究・研修機構　調査部長
◎佐藤　博樹	中央大学大学院　戦略経営研究科　教授
島田　裕子	京都大学法学部・法学研究科　准教授
東　由紀	コカ･コーラ　ボトラーズジャパン株式会社 人事／総務本部人材開発部　部長

◎座長

(2) 委員会等の開催状況

委員会およびワーキング・グループの開催状況は以下の通りである。

会議	開催日	議題
第1回 委員会	令和元年8月22日	○事業実施概要について ○事例集および企業ヒアリングについて ○企業アンケート実施概要について ○労働者アンケート実施概要について
ワーキング・ グループ	令和元年10月3日	○企業アンケート調査票について ○労働者アンケート調査票について
第2回	令和元年10月18日	○各種アンケート調査票について ○企業ヒアリングの実施報告 ○事例集および報告書の構成について
第3回	令和元年12月18日	○事例集の構成案について ○企業アンケート調査結果について ○労働者アンケート調査結果について ○企業ヒアリングの実施報告
第4回	令和2年1月22日	○事例集原稿案について ○労働者アンケート結果について（集計方法について）

(3) 関係団体へのヒアリング実施

性的指向・性自認に関する調査を実施するにあたり、関連団体や労使団体に対するヒアリングを実施した。ヒアリングの場には、可能な限り、本事業委員会の委員が参加した。ヒアリングの実施状況は下表の通りである。

なお、ヒアリングを実施した団体等のうち、許可をいただいた団体については、ヒアリングメモまたはヒアリング時の資料を参考資料に掲載している。

（ヒアリング実施順）

ヒアリング実施日	ヒアリング対象
令和元年9月19日	GID（性同一性障害）学会
令和元年9月19日	日本労働組合総連合会
令和元年9月24日	性的指向および性自認等により困難を抱えている当事者等に対する法整備のための全国連合会（通称、LGBT法連合会）
令和元年9月24日	認定特定非営利活動法人ReBit
令和元年9月24日	特定非営利活動法人虹色ダイバーシティ
令和元年9月25日	石橋達成弁護士（東京経済綜合法律事務所）
令和元年9月25日	一般社団法人LGBT理解増進会
令和元年10月17日	一般社団法人日本経済団体連合会
令和元年10月31日	gid.jp日本性同一性障害・性別違和と共に生きる人々の会

2.2　本課題をめぐる現状の整理

文献調査や関係団体からのヒアリングを通じて、①当事者の困りごとの把握、②企業における施策メニューの整理、③既存調査結果の整理、④職場における性的指向・性自認に関する法令や裁判例の整理、⑤行政における取組等の整理を行う。

整理した内容は、本事業にて実施する企業ヒアリング調査及びアンケート調査の設計や事例集の参考とする。また、整理した内容は本事業の報告書へとりまとめる。

2.3　企業へのヒアリング調査

(1)　目的

職場における性的指向・性自認に関する取組事例集の作成を通じて、企業における性的指向・性自認に関する取組を促進するため、取組事例を収集することを目的に、企業等を対象にヒアリング調査を実施する。

(2)　取組対象の選定

調査対象企業数は20社以上とする。なお、選定の際には、地域、業種や企業規模が偏ることのないよう留意し、中小企業を一定数確保するよう努める。

(3)　調査方法

対象企業への訪問による調査を行う。

(4)　実施状況

のべ27社にヒアリング調査の依頼を行い、そのうち協力を得られた計19社に対するヒアリング調査を実施した。なお、ヒアリングを実施した企業のうち、掲載許可をいただいた企業については、本報告書巻末にヒアリングメモを掲載している。同じく、掲載許可をいただいた企業については、本ヒアリング調査にて作成した事例集に、原稿を掲載している。

2.4　企業を対象としたアンケート調査の実施

本事業では、企業（人事担当者）を対象としたアンケート調査を行った。調査の概要は下記の通りである。詳細については「Ⅲ．企業アンケート調査」の章を参照されたい。

【企業調査概要】

○対象：従業員50人以上かつ、農林水産業、公務（他に分類されないもの）を除く企業計10,000社

○調査の方法：郵送による配布・回収

○有効回答数：2,388件（回収率23.9%）

○主な調査テーマ：

・多様な人材の活躍に関する状況

・性的指向・性自認に関する認知・課題認識

・性的マイノリティの当事者の認知、相談対応の状況

・性的指向・性自認に関する取組の実施有無、取組内容

・性的指向・性自認に関する取組の実施状況（目的、経緯、実施していない理由、課題等）

2.5　労働者を対象としたアンケート調査の実施

本事業では、性的マイノリティの当事者および非当事者を対象としたアンケート調査を行った。調査の概要は下記の通りである。詳細については「Ⅳ．労働者アンケート調査」の章を参照されたい。

【労働者調査概要】

○対象：計3,000名の回答の回収を目標とし、うち1,000名は性的マイノリティの当事者の回答を得ることを目標とする。なお、性的マイノリティの当事者については、レズビアン、ゲイ、バイセクシュアル、トランスジェンダーの各区分で一定数の回収を目標とする。

○有効回答数：計4,884名の回答を有効回答とし、集計を行った。なお、性的マイノリティの当事者の内訳は、レズビアン419名、ゲイ464名、バイセクシュアル463名、トランスジェンダー301名、その他の当事者463名であった。

○調査の方法：インターネットによるモニター調査

○主な調査テーマ：

・性的指向・性自認に関する認知

・職場におけるカミングアウトの状況

・職場における性的指向・性自認に関する理解の状況

・職場における性的指向・性自認に関する困りごと、取組状況、希望する施策

・就職活動における困りごと、転職の状況

V. 調査結果のまとめ（抜粋）

2. 職場における性的指向・性自認に関する取組の広がり

企業における性的指向・性自認に関する取組の実施状況をみると、性的マイノリティに対する配慮や対応を意図した何らかの取組を行っている割合は「全体」で10.9%であった。従業員規模による差が大きく、「1,000人以上」の企業においては、何らかの取組を行っている割合は43.1%であった（図表V－6）。

図表V－6　性的マイノリティに対する配慮や対応を意図した取組の実施状況：企業アンケート調査（Q20、単数回答）（再掲）

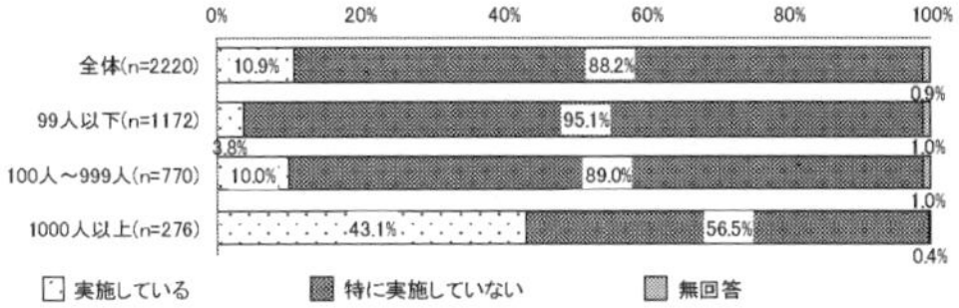

性的指向・性自認について何らかの取組を行っているという企業について、その取組の内容をみると、全体では、「社員に向けた研修や勉強会の開催」が41.3%、「社内に、性的指向・性自認に関して相談できる窓口がある」が38.8%となっている。従業員規模「1,000人以上」の企業においては、「社内に、性的指向・性自認に関して相談できる窓口がある」「社員に向けた研修や勉強会等の開催」が52.9%、「経営層や管理職に向けた研修や勉強会の開催」が52.9%となっている。「99人以下」「100人～999人」では、「採用担当者への教育や研修」「社員に向けた研修や勉強会の開催」など理解促進に関する取組の実施率が高い傾向がみられる。（図表V－9）。

図表V－9　【取組を１つ以上実施している企業】性的マイノリティに対する配慮や対応を意図した取組の内容：企業アンケート調査（Q20、複数回答）（再掲）

	実施している取組	全体 (n=242)	99人以下 (n=45)	100人～999人 (n=77)	1,000人以上 (n=119)
方針体制	性的指向・性自認に関する倫理規定や行動規範の策定	24.4%	11.1%	15.6%	35.3%
	性的指向・性自認にかかわるハラスメントに関する社内規定の策定	31.8%	26.7%	18.2%	42.0%
	性的マイノリティに対する施策の担当者・担当部署がある	26.4%	11.1%	14.3%	40.3%
	社内アンケートなどによる実態把握	8.3%	0.0%	9.1%	10.9%
相談対応	社内に、性的指向・性自認に関して相談できる窓口がある	38.8%	17.8%	29.9%	52.9%
	社外に、性的指向・性自認に関して相談できる窓口がある	25.6%	22.2%	20.8%	30.3%
	性的マイノリティに関する相談対応ガイドラインの策定	4.5%	0.0%	0.0%	9.2%
理解促進	経営層や管理職に向けた研修や勉強会の開催	30.6%	20.0%	18.2%	42.9%
	人事労務担当者に向けた研修や勉強会の開催	28.9%	17.8%	16.9%	41.2%
	社員に向けた研修や勉強会等の開催	41.3%	22.2%	35.1%	52.9%
	ポスター・リーフレット等の配布や掲示	14.5%	20.0%	6.5%	17.6%
採用・人事管理	性的マイノリティに関する採用に係る配慮方針の策定	9.5%	4.4%	7.8%	12.6%
	採用担当者への教育や研修	33.5%	37.8%	26.0%	37.0%
	性的マイノリティ向けの採用説明会の開催や採用セミナーへの参加	7.0%	4.4%	7.8%	7.6%
	配置における配慮	7.9%	6.7%	6.5%	9.2%
	配置、昇進、昇格に関する公正な評価の徹底	26.4%	26.7%	26.0%	26.1%
	性表現に関する倫理規定や行動規範の策定	7.0%	2.2%	3.9%	10.9%
トランスジェンダーへの対応	採用時の応募書類における性別欄への配慮	18.6%	11.1%	11.7%	25.2%
	社内書類における性別欄への配慮	7.9%	11.1%	5.2%	8.4%
	制服や服装規定におけるトランスジェンダーへの配慮	17.4%	17.8%	10.4%	21.0%
	トランスジェンダーへの配慮を意図した通称名の使用を認める	11.6%	6.7%	6.5%	16.8%
	トランスジェンダーへの配慮を意図した誰でも利用できるトイレの設置	24.8%	26.7%	15.6%	30.3%
	自認する性別のトイレの利用を認める	13.6%	8.9%	6.5%	20.2%
	トランスジェンダーへの配慮を意図した更衣室の環境整備	7.0%	6.7%	6.5%	7.6%
	健康診断時のトランスジェンダー当事者への配慮	15.3%	13.3%	3.9%	23.5%
	性別移行のための治療や手術に関する休暇制度	2.1%	2.2%	0.0%	3.4%
	柔軟な労働時間を可能にする制度や傷病休暇制度等を、性別移行のための治療や手術に利用できることを明示している	2.5%	0.0%	0.0%	5.0%
福利厚生	慶弔休暇の同性パートナーへの適用	16.1%	8.9%	11.7%	21.8%
	家族手当の同性パートナーへの適用	8.7%	2.2%	5.2%	13.4%
ネットワーク支援	社内の当事者コミュニティを支援する取組	4.1%	4.4%	3.9%	4.2%
	社内の理解者・支援者を増やす取組	14.9%	8.9%	6.5%	22.7%
	社外の性的マイノリティに関する活動やイベントへの協賛・出展	7.9%	0.0%	3.9%	13.4%
	無回答	8.7%	13.3%	7.8%	7.6%

4. 当事者のニーズと企業の施策

4.1　性的指向に関連した当事者のニーズと企業の施策

シスジェンダーの「レズビアン」「ゲイ」「バイセクシュアル」に該当する回答者について、働く上で困っていることをみると、6割程度の回答者は「困っていることはない」と回答した。困りごとがある場合、その内容をみると、「プライベートの話がしづらいこと」「異性愛者としてふるまわなければならないこと」「相談先がないこと」などの割合が比較的高い傾向がみられた（図表Ⅴ－12）。

図表Ⅴ－12　性的マイノリティであることを理由に、働く上で困っていること（「レズビアン」「ゲイ」「バイセクシュアル」の回答）：労働者アンケート調査（Q40_1をもとに作成、複数回答）

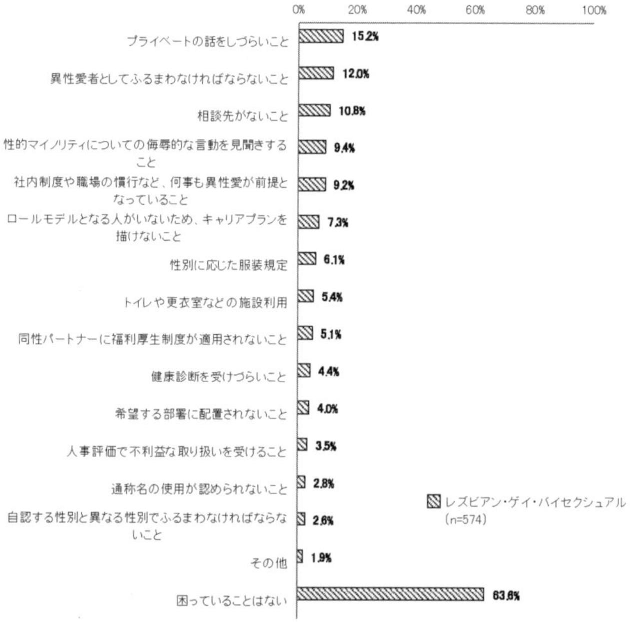

次に、シスジェンダーの「レズビアン」「ゲイ」「バイセクシュアル」に該当する回答者について、性的マイノリティが働きやすい職場とは、どのような職場だと思うかをみると、「性的マイノリティであることを理由に、人事評価や配置転換、異動等で不利な扱いを受けない職場」が6割程度、「セクハラやパワハラなどのハラスメントがない職場」「性的マイノリティへの侮辱的な言動をする人がいない職場」「性別に関わらず能力を発揮できる職場」が5割程度であった（図表V－13）。

図表V－13　性的マイノリティが働きやすい職場とは、どのような職場だと思うか（「レズビアン」「ゲイ」「バイセクシュアル」の回答）：労働者アンケート調査（Q38をもとに作成、複数回答）

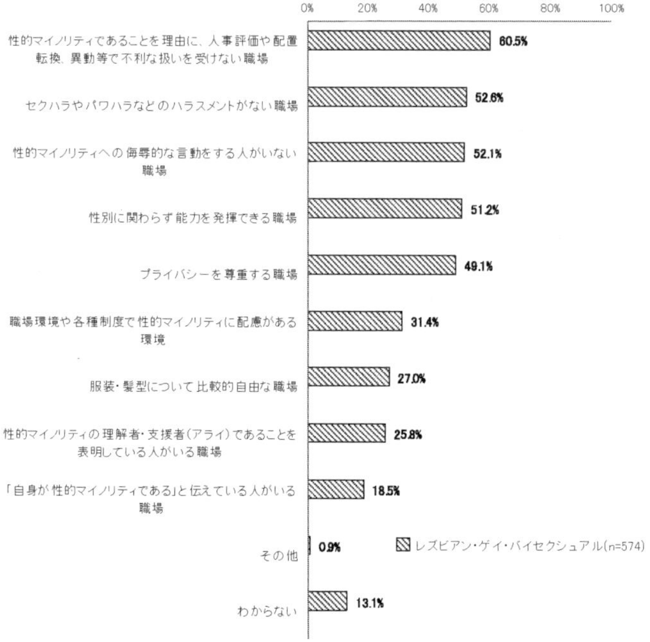

4.2　性自認に関連した当事者のニーズと企業の施策

「トランスジェンダー」に該当する回答者について、働く上で困っていることをみると、4割強の回答者は「困っていることはない」と回答した。困まりごとがある場合、その内容をみると、「自認する性別と異なる性別でふるまわなければならないこと」「プライベートな話をしづらいこと」「異性愛者として振る舞わなければならないこと」などの割合が比較的高い傾向がみられた（図表V－17）。

図表V－17　性的マイノリティであることを理由に、働く上で困っていること（トランスジェンダーの回答）：労働者アンケート調査（Q40_1をもとに作成、複数回答）

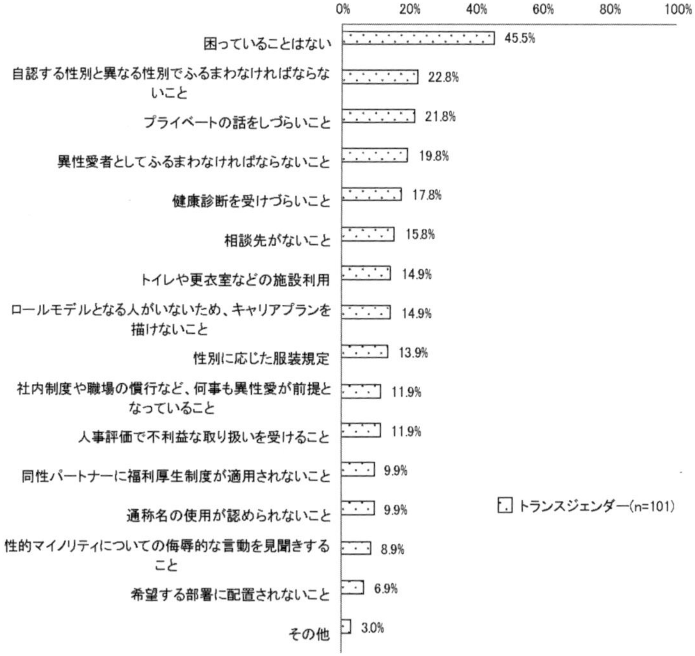

次に、「トランスジェンダー」に該当する回答者について、性的マイノリティが働きやすい職場とは、どのような職場だと思うかをみると、「性的マイノリティであることを理由に、人事評価や配置転換、異動等で不利な扱いを受けない職場」が６割弱、「セクハラやパワハラなどのハラスメントがない職場」「性的マイノリティへの侮辱的な言動をする人がいない職場」「性別に関わらず能力を発揮できる職場」が４～５割程度であった（図表Ⅴ- 19）。

図表Ⅴ-19　性的マイノリティが働きやすい職場とは、どのような職場だと思うか（「トランスジェンダー」の回答）：労働者アンケート調査（Q38をもとに作成、複数回答）

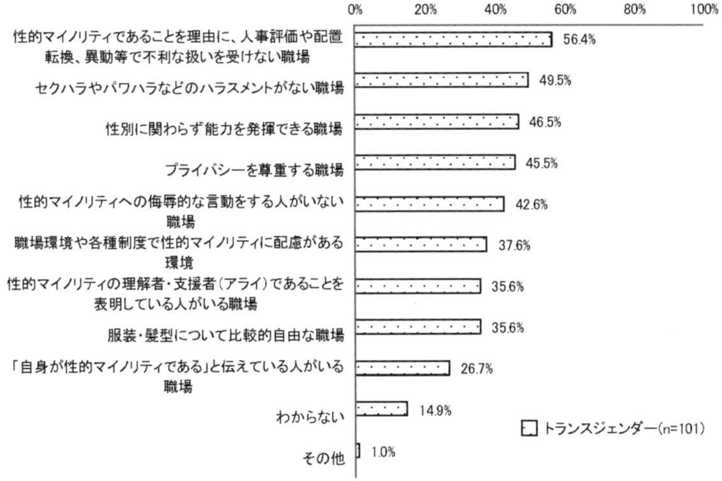

• 3-参考2　多様な人材が活躍できる職場環境づくりに向けて～性的マイノリティに関する企業の取り組み事例のご案内～

はじめに

誰もが働きやすい職場環境づくりに取り組むことは重要です。

厚生労働省では、各企業において、いわゆる性的マイノリティの当事者を含めた多様な人材が活躍できる職場環境を整えるための取組の推進を図ることを目的として「多様な人材が活躍できる職場環境に関する企業の事例集～性的マイノリティに関する取組事例～」を作成しています。

性的マイノリティの当事者は、雇用の現場で不利益を被りやすいなどの指摘があります。

その一方で、企業の関心は高まりつつあり、令和元年に実施した企業調査によると、「社内において、性的マイノリティが働きやすい職場環境をつくるべきである」と考える企業は約７割に達しています。

性的マイノリティ当事者の中でも職場環境に対するニーズは多様であり、その当事者が抱えうる困難や望む対応も一様ではないと考えられます。

本リーフレットでは、職場における性的マイノリティに関する取り組みについて、事例なども含め簡潔にご紹介しています。そのため、自社にあった対応や自社の社員の希望に応じた対応を工夫していただいたり、働く人一人ひとりが性的指向・性自認についての理解を深めるために、ご活用いただければ幸いです。

※ このリーフレットは、「多様な人材が活躍できる職場環境に関する企業の事例集～性的マイノリティに関する取組事例～」（令和元年度 厚生労働省委託事業）を簡略化したものです。
詳しくご覧になりたい場合は、こちらをご参照ください。

■取り組み事例（PDF版）：https://www.mhlw.go.jp/content/000630004.pdf

厚生労働省　都道府県労働局

性的指向とは

「性的指向」とは、恋愛または性愛がいずれの性別を対象とするかをいうものです。

人によって、性的指向のあり方は様々です。ご自身と異なる性別の人を好きになる人（男性が女性を好きになること、女性が男性を好きになること）、自分と同じ性別の人を好きになる人（男性が男性を好きになること、女性が女性を好きになること）、相手の性別を意識せずにその人を好きになる人などがいます。

また、誰にも恋愛感情や性的な感情を持たない人もいます。

性自認とは

「性自認」とは、自己の性別についての認識のことをいいます。

生物学的・身体的な性、出生時の戸籍上の性と性自認が一致しない人を「トランスジェンダー」といいます。生物学的な性が男性で性自認が女性、生物学的な性が女性で性自認が男性といった場合があります。また、身体的な性に違和感を持つ人もいます。この状態に関して医学的には「性同一性障害」と診断される場合があります。

※　なお、「性自認」は「性同一性」といわれることもあります。

「LGBT」と「SOGI（ソジ）」

■　LGBTとは、以下の言葉の頭文字をとったものです。
- L　レズビアン：同性を好きになる女性
- G　ゲイ：同性を好きになる男性
- B　バイセクシュアル：両性を好きになる方
- T　トランスジェンダー：生物学的・身体的な性、出生時の戸籍上の性と性自認が一致しない方

※「LGBT」という言葉を上記４つに限らない性的マイノリティの総称として用いるのが一般的です。

■　SOGIとは、性的指向（**s**exual **o**rientation）と性自認（**g**ender **i**dentity）の頭文字をとった略称です。SOGIは、特定の性的指向や性自認の人のみが持つものではなく、すべての人が持つものです。

性的指向・性自認についての理解の重要性

性的指向や性自認は、本人の意思で選択したり変えたりできるものでも、矯正したり治療したりするものでもなく、個人の尊厳に関わる問題として尊重することが大事といえます。

周囲の人たちが、そのことを理解して、何もおかしなことではない普通のことだと受け止めて接するだけでも、当事者の生きにくさは相当改善すると言われています。

表現にご注意ください

「ホモ」「おかま」「オネエ」「レズ」といった表現は、当事者に対する蔑称とされており、発言者に悪意はなくても、当事者にとっては侮辱されたと感じることがあります。

性的指向・性自認と職場の関わり

性的指向や性自認は、性別における男女の区分と同様、業務遂行上の本人の能力などとは関係がないものと言えるでしょう。

しかし、実際には性的マイノリティの当事者は、「プライベートの話をしづらい」「自認する性別と異なる性別でふるまわなければならない」など、職場で自分らしくふるまえなかったり、「健康診断を受けづらく不便を感じる」など、日常生活を送るにあたり、さまざまな困りごとに直面している場合があります。

レズビアン、ゲイ、バイセクシュアルの約４割、トランスジェンダーの約５割が職場で困りごとを抱えています。（下グラフ参照）

当事者の困りごと（複数回答）

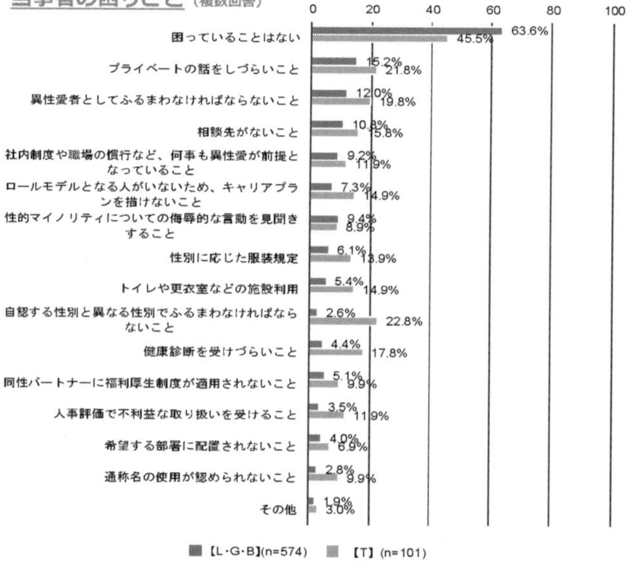

（出所）三菱UFJリサーチ＆コンサルティング
「令和元年度職場におけるダイバーシティ推進事業（労働者アンケート調査）」（厚生労働省委託事業）令和2年3月

（注）凡例の【L・G・B】はレズビアン、ゲイ、バイセクシュアルの回答者を合わせた回答内容であること、
【T】はトランスジェンダーの回答者の回答内容であることを示す。

レインボーフラッグとは

６色の「レインボーフラッグ（rainbow flag）」は、レズビアン、ゲイ、バイセクシュアル、トランジェンダー（LGBT）の尊厳を象徴し、支援や連帯の気持ちを示す旗です。フラッグに使われた色（赤、オレンジ、黄、緑、青、紫）は LGBTコミュニティの多様性を表現します。

性的マイノリティの当事者が、性的指向や性自認を理由とした差別的・不快な言動を見聞きしていることがあります。こうした言動があった場合、快く就労することができないだけでなく、心身に支障をきたしたり、あるいは、離職につながってしまうことが考えられます。

いまの職場で見聞きした経験があるハラスメントの内容（複数回答）

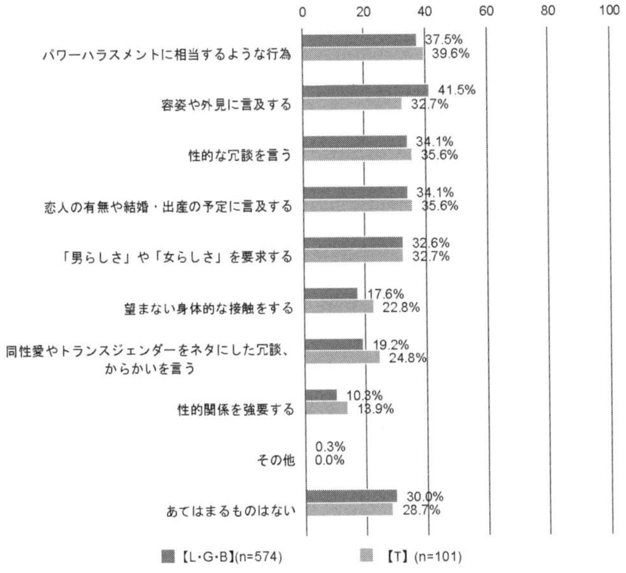

（出所）三菱UFJリサーチ＆コンサルティング
「令和元年度職場におけるダイバーシティ推進事業（労働者アンケート調査）」（厚生労働省委託事業）令和2年3月

（注）凡例の【L・G・B】はレズビアン、ゲイ、バイセクシュアルの回答者を合わせた回答内容であること、
【T】はトランスジェンダーの回答者の回答内容であることを示す。
なお、上記は性的マイノリティであることを理由にしているもの以外も含まれた回答内容になっています。

アライとは　～性的マイノリティの理解者・支援者～

性的マイノリティのことを理解し、支援しようとする人のことを「アライ」（Ally：支援者という意味）といいます。性的指向、性自認についての正しい知識を身に付ける、悩んでいる当事者の方がいたら、落ち着いて話を聞き、受けとめる、誤解や差別的な言動を見聞きしたときには、見て見ぬふりをしないで指摘をするといった行動が、当事者を勇気づけると言われています。

ご存じですか？　「セクハラ」「パワハラ」と、性的指向・性自認について

- ✓ **相手の性的指向・性自認に関する侮辱的な言動を行うことは、パワハラに該当する場合があります。**
- ✓ **性的指向・性自認などの機微な個人情報を労働者の了解を得ずに他の労働者に暴露すること（アウティング）は、パワハラに該当する場合があります。**
- ✓ **職場におけるセクハラには、同性に対するものも含まれます。**

※ 事業主は、パワハラ、セクハラについて防止措置を講ずる義務があります。この措置義務を事業主が適切に実施できるよう、「パワハラ指針」（事業主が職場における優越的な関係を背景とした言動に起因する問題に関して雇用管理上講ずべき措置等についての指針）、「セクハラ指針」（事業主が職場における性的な言動に起因する問題に関して雇用管理上講ずべき措置等についての指針）が定められています。（パワハラの防止措置については、中小企業事業主は令和４年4月１日から義務化となりそれまでの間は努力義務となります。）

「カミングアウト」と「アウティング」

性的マイノリティの当事者が、自身の性的指向や性自認について他者に伝えることを「カミングアウト」といいます。カミングアウトするかどうかは、本人の自由意志によるべきであり、カミングアウトしようとするのを止めたり、逆にカミングアウトを強制することは不適切です。

カミングアウトを受けた場合は、落ち着いて話を聞き、受けとめることが大事だと言われています。職場での困りごとなどを相談された場合には、誰に伝えているのか、誰かに伝えてよいのかを確認しておくことも重要です。

性的指向・性自認に関する情報は、本人にとって機微な個人情報であり、本人の意に反して第三者に知られてしまうと、安心して円滑な職場生活を送ることが困難になる可能性があり、場合によっては就業継続が難しくなります。トランスジェンダーの当事者で、職場で「自認する性別」に従って働いている場合などは、戸籍上の性別も他人に知られたくない情報となる可能性があります。当事者本人の意向を確認しておくことが必要です。

本人の同意なく、その人の性的指向や性自認に関する情報を第三者に暴露することを「アウティング」といいます。性的指向・性自認という機微な個人情報を意に反して明かされることは本人にとって非常に苦痛になる（強い不安感や緊張感を強いられる）と言われています。

同僚などからカミングアウトされた場合や、経営者や人事担当者、管理職が、職務上、社員が性的マイノリティであると把握した場合に、たとえ善意であっても、本人の同意なく、その情報を第三者（他の人事担当者、配属先や異動先などを含む）に伝えてしまうことは、アウティングに該当するため注意が必要です。

※　カミングアウトは一人ひとりに対して行われることが多くあります。カミングアウトしない（できない）方も日常生活を送るにあたり、さまざまな困りごとに直面する場合があります。

職場における性的マイノリティに関する取り組みの意義

＜多様な人材が活躍できる職場環境の整備＞

多様な人材が活躍できる職場環境の整備の一環として性的指向や性自認の問題に積極的に取り組むことは、性的マイノリティの当事者だけでなく、企業にとっても、組織活性化、人材確保などさまざまなメリットがあると考えられています。

＜性的マイノリティの当事者が働きやすい職場づくり＞

性的マイノリティの当事者が、性的指向や性自認に関して、会社や上司、同僚に相談をし、それを機に、企業が性的指向や性自認に関する取組をはじめることがあります。相談には、職場での具体的な困りごとへの対応を求めるものもあれば、性的マイノリティであることを知ってもらいたいというものもあります。相談があった場合には、まずは、性的マイノリティであることを受けとめたうえで、落ち着いて話に耳を傾けましょう。

＜社会的な機運への対応＞

性的マイノリティの当事者は、多くの場合、自身の性的指向や性自認を職場で明かしていないため、「社内の当事者のニーズがあれば取り組もう」という発想では、取組が社内の実態に追いつかないおそれがあります。社会全体の気運や周囲の企業の動向に注意を払って、自社の姿勢を検証してみることが重要でしょう。

＜人権尊重やコンプライアンス対応の観点から＞

性的指向および性自認は個人の人格や尊厳に関わる重要な要素です。職場で人格や尊厳が傷つけられると、仕事への意欲や自信をなくしたり、心の健康が悪化し、場合によっては休職や退職に至ったり、生命を脅かす事態にまで発展することもあります。また、企業にとっても、性的指向および性自認に関連する人事や労務管理上の問題に対して、誤解や理解不足などから不適切な対応を行ってしまうと、人材の流出、法的責任の発生、企業イメージの毀損などのリスクにつながります。

企業が性的マイノリティに対する配慮等に取り組む目的（複数回答）

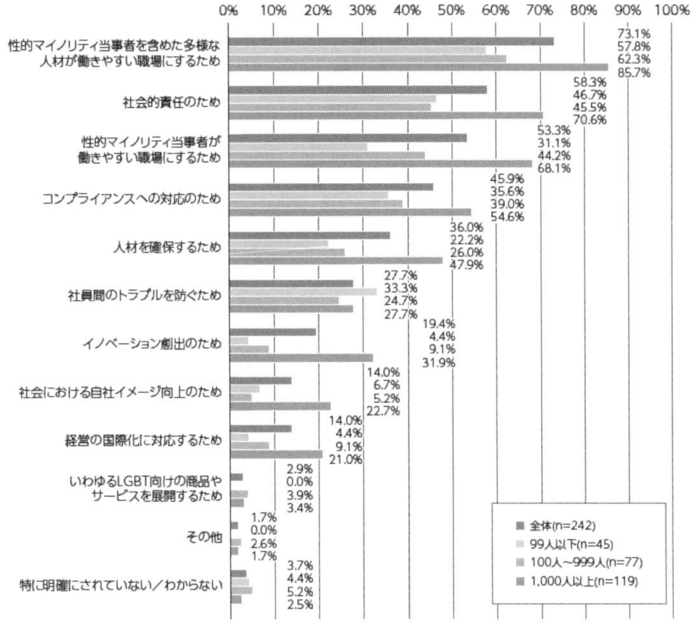

（出所）三菱UFJリサーチ＆コンサルティング
「令和元年度職場におけるダイバーシティ推進事業（企業アンケート調査）」（厚生労働省委託事業）令和２年３月

職場における性的マイノリティに関する取り組み

以下の項目を参考にして、**自社の状況に合わせて、まずは必要な取り組みを検討**いただいたり、**「参考事例」を参考にして、自社にあった対応や自社の社員の希望に応じた対応を工夫**し、**まずは取り組みやすいものから着手していただいたり**、働く方一人ひとりが性的指向・性自認についての理解を深めるために、ご活用ください。

1．方針の策定・周知や推進体制づくり

企業として、「性的指向や性自認にかかわらず、多様な人材が活躍できる職場環境を作る」という方針を明確に打ち出すことで、当事者を含めて従業員は企業の姿勢を信頼することができます。企業の姿勢に対する信頼がある職場では、多様性を尊重しながら仕事を進める意識が育まれ、問題があった場合にも解決に向けた発言がしやすい組織の雰囲気が醸成され、取り組みの効果がより出やすくなることが期待されます。

また、性的マイノリティの当事者は、自身の性的指向や性自認を明らかにするのをためらうために、対応を求めたいと思っても発言できないことがありますが、職場環境に関するアンケートを匿名で行うことで、性的マイノリティ当事者から声を拾うことができたという事例があります。

2．研修・周知啓発などによる理解の増進

性的マイノリティの当事者が働きやすい職場環境を作るためには、社員一人ひとりが性的指向や性自認についての基本的な知識を持つことによる理解増進が重要なため、さまざまな方法で研修や周知啓発の取組を行っている企業があります。

研修の内容としては、基本的な知識を扱う中で、ハラスメントやアウティング、カミングアウトについても取り扱っている事例があります。管理職向けの研修では、部下からの相談への対応などのマネジメント上の配慮や、経営への影響についても説明している事例があります。

3．相談体制の整備

性的マイノリティの当事者が、性的指向・性自認に関して会社に相談したいという場合があります。単に知っておいてもらいたい、ということもあれば、職場で性的指向や性自認に関する差別や嫌がらせを受けた、アウティングが発生した、配置転換などで配慮を求めたい、休暇や福利厚生制度などで困りごとがあるといった場合などに、会社の中にあらかじめ相談や解決の場が明らかになっていれば、当事者にとっては安心して働くことができるでしょう。

社員から性的指向や性自認に関わる相談窓口を設けている事例があります。相談窓口の設け方にはいくつか方法があり、性的指向や性自認に関わる窓口を新たに設ける場合もあれば、従来からあった相談窓口において、性的指向や性自認に関わる相談を受け付けられることを明示している事例、また外部の機関と連携して窓口を設置している事例などがあります。なお、担当者が性的マイノリティに関する適切な知識を有していないと、相談することで二次被害やアウティングが生ずるおそれがありますので、担当者が性的マイノリティに関する研修を受けるなどして理解を高め、守秘義務やアウティングへの配慮があることを担保したうえで、それを周知することが重要です。

※　なお、5ページに記載のパワハラ・セクハラ防止措置義務としても、性的指向・性自認に関するパワハラやセクハラも含めて、相談に応じ、適切に対応するための体制整備が求められていることに留意してください。

4．採用・雇用管理における取り組み

採用応募者の中に、性的マイノリティの当事者がいる可能性があります。採用においては、性的マイノリティなど特定の人を排除しないよう公正な採用基準・方法に基づいた採用活動を行うことが求められます。厚生労働省では、応募者に広く門戸を開き、本人の適性と能力に基づいた「公正な採用選考」が実施されるよう、事業主に対して様々な周知啓発を行っています。

なお、採用時にカミングアウトがあった場合など、採用プロセスにおいて知り得た機微な個人情報については、慎重に取り扱う必要があります。

配置、昇進、昇格といった雇用管理の場面において、性的指向や性自認にかかわらない公正・公平な取り扱いが求められることは言うまでもありません。また、性的マイノリティの当事者が安心して能力を発揮できるよう、職場におけるハラスメントやアウティングの防止のための取り組みを行うことも重要です。企業が、採用ポリシーに性的指向・性自認に関する差別を行わないことを明記したり、カミングアウトの取扱いやアウティング防止について研修を行っている事例があります。

5．福利厚生における取り組み

性的マイノリティの当事者が福利厚生制度を利用しにくいということがないよう、見直しを行っている企業があります。また、従業員が福利厚生の各種制度を利用する場合に、申請方法や情報の取扱い、情報を知りうる人の範囲について配慮するなど、意図せざるカミングアウト（またはアウティング）につながらないようにしている企業があります。

なお、性的マイノリティを念頭においた福利厚生制度の整備を進めることで、当事者である社員に対して会社の姿勢を示すことを狙いとしている企業もあります。

6．トランスジェンダーの社員が働きやすい職場環境の整備

特にトランスジェンダー（性同一性障害を含む）の方については、自認する性の服装や容姿での勤務を希望する場合や、トイレや更衣室といった施設利用について自認する性の利用を希望する場合などに、配慮が必要となることがあります。

■　**配置における配慮、配置・昇進・昇格などにおける公正な評価、ハラスメント・アウティングの防止**

トランスジェンダーの方の中には、自認する性別の身体的な特徴に近づけていくため、医療機関にかかり、ホルモン治療などを行う方がいます。従業員の配置などに当たって企業が当事者の事情に寄り添いながら、職場の他の従業員の理解を段階的に得ながら配慮をしている事例があります。

また、トランスジェンダーの方は、戸籍上の性別と見た目が異なることがあり、戸籍上の性別は慎重に扱うべき情報です。雇用管理上の書類の性別欄が不用意に職場の他の従業員の目に触れないよう、配慮を行っている事例があります。

■　**トイレや更衣室の利用、健康診断の受診**

トイレや更衣室の利用等について、職場の実情に応じて、対応を検討、実施することが重要です。

トランスジェンダーの方の中でも、トイレや更衣室の利用に関わる希望はさまざまです。また、同じ個人であっても、性別移行の状況によって希望が変化する場合もあるので、当事者が安心して相談できる環境を整え、まずは本人の希望を傾聴することが大切です。対応を検討・実施するにあたっては、機微な個人情報について、本人の希望を踏まえながら慎重に取り扱う必要があります。

トランスジェンダーの方にとって、自認する性別とは異なる性別のための設備を使うことが大きなストレスになる可能性があります。そのため、性別にかかわらず利用できる設備を設けたり、周囲の理解にも配慮し、理解を深めながら当事者が希望する性別の設備を利用することを認めている事例があります。

職場の健康診断についても、個別の希望に応じて、集団と別に受診できるようにしている事例があります。

■　**通称名の使用、服装規定、性別の取扱い**

トランスジェンダーの方には、職場で「自認する性別」として扱ってもらいたいという希望がある場合があります。例えば、戸籍上の性別を連想させる名前ではなく、自認する性別を表すような名前の使用を希望していることがあり、当事者が自分らしく働くために必要なことと考え、対応を行う事例があります。

また、制服・服装の規定がある職場では、自認する性別の服装を希望する場合があります。企業においては、男女で服装の区別を設けないという対応を行う事例や、自認する性別に配慮する事例があります。

■　**ホルモン治療、性別適合手術への対応**

トランスジェンダーの方が医療機関を受診するかどうかは個人の希望によって異なりますが、ホルモン治療のため医療機関に通うことがあります。このため、勤務時間を柔軟にすることで対応を行っている事例があります。また、性別適合手術を受ける場合には、一定の入院期間やその後の休養が必要になります。そうした場合に、失効年次有給休暇の積み立てなどの制度を利用できるようにしている事例があります。

7．職場における支援ネットワークづくり

■　**理解者、支援者を増やす取り組み**

企業内に性的マイノリティのことを理解し、支援することを表明する人たち（アライ）がいることで、当事者が安心して働きやすい職場づくりに役立てるために、自発的にアライを表明する従業員を支援する事例があります。

■　**性的指向・性自認に関する企画への協賛や出展**

地域では、性的指向・性自認に関する支援団体などが、性的マイノリティの支援の活動を行っています。

こうした活動への協賛や出展などに協力する企業があります。協賛や出展は、当事者と交流する機会となり、性的指向・性自認に関して社員が理解を深める機会になります。また、企業が真摯に取り組む姿勢を社外だけでなく、社内にも示す契機となると考えられます。

～　参考事例　～

<u>性的マイノリティの当事者の困りごとは、個人によってさまざま</u>であると考えられるので、以下で紹介する取り組みが、必ずしも自社の社員が望む対応であるとは限りません。

また、規模の小さい企業などでは、研修など比較的着手しやすいところからまず一歩踏み出すという進め方も考えられます。

これらの事例を参考にしながら、それぞれの企業の実情も勘案しつつ、社員の希望に応じた対応をご検討ください。

事例１　方針の策定・周知や推進体制づくり

○ 性的指向や性自認について取り組むことを決めてから、まず企業行動憲章の改定を行った。条文を追加し、性的指向・性自認に基づく差別をしないということを示した。（福岡県　サービス業）

○ 就業規則に性的指向・性自認に関する差別禁止を明記している。推進体制として、人事労務担当部署の担当者１人をあてている。当事者の採用面接にも携わり、当事者とのコミュニケーションも行っている。属人的な支援とならないために、後継者を育てることが課題と認識している。（東京都　運輸業、郵便業）

○ 会社代表が少子高齢化・LGBT・グローバル化社会での多様性推進、国籍・性別・人種などの区別をしない多様な人材を生かすダイバーシティへの取り組みを宣言、推進している。広報が社内ネットで、LGBTに関する情報を配信し、啓発している。（福岡県　不動産業、物品賃貸業）

○ 毎年、全従業員を対象に、ダイバーシティ推進度を測ることを目的とした無記名のアンケートを実施している。LGBTに限らず、ダイバーシティ全般の推進度を定点観測している。アンケートの自由回答に当事者が感じている困りごとが書かれており、これを機に、社内での性的指向・性自認に関する取り組みの検討が始まった。社員全体のLGBTに対する理解度や要望についてもアンケートを通じて把握している。（大阪府　情報通信業）

事例２　研修・周知啓発などによる理解の増進

○ 法人全体に対しては、LGBTに関する法人内研修を実施している。各事業所の管理者や人事労務管理担当者に対しては、外部で実施されている研修を活用し、さらに理解を深めるように取り組んでいる。（埼玉県　医療、福祉）

○ 本社の管理職全員を集め、外部講師を招いた研修を実施した。当事者が各種制度を利用する際は管理職に相談が有る可能性が高いことから、管理職として気を付けなければならない言動やカミングアウトがあった際の対応などについての研修を実施した。研修は、当事者である外部講師に依頼している。基本的知識の説明は、社内の担当者でも可能だが、当事者が考える具体的な困りごとや経験について、当事者から話をしてもらうのがよいと考えている。（大阪府　情報通信業）

○ 営業所向けの研修、中途採用向けの教習内での研修等の恒常的な取り組みを行っている。これにより、施策がやりやすくなったと感じている。研修の中では、性的マイノリティに関する基礎知識等を取り扱う他、当事者へのハラスメントとなる言動を冊子としてまとめ、研修時に配布している。（東京都　運輸業、郵便業）

○ 新人研修や新任マネジメント研修など、階層別研修において、LGBTに関する内容を盛り込んでいる。階層別研修は社内のものが講師を担うが、当事者の実感を伴う話を聞くことで理解が進みやすくなるため、当事者によるセミナーの映像をみてもらうなどしている。新任マネジメント及び希望者に対して相談対応の研修を実施している。部下など身近に当事者がいた場合にどうすべきかなどを話し合っている。（東京都　製造業）

事例3　相談体制の整備

○ ダイバーシティ＆インクルージョン推進室を相談窓口としているほか、外部の相談窓口業務を当事者団体に委託している。社内のチャットシステムで、当事者団体の代表とチャットができる。また、当事者団体の代表が2週間に１度は来社して、相談対応出来るようにしている。（福岡県　サービス業）

○ ハラスメント対応に関する相談窓口と同性パートナーなどの福利厚生制度に関する相談窓口を設けている。いずれも社内の窓口で、匿名での問い合わせが可能となっている。社内ネットには、担当者の連絡先を掲載しており、性的マイノリティ当事者から直接相談が来ることもある。相談窓口への問い合わせ件数は、年に数件程度ある。同性パートナーシップ制度の手続きに関するものや、職場での困りごとに関する相談が多い。（東京都　運輸業、郵便業）

事例4　採用・雇用管理における取り組み

○ 採用ポリシーにおいて差別を行わないことを明記している。（岐阜県　製造業）

○ 面接官向けのガイドラインを策定している。カミングアウトの強制の禁止や身体の状態についての質問の禁止、カミングアウトを受けた際の対応方法や入社後の手術の予定を告げられた際の対応方法などについて定めている。（東京都　製造業）

○ 2017年に就業規則の変更追加を行い、「人事異動に当たり、性的指向や性自認に起因した差別を行わない」こと、「セクシャルハラスメント等により、他の従業員及び会社に不利益または不快感を与える」ことが懲戒理由となることを明記した。なお、セクシャルハラスメントの中には、LGBTに対する不適切な言動を含むものとした。（福岡県　不動産業、物品賃貸業）

○「ハラスメントのない職場を作ろう！」というポスターを作成し、オフィスに掲示している。ポスターの中に、性的指向・性自認に関する基本的な情報を記載のうえ、相談者の連絡先を掲載し、相談できるようにしている。（北海道　医療、福祉）

事例5　福利厚生における取り組み

○ 婚姻同等の関係にある同性カップルや、異性間・同性間を問わず事実婚をした社員に対して、「結婚休暇」の付与、「結婚祝金」の贈呈、「出産祝金」の贈呈を認めている。（パートナーシップ制度）（東京都　サービス業　他に分類されないもの）

○ 2019年11月に、同性及び事実婚のパートナーを法律婚の夫婦と同等とみなす制度をスタートした。社内規則や福利厚生制度の適用について、法律婚の男女とほぼ同様である。関係性証明の要否については、法律婚は扶養登録しない場合、証明書類を求めておらず、同性パートナーも同じ取り扱いとした。（大阪府　建設業）

○ パートナーを配偶者とみなして、家賃補助などを行っている。パートナーを申告するなど各種の人事手続きは、アウトソーシングしている。そのため、直属の上司を含め、社員の目に触れることなく申請と制度の利用が可能となっている。また、制度の利用に関する状況は、人事部の限られた担当者のみが把握が可能であり、それ以外の社員には情報が明かされないようになっている。（東京都　製造業）

○ パートナー登録の申請者に対しては、どのような制度を使いたいか個別に確認し、制度利用時の承認者や必要な手続き等を説明している。申請者本人と、どの範囲であれば性的指向・性自認に関する情報を伝えてよいか、タイミングはどの時期がよいかなどを相談し、本人が制度を使用しやすいようサポートを行っている。併せて、制度や職場に関する現状の課題や風土に関するヒアリング・相談を行っている。（東京都　運輸業、郵便業）

事例6　トランスジェンダーの社員が働きやすい職場環境の整備

○ トランスジェンダーの方の中には、戸籍上の性別が男性で性自認が女性であるものの、見た目が戸籍上の性別のままであるため、「男性」として入社する社員もいる。そうした社員が、ホルモン療法を進める中で、見た目が変化していくことに備えて、事業所間の異動を希望することがある。そうした場合にも対応し、事前に異動の調整も済ませるようにしている。（東京都　運輸業、郵便業）

○ トイレの利用については、性自認に基づいて希望するトイレを使ってよいことにしている。（大阪府　不動産業、物品賃貸業）

○ 健康診断については、会社の一斉受診か個別対応（別日程・別機関）を選べるようにしている。当事者にヒアリングを行い、会社の一斉受診の機会に受診したいというニーズがあったため、当事者が一番早く受けられる順番で実施するようにしたところ、好評だった。なお、社員の中にはカミングアウトしていない人もいる可能性があることから、健康診断の問診表を社員に届ける際には、社員全員に、男性用・女性用の両方を送るようにしている。（東京都　金融業、保険業）

○ ホルモン治療や性別適合手術などに対する支援として、一週間以上の休暇をとる場合、失効年次有給休暇の積み立て制度（年間5日、最大45日積み立て可）の対象としている。（東京都　製造業）

○ 服装については「オフィスに適した服装・身だしなみ10ヵ条」を定めているが、性自認が多様であることを尊重し、多様な性を考慮した運用を行うこととしている。（大阪府　金融業・保険業）

事例7　職場における支援ネットワークづくり

○ LGBTに関するテーマを扱った朝礼を受講した従業員で、アライに賛同する希望者に対して、当社作成の「アライシール」を配布している。LGBTに関する内容を扱ったメールマガジンを２ヶ月に１回程度、希望する従業員に配信している。世の中の動きや社外イベント等に関する情報を提供している。（大阪府　金融業・保険業）

～　チェック項目　～

まずは自社の状況を確認し、必要な取り組みを検討しましょう。

チェック項目☑	性的マイノリティに関する取り組みを進めるに当たって心がけるべきポイント
1 □	方針の策定・周知や推進体制づくり
2 □	研修・周知啓発などによる理解の増進
3 □	相談体制の整備
4 □	採用・雇用管理における取り組み
5 □	福利厚生における取り組み
6 □	トランスジェンダーの社員が働きやすい職場環境の整備
7 □	職場における支援ネットワークづくり

お問い合わせ先

▶性的指向・性自認に関連する労働問題
▶パワーハラスメントを含めたいじめ・いやがらせに関するご相談は、
お近くの**総合労働相談コーナーへ**

※総合労働相談コーナーは下記以外にも労働基準監督署内等に設置しています。最寄りの施設は厚生労働省ホームページ（http://www.mhlw.go.jp/general/seido/chihou/kaiketu/soudan.html）で検索してください。

▶セクシュアルハラスメント
に関するご相談は、お近くの**都道府県労働局雇用環境・均等部（室）へ**
［開庁時間　8時30分～17時15分（土・日・祝日・年末年始を除く）］

北海道労働局	雇用環境・均等部	011-709-2715	滋賀労働局	雇用環境・均等室	077-523-1190
	（総合労働相談コーナー）	011-707-2700		（総合労働相談コーナー）	077-522-6648
青森労働局	雇用環境・均等室	017-734-4211	京都労働局	雇用環境・均等室	075-241-3212
	（総合労働相談コーナー）	017-734-4211		（総合労働相談コーナー）	075-241-3221
岩手労働局	雇用環境・均等室	019-604-3010	大阪労働局	雇用環境・均等部	06-6941-8940
	（総合労働相談コーナー）	019-604-3002		（総合労働相談コーナー）	06-7660-0072
宮城労働局	雇用環境・均等室	022-299-8844	兵庫労働局	雇用環境・均等部	078-367-0820
	（総合労働相談コーナー）	022-299-8834		（総合労働相談コーナー）	078-367-0850
秋田労働局	雇用環境・均等室	018-862-6684	奈良労働局	雇用環境・均等室	0742-32-0210
	（総合労働相談コーナー）	018-862-6684		（総合労働相談コーナー）	0742-32-0202
山形労働局	雇用環境・均等室	023-624-8228	和歌山労働局	雇用環境・均等室	073-488-1170
	（総合労働相談コーナー）	023-624-8226		（総合労働相談コーナー）	073-488-1020
福島労働局	雇用環境・均等室	024-536-4609	鳥取労働局	雇用環境・均等室	0857-29-1709
	（総合労働相談コーナー）	024-536-4600		（総合労働相談コーナー）	0857-22-7000
茨城労働局	雇用環境・均等室	029-277-8295	島根労働局	雇用環境・均等室	0852-31-1161
	（総合労働相談コーナー）	029-277-8295		（総合労働相談コーナー）	0852-20-7009
栃木労働局	雇用環境・均等室	028-633-2795	岡山労働局	雇用環境・均等室	086-225-2017
	（総合労働相談コーナー）	028-633-2795		（総合労働相談コーナー）	086-225-2017
群馬労働局	雇用環境・均等室	027-896-4739	広島労働局	雇用環境・均等室	082-221-9247
	（総合労働相談コーナー）	027-896-4677		（総合労働相談コーナー）	082-221-9296
埼玉労働局	雇用環境・均等室	048-600-6210	山口労働局	雇用環境・均等室	083-995-0390
	（総合労働相談コーナー）	048-600-6262		（総合労働相談コーナー）	083-995-0398
千葉労働局	雇用環境・均等室	043-221-2307	徳島労働局	雇用環境・均等室	088-652-2718
	（総合労働相談コーナー）	043-221-2303		（総合労働相談コーナー）	088-652-9142
東京労働局	雇用環境・均等部	03-3512-1611	香川労働局	雇用環境・均等室	087-811-8924
	（総合労働相談コーナー）	03-3512-1608		（総合労働相談コーナー）	087-811-8916
神奈川労働局	雇用環境・均等部	045-211-7380	愛媛労働局	雇用環境・均等室	089-935-5222
	（総合労働相談コーナー）	**045-211-7358**		（総合労働相談コーナー）	089-935-5208
新潟労働局	雇用環境・均等室	025-288-3511	高知労働局	雇用環境・均等室	088-885-6041
	（総合労働相談コーナー）	025-288-3501		（総合労働相談コーナー）	088-885-6027
富山労働局	雇用環境・均等室	076-432-2740	福岡労働局	雇用環境・均等部	092-411-4894
	（総合労働相談コーナー）	076-432-2740		（総合労働相談コーナー）	092-411-4764
石川労働局	雇用環境・均等室	076-265-4429	佐賀労働局	雇用環境・均等室	0952-32-7218
	（総合労働相談コーナー）	076-265-4432		（総合労働相談コーナー）	0952-32-7218
福井労働局	雇用環境・均等室	0776-22-3947	長崎労働局	雇用環境・均等室	095-801-0050
	（総合労働相談コーナー）	0776-22-3363		（総合労働相談コーナー）	095-801-0023
山梨労働局	雇用環境・均等室	055-225-2851	熊本労働局	雇用環境・均等室	096-352-3865
	（総合労働相談コーナー）	055-225-2851		（総合労働相談コーナー）	096-312-3865
長野労働局	雇用環境・均等室	026-227-0125	大分労働局	雇用環境・均等室	097-532-4025
	（総合労働相談コーナー）	026-223-0551		（総合労働相談コーナー）	097-536-0110
岐阜労働局	雇用環境・均等室	058-245-1550	宮崎労働局	雇用環境・均等室	0985-38-8821
	（総合労働相談コーナー）	058-245-8124		（総合労働相談コーナー）	0985-38-8821
静岡労働局	雇用環境・均等室	054-252-5310	鹿児島労働局	雇用環境・均等室	099-223-8239
	（総合労働相談コーナー）	054-252-1212		（総合労働相談コーナー）	099-223-8239
愛知労働局	雇用環境・均等部	052-857-0312	沖縄労働局	雇用環境・均等室	098-868-4380
	（総合労働相談コーナー）	052-972-0266		（総合労働相談コーナー）	098-868-6060
三重労働局	雇用環境・均等室	059-226-2318			
	（総合労働相談コーナー）	059-226-2110			

・3-参考3　令和元年度厚生労働省委託事業「多様な人材が活躍できる職場環境に関する企業の事例集～性的マイノリティに関する取組事例～」の概要

趣旨

○　性的マイノリティの当事者を含め、誰もが働きやすい職場環境を整備することについて、企業の関心が高まりつつある一方、当事者の直面する困難は周囲には見えにくく、企業による取組はなかなか進まない状況。

○　性的指向・性自認に関する基本的な情報や社会における施策、既に取組を行っている企業の「取組の意義」や「実際の取組事例」を紹介することにより、企業や働く方による性的指向・性自認についての理解を促進し、性的マイノリティの当事者を含めた多様な人材が活躍できる職場環境の整備を図る。

概要

Ⅰ　性的指向・性自認と職場

○　性的指向、性自認、カミングアウト、アウティングといった基本的な用語の解説

○　性的マイノリティの当事者の困り事（労働者アンケート）

・プライベートの話をしづらい

・異性愛者としてふるまわなければならない

・自認する性別と異なる性別でふるまわなければならない

・健康診断を受けづらい

・トイレや更衣室の施設利用

・人事評価で不利益な取扱を受ける　　等

Ⅱ　性的指向・性自認を取り巻く状況

○　自治体における取組

・条例の制定（大阪府・東京都）

・企業の取組の可視化（札幌市、大阪市）

・パートナーシップ制度

○　労働政策における取組

・採用選考の場面（公正な採用選考）

・就業規則における規定（モデル就業規則）

・ハラスメント問題での取組（指針）

・個別労働紛争解決制度における相談対応　等

Ⅲ　職場における取組の意義

○　企業における取組の目的や期待する効果等

・多様な人材が活躍できる職場環境の整備

・当事者が働きやすい職場づくり

・社会的気運への対応

・人権尊重やコンプライアンス対応の観点

・事業やサービスの展開

Ⅳ　職場における取組事例

1　方針の策定・周知や推進体制づくり

・就業規則に性的指向・性自認に関する差別禁止を明記している。（運輸業、郵便業　1,001人以上）

・推進体制として、人事担当部局の中で性的指向・性自認に関する担当者を決めて取り組んでいる。（運輸業、郵便業　1,001人以上）

2　研修・周知啓発などによる理解の増進

・責任者会議にて、LGBTについての各回20分程度の研修会を数回にわたって実施している。LGBTに関連する用語や実態について勉強している。勉強会においては、札幌市が公開している資料を活用している。責任者は、受けた研修の内容を朝礼や昼礼で展開している。（宿泊業、飲食サービス業　100人～300人）

・イントラネットでセミナーの動画をアップしている。（製造業　1,001人以上）

3　相談体制の整備

・ダイバーシティ＆インクルージョン推進室を相談窓口とする他、外部の相談窓口を当事者団体に委託している。（サービス業　100～300人）

・ハラスメント相談窓口と福利厚生制度の相談窓口を設けている。いずれも匿名での問い合わせが可能。（運輸業、郵便業　1,001人以上）

4　採用・雇用管理における取組

・採用ポリシーにおいて、差別を行わないことを明記。また、自社のエントリーシートには性別欄を設けていない。（製造業　100人未満）

・面接官向けのガイドラインを策定し、カミングアウトの強制の禁止やカミングアウトを受けた際の対応方法等を規定。（製造業　1,001人以上）

※労働者のアンケート調査（複数回答）では、当事者は、「性的マイノリティが働きやすい職場」として、「性的マイノリティであることを理由に人事評価や配置転換等で不利な扱いを受けない職場」を望んでいる割合が最も高い。（LGB：60.5%　T：56.4%）

5　福利厚生における取組

・婚姻同等の関係にある同性カップルや、異性間・同性間を問わず事実婚をした社員に対して、「結婚休暇」の付与、「結婚祝金」の贈呈、「出産祝金」の贈呈を認めている。（サービス業　100人～300人）

・パートナーの申告等各種人事手続きをアウトソーシングすることで、他の社員の目に触れることなく制度利用が可能。（建設業　1,001人以上）

6　トランスジェンダーの社員が働きやすい職場環境の整備

・服装については、一般職に制服があるが、2019年からパンツスタイルを導入した。（建設業　1,001人以上）

・トイレの利用については、性自認にもとづいて希望するトイレを使ってよいことにしている。（不動産業、物品賃貸業　100人～300人）

・通称名の使用、健康診断の対応などは、個別対応をすることにしている。（金融業、保険業　1,001人以上）

7　職場における支援ネットワークづくり

・研修を受講するなど、性的指向・性自認に関する取組に何らかの形で関わった社員に対して、自分がアライ（性的マイノリティのことを理解し、支援しようとする人）であることを表明できるシールを配布している。（運輸業、郵便業　1,001人以上）

- 参考資料　令和６年度性的指向・ジェンダーアイデンティティ理解増進関係概算要求に関する資料

性的指向・ジェンダーアイデンティティの多様性に関する啓発経費（内閣官房内閣人事局）

令和６年度概算要求額　100万円
（公務部門における多様な人材の確保の推進に係る経費の内数）

事業概要・目的

○　社会全体を通して、性的指向及びジェンダーアイデンティティの多様性に関する理解が必ずしも十分でない現状が問題となっている。

○公務における性的指向及びジェンダーアイデンティティの多様性に関する理解の促進は、ハラスメント防止の観点や、多様な人材を生かすダイバーシティの促進の観点からも必要な取組として進めてきたところ。

○性的指向及びジェンダーアイデンティティの多様性に関する国民の理解の増進に関する法律の成立も踏まえ、各府省等における一層の理解促進に資するよう、各府省等の人事担当者・ハラスメント担当者などに対し、引き続き性的指向・ジェンダーアイデンティティの多様性に関する基礎知識等を習得するための機会の提供等が必要である。

事業イメージ・具体例

○　**勉強会の開催等**

各府省等の人事担当者・ハラスメント担当を含む全職員を対象に、基礎知識等を習得するための勉強会を開催する。また、勉強会については、アーカイブ配信する。

資金の流れ

国 →（庁費）→ 請負業者

期待される効果

性的指向・ジェンダーアイデンティティの多様性に関する基礎知識等の習得等により、ハラスメントの防止、多様な人材を生かすダイバーシティを促進する。

性的指向・ジェンダーアイデンティティ理解増進経費（内閣府政策統括官（政策調整担当））

令和６年度概算要求額 0.7億円【重要政策推進枠】（新規）

事業概要・目的

○　性的指向及びジェンダーアイデンティティの多様性に関する国民の理解の増進に関する法律（令和５年法律第68号）第４条では、「国は…性的指向及びジェンダーアイデンティティの多様性に関する国民の理解の増進に関する施策を策定し、及び実施するよう努めるものとする」とされています。

具体的には、教育及び学習の振興、知識の着実な普及、相談体制の整備その他の必要な施策を実施すること（第10条１項）とされています。

○　また、上記のほか、政府（国）は、施策の実施の状況の公表（第７条）、基本計画の策定（第８条）、学術研究等の推進（第９条）、性的指向・ジェンダーアイデンティティ理解増進連絡会議の設置（第11条）、指針の策定（第12条）を実施することとされています。

事業イメージ・具体例

○政策立案等経費

連絡会議を実施・運営し、理解増進に係る施策の総合的かつ効果的な推進を図るとともに、有識者へのヒアリング等を実施し、理解増進に係る基本計画・指針の策定に向けた検討等を行います。

また、地方公共団体等を対象に説明会を実施します。

○学術研究等推進経費

性的指向・ジェンダーアイデンティティについての国民一般の理解浸透度に係る研究を実施します。

また、関係者や海外制度に係る具体的研究の実施に向けて、必要な調査手法や留意点等の基本的知識を収集することを目的とした研究を実施します。

○知識普及等経費

理解増進に係る基礎的事項について、内閣府ホームページ等で効果的に周知するためのコンテンツを作成します。

資金の流れ

国 →（事務委嘱謝金・職員旅費　委員等旅費・庁費等）→ 個人・業者

期待される効果

性的指向・ジェンダーアイデンティティの多様性を受け入れる精神が涵養され、もって当該多様性に寛容な社会の実現に資することが期待されます。

令和5年9月　法務省人権擁護局

法務省の人権擁護機関における「性的マイノリティ」に関する人権擁護活動

啓発活動

○１７ある強調事項の一つとして「性的マイノリティに関する偏見や差別をなくそう」を掲げ、人権啓発活動を実施

平成27年度作成動画

平成29年度作成DVD

○ 人権啓発動画を作成、YouTube法務省チャンネルで配信

・「あなたがあなたらしく生きるために　性的マイノリティと人権」
性的マイノリティ当事者の事例を題材に、こどもの問題や職場の人権問題等について解説した人権啓発動画
（平成２７年度作成）　※ 閲覧再生回数　約264万回

○ リーフレット・DVDを作成、配布

・「企業と人権～職場からつくる人権尊重社会～」
性的マイノリティをめぐる問題やハラスメントといった職場の人権問題について解説した人権啓発冊子、DVD
（平成２９年度作成）

○ Ｍｙじんけん宣言（性的マイノリティ編）特設サイトを開設（令和５年３月～）

・「Ｍｙじんけん宣言（※）」に「性的マイノリティ編」特設サイトを開設
性的マイノリティの方々に配慮した様々な取組を進めている企業等に、その内容を公表していただくことにより、同様の取組を行う方々に参考としていただくとともに、一般の方々にも幅広く御覧いただくことで、多様性と包摂性のある社会の実現を目指すことを目的として開設

（R5.9.1現在の掲載企業）
・ＡＮＡホールディングス株式会社　・サントリーホールディングス株式会社
・積水ハウス株式会社　・トヨタ自動車株式会社
・日本ＩＢＭ株式会社　・一般社団法人日本経済団体連合会
・日本テレビホールディングス株式会社　・株式会社ファミリーマート
・株式会社みずほフィナンシャルグループ

※「Ｍｙじんけん宣言」
人権を尊重する行動をとることを宣言することによって、誰もが人権を尊重し合う社会の実現を目指して立ち上げられた投稿型のコンテンツ

○ 人権擁護委員や地方公務員等に対する研修において性的マイノリティに関する講義の実施

人権相談

法務局又は特設の人権相談所において、法務局職員や人権擁護委員が、性的マイノリティの方々からの人権相談を含む各種人権相談を実施。
電話やＳＮＳ（ＬＩＮＥ）、インターネットによる相談も可能。

人権侵犯事件の調査救済

人権相談等を通じて、性的マイノリティの方々に関する事案を含め、人権侵害の疑いのある事案を認知した場合は、人権侵犯事件として調査を行い、事案に応じた適切な措置を実施。

文部科学省における性的マイノリティ関係の取組

取組概要・基本認識

・ 学校教育や社会教育における人権教育を通して、多様性に対する理解、自他の人権の尊重等の態度を育む取組を進めるとともに、
・ 性的マイノリティの児童生徒等へのきめ細かな対応に資するよう、教職員向けの啓発資料や研修動画の作成・周知、改訂版生徒指導提要への性的マイノリティに関する記載の追加

などに努めてきたところであり、共生社会の実現に向けて引き続き取組を推進することが必要。

具体的な取組内容

- **「生徒指導提要」（改訂版）への記載（令和４年12月公表）**
  ・ 教職員への適切な理解の促進、教職員の人権感覚の醸成及び相談体制の整備が重要であること
  ・「性的マイノリティ」とされる児童生徒への配慮と、他の児童生徒への配慮との均衡を取りながら支援を進めること
  などを記載し、学校現場における生徒指導上の留意点を周知。
- **理解・啓発パンフレットの作成・周知**
- **(独)教職員支援機構の教職員向けの研修動画「学校で配慮と支援が必要なLGBTs の子どもたち」(宝塚大学 日高庸晴教授)の配信(令和2年)**
- **通知「性同一性障害に係る児童生徒に対するきめ細かな対応の実施等について」（平成27年児童生徒課長通知）の発出**
- **「学校施設整備指針」への記載（令和４年６月公表）**
  トイレや更衣室等について、学校施設の計画及び設計における留意事項として、
  性同一性障害や性的指向・性自認（性同一性）に係る児童生徒への配慮と他の児童生徒への配慮の均衡を取りながら、
  学校における支援の事例(※)を踏まえたより多くの児童生徒が快適に学べる施設環境の整備の検討が重要であること記載し、周知。
  ※職員トイレ（更衣室等の場合は保健室）やバリアフリートイレ等について児童生徒が使用できる運用とするなど

関連する令和６年度概算要求　（ ）内は前年度予算額

▍人権教育開発事業

令和６年度概算要求額：35百万円の内数（31百万円の内数）

基本的人権尊重の精神を高め、一人一人を大切にした教育の充実に資することを目的とした実践的な研究を行う同事業において、引き続き、性的マイノリティに関するテーマを人権課題に設定し、取組を進めるとともに、研究成果等を広く展開するためのアーカイブの整備を新たに行う。

▍学校施設の整備

令和６年度概算要求額：
2,097億円＋事項要求の内数（687億円の内数）※公立
362億円＋事項要求の内数（90億円の内数）　※私立

バリアフリー化等のトイレ改修についても支援対象として国庫補助を実施。

人権教育開発事業

令和６年度要求・要望額　３５百万円
（前年度予算額　31百万円）

文部科学省

背景・課題

①「人権教育及び人権啓発の推進に関する法律」の制定（平成12年12月）
→　国、地方公共団体及び国民の責務の明確化と必要な措置の規定により、人権教育及び人権啓発の施策を推進。「人権教育及び人権啓発に関する基本的な計画」の策定（第7条）、政府が講じた人権教育及び人権啓発に関する施策についての国会への報告（第8条）など

②「人権教育・啓発に関する基本計画」の策定（平成14年3月）
→　学校における人権教育については、「指導方法の改善を図るため、効果的な教育実践や学習教材などについて情報収集や調査研究を行い、その成果を学校等に提供していく」旨決定

③人権教育の指導方法等の在り方について
→　第一次とりまとめ（平成16年6月）、第二次とりまとめ（平成18年1月）、第三次とりまとめ（平成20年3月）、第三次とりまとめ補足資料（令和3～5年3月）

④「本邦外出身者に対する不当な差別的言動の解消に向けた取組の推進に関する法律」（平成28年6月）、「部落差別の解消の推進に関する法律」（平成28年12月）、ハンセン病家族国家賠償請求訴訟の判決受入れに当たっての内閣総理大臣談話（令和元年7月）、「性的指向及びジェンダーアイデンティティの多様性に関する国民の理解の増進に関する法律（令和5年6月）
→　いわゆるヘイトスピーチや部落差別、ハンセン病、性的マイノリティに対する偏見や差別の解消のための適切な教育の実施が必要

事業内容

基本的人権の尊重の精神を高め、一人一人を大切にした教育を推進する観点から、以下の事業等を総合的に実施し、学校教育における人権教育の開発を進める。（事業開始年度：平成9年度）

人権教育研究推進事業【委託事業】　30百万円（26百万円）

①人権教育総合推進地域事業：学校、家庭、地域社会が一体となった教育上の総合的な取組を都道府県教育委員会との連携・協力の下で推進し、基本的人権尊重の精神を高め、一人一人を大切にした教育の充実に資することを目的として、実践的な研究を行う。
②人権教育研究指定校事業：学校における人権教育に関する指導方法の改善及び充実に資することを目的として、モデル校を指定し、実践的な研究を行う。
③人権教育アーカイブの整備【新規】：人権教育の充実に資する事例等を収集・集約・発信するための機能を有した「人権教育アーカイブ」の整備を図る。

学校における人権教育の在り方等に関する調査研究【事務費】　5百万円（ 5百万円）

人権教育に関する事業等の実践・成果や第三次とりまとめ、第三次とりまとめ補足資料の内容も踏まえ、学校における人権教育の在り方等について調査研究を行うための会議を開催する。

対象校種	幼稚園、幼保連携型認定こども園、小学校、中学校、義務教育学校、中等教育学校、高等学校、特別支援学校
委託先	都道府県・指定都市教育委員会、附属学校を設置する国立大学法人もしくは公立大学法人又は私立学校を設置する学校法人等
箇所数 単価 期間	①：８地域、②：42校、③１団体 ①：92万円/地域、②30万円/校、③990万円/団体 ①、②、③：１年
委託対象経費	教育研究、成果の普及・啓発に必要な経費（諸謝金、旅費、借損料、印刷製本費等）

（担当：初等中等教育局児童生徒課）

公立学校施設の整備

新しい時代の学びを支える安全・安心な教育環境の実現～Schools for the Future～

令和6年度要求・要望額　2,097億円＋事項要求
（前年度予算額　687億円）

文部科学省

背景

- 学校施設の老朽化がピークを迎える中、子供たちの多様なニーズに応じた**教育環境の向上と老朽化対策の一体的整備**が必要。
- 中長期的な将来推計を踏まえ、**首長部局との横断的な協働**を図りながら、**トータルコストの縮減に向けて計画的・効率的な施設整備**を推進。
- 2050年のカーボンニュートラル達成に向けて、**脱炭素社会の実現に貢献**する持続可能な教育環境の整備を推進。

❶新時代の学びに対応した教育環境向上と老朽化対策の一体的整備の推進

- 学校施設の長寿命化を図る老朽化対策
- バリアフリー化、特別支援学校の整備
- 他施設との複合化・共用化・集約化

❷防災・減災、国土強靱化の推進

- 非構造部材の耐震対策等
- 避難所としての防災機能強化
- 空調設置、洋式化を含めたトイレ改修等

❸脱炭素化の推進

- 学校施設のZEB化（高断熱化、LED照明、高効率空調、太陽光発電等）
- 木材利用の促進（木造、内装木質化）

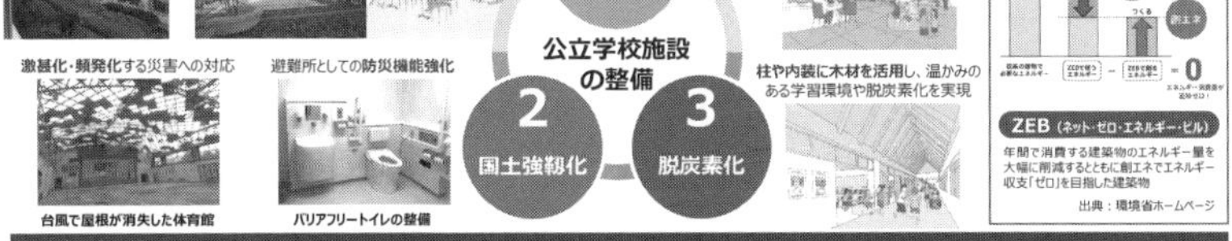

具体的な支援策

制度改正
学びの多様化学校（いわゆる不登校特例校）や夜間中学として
小中学校等を設置する自治体に対する施設整備に係る**支援の拡充**
（廃校や余裕教室等の既存施設を改修して活用する場合における
新しい支援メニューの創設：**補助率１/２**）

単価改定
物価変動の反映や標準仕様の見直し等による増
対前年度比＋19.4%
小中学校校舎（鉄筋コンクリート造）の場合
R5:268,300円/㎡ ⇒ R6:320,400円/㎡

（担当：大臣官房文教施設企画・防災部施設助成課）

私立学校施設・設備の整備の推進の概要

令和6年度要求・要望額　362億円＋事項要求
(前年度予算額　90億円)

文部科学省

背景説明

今後発生が懸念されている南海トラフ地震等の大規模地震や今般の熱中症による事故等に対応するため、児童生徒等が１日の大半を過ごす私立学校の施設・設備の環境整備について、早急に取り組む必要がある。

目的・目標

児童生徒等の学習の場であり、災害時には地域住民の避難場所となる私立学校施設の耐震化の早期完了や熱中症対策などにより安全・安心な生活空間を確保する。また、私立学校の教育研究基盤を整備することにより、新しい学校教育の着実な実践を推進するとともに、日本の成長の鍵を握る人材育成機能を充実・強化し、地域の経済活動の活性化を誘発する。

※（　）は前年度予算額

1．耐震化等の促進　153億円（40億円）

［その他国土強靱化関係予算（加速化・深化分）は事項要求］

○私立学校施設の**耐震化完了**に向けた校舎等の**耐震改築（建替え）**事業及び**耐震補強**事業や、非構造部材の落下防止対策等の防災機能強化を重点的に支援　＜補助率：大学1/2以内、高校等1/3以内等＞

・耐震改築（建替え）事業　82億円　・耐震補強事業　53億円　・その他耐震対策事業　17億円
非構造部材の落下防止対策等の安全対策、利子助成

○**耐震診断費のみ**でも対象とする補助制度及び耐震改築に係る補助制度は、令和6年度まで延長

※このほか日本私立学校振興・共済事業団による耐震化融資を実施　令和６年度要求額（貸付見込額）：69億円

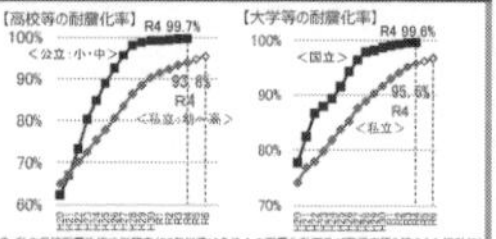

出典：私立学校耐震改修状況調査（R5年以降は各法人の耐震化計画及び整備実績を踏まえた推計値）

2．私立学校施設環境改善整備　78億円（8億円）

○**熱中症対策**として教室や体育館等へのエアコン設置やバリアフリー対策等、安全・安心な生活空間の確保に必要な基盤的設備等の整備を支援

・**熱中症対策としてエアコン設置**、バリアフリー化、アスベスト対策及び**防犯対策**による安全・安心な生活空間の確保のための整備を支援

・教育研究の質の向上に資する施設の高機能化（校内LANの整備など）や**エコ改修**（LED照明）などの整備を支援　＜補助率：大学1/2以内、高校等1/3以内＞

3．私立大学等教育研究装置・設備　84億円（29億円）

○私立大学等の個性・特色を生かした教育研究の基盤や、社会的ニーズ及び分野横断領域に対応した人材育成に必要となる装置・設備の整備を支援

・私立大学等の**教育・研究用の装置**（分析透過電子顕微鏡システム等）の整備、**ICT施設の改造工事**等を支援　＜補助率：1/2以内＞

【高分解能走査電子顕微鏡装置】
ナノレベルの微小領域における物質構造の観察等を通じ、高度な分析技術を授業等で習得することが可能。

・私立大学等の**教育・研究用の設備**（学生等がデジタル技術を活用した高度な教育を享受するために必要なシステム等を含む）の整備を支援
＜補助率：教育基盤設備1/2以内、研究設備2/3以内＞

【ＤＮＡシーケンサー】
サンガー法によりＤＮＡの塩基配列を解明。
遺伝病や感染症の診断・治療法の開発および地域生態系の解析・資源利用に大きく寄与。

4．私立高等学校等ICT教育設備　47億円（14億円）

○個別最適な学びを目指し、私立高等学校等における**ICT環境の整備**を支援（端末の更新含む【新規】）　＜補助率：1/2以内＞

※単位未満四捨五入のため、計が一致しない場合がある。

公正採用選考等推進費

職業安定局雇用開発企画課就労支援室（内線5696）

令和６年度概算要求額　1.4億円（1.5億円）※()内は前年度当初予算額

1 事業の目的

○　平成12年「人権教育及び人権啓発の推進に関する法律」が制定、平成14年に同法に基づく「人権教育・啓発に関する基本計画」が策定。

○　基本計画の中で、人権課題として、女性、子ども、高齢者、障害者、同和問題等が掲げられ、これら課題を踏まえた人権教育・啓発活動の一環として、厚生労働省において「雇用主に対して就職の機会均等を確保するための公正な採用選考システムの確立が図られるよう指導・啓発を行う」とされている。

○　公正な採用選考の基本的な考え方として、応募者の基本的人権を尊重し、応募者に広く門戸を開き、応募者の適性・能力に基づいた採用基準により行うことが重要。

○　基本計画及び公正な採用選考の基本的考え方を踏まえ、雇用主に対して周知・啓発を行うことにより、公正な採用選考システムの確立を図る。

2 事業の概要・スキーム

○　厚生労働省・都道府県労働局・ハローワークを通じた雇用主に対する周知・啓発を実施。

・　一定規模以上の事業所の人事責任者を公正採用選考人権啓発推進員に選任し、推進研修を通じて公正な採用選考への理解を促進

・　経済団体の役員等を対象に、公正採用人権啓発協力員を委嘱し、傘下団体に対する啓発を推進

・　採用選考に強い影響力を持つ企業トップクラスに対する研修を実施

・　経済・業種別団体に対し、職業安定局長から文書による要請

・　各種啓発用資料（公正な採用選考の考え方を詳しく記したパンフレット、自主点検資料、カレンダー等）等を作成し、各企業に配布

・　インターネット等や新聞広告掲載等による周知

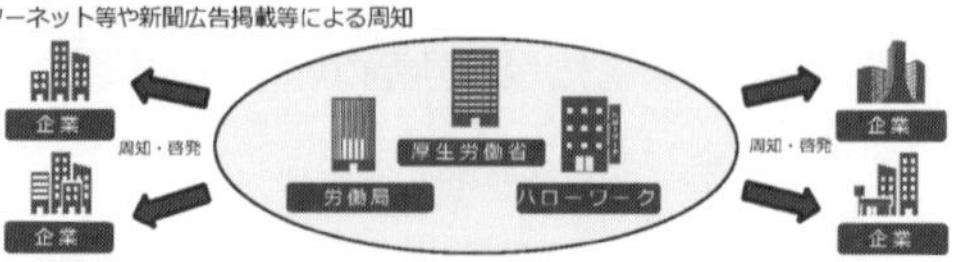

3 実施主体等

【実施主体】
・国
・一部広告会社、新聞社

【事業実績】
・公正採用選考人権啓発推進員設置事業所数（100人以上の事業所）
２年度：67,454事業所
３年度：67,462事業所
４年度：68,392事業所

・公正採用選考人権啓発推進員研修及び企業トップクラス研修開催数
２年度：345回
３年度：518回
４年度：876回

個別労働紛争対策事業

雇用環境・均等局総務課総務課
労働紛争処理業務室（内線7736）

令和６年度概算要求額　31億円（31億円）※()内は前年度当初予算額

労働保険特別会計			一般会計
労災	雇用	徴収	
約49/100	約49/100		約2/100

１ 事業の目的

近年、労働組合組織率の低下、企業の人事労務管理の個別化、長期安定雇用の縮小などに伴い、解雇や労働条件の引き下げ、いじめ・嫌がらせなどをめぐる個々の労働者と事業主との間の紛争が増加している。民事上の個別労働紛争の解決は、最終的には司法機関の役割であるが、司法機関の利用には労使ともに時間的、経済的負担が伴う。

そのため、司法機関との役割分担の下で、個別労働関係紛争の解決の促進に関する法律に基づき、行政として信頼できる簡易・迅速な紛争解決機能を無料で提供し、当該紛争の未然防止と自主的解決を促進することを目的として事業を行っている。

２ 事業の概要・スキーム・実施主体等

- 実施主体：国（都道府県労働局）
- 負担割合：国10/10
- 事業実績(令和４年度)：総合労働相談件数 124万8,368件
  助言・指導申出件数 7,987件
  あっせん申請件数 3,492件

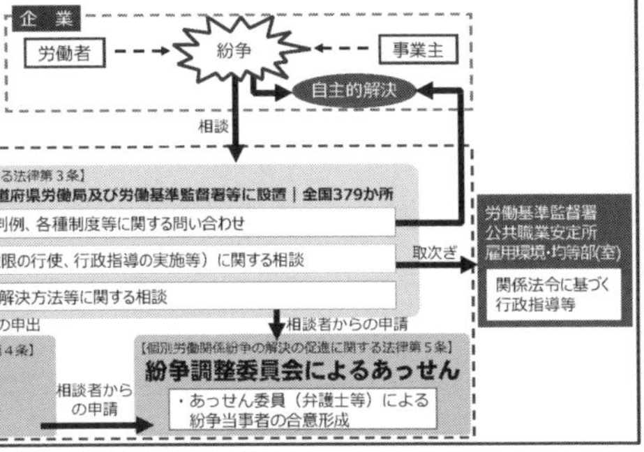

よりそいホットラインについて

令和６年度要求額　7.5億円（一般会計）
９８億円の内数（復興特会）

１．概要

（１）電話相談
一般的な生活上の悩みをはじめ、生活困窮者、DV被害者など社会的な繋がりが希薄な方々の相談先として、24時間365日無料の電話相談窓口を設置して、電話相談を行う。

（２）直接支援・継続支援
直接的・継続的な支援として、①折り返しの電話、②直接面談、③他の相談機関への同行などを実施する。

（参考）
令和３年度相談件数
約19.6万件

（３）実施団体
令和４年度は、公募により選定された一般社団法人社会的包摂サポートセンターが実施。
当該法人が「中央センター」を設置するとともに、各地域で活動している団体の協力を得て「地域センター」を設置。

２．体制

全国ライン（0120-279-338）と被災地ライン（被災３県対象）（0120-279-226）の２つのダイヤルを設置し、それぞれに生活全　般の相談を受ける「一般ライン」と、外国語による相談「外国語ライン」、DV・性暴力の相談「女性支援ライン」などの専門ラインを設置している。

【５つの専門ライン】

ダイヤル番号	ライン名
2	外国語ライン
3	女性支援ライン
4	セクシュアルマイノリティライン
5	自殺防止ライン
8	広域避難者支援ライン

※被災地ラインにおいては、8番ダイヤルは「若年女性支援ライン」に繋がる

＜事業の仕組み＞

新規　職場におけるダイバーシティ推進事業

雇用環境・均等局雇用機会均等課（内線7846、7838）

令和６年度概算要求額　34百万円（－）　※（）内は前年度当初予算額

労働保険特別会計			一般会計
労災	雇用	徴収	
	○		

1 事業の目的

性的マイノリティに関する社会的な関心が高まっており、企業においても、こうした多様性を積極的に受容し、性的マイノリティの方々を含め、誰もが働きやすい職場環境を実現していくことが重要な課題となっている。

このような状況を踏まえ、職場における性的マイノリティに関する理解増進に向けた企業の取組を更に促進させるため、企業が職場において活用可能な周知啓発資料（研修資料等）を作成し、性的マイノリティの方々を含め、多様な人材が働きやすい職場環境整備を推進する。

2 事業の概要・スキーム

①　各企業、労働者に対する調査の実施

企業や労働者（当事者を含む）に対してアンケート調査を実施し、各企業の取組状況や当事者を取り巻く課題等について把握する。

②　周知啓発資料の作成

①の調査結果も活用し、企業が職場において活用可能な周知啓発資料（研修資料等）を作成する。

③　事業運営委員会の開催

①のアンケート調査の調査票の内容や実施方法、②の周知啓発資料の内容等の検討のため、事業運営委員会を開催する。

※実施主体　委託事業（民間団体）

多様な背景を有する訪日外国人旅行者の受入環境整備に係る調査事業

国土交通省 観光庁

性的指向・ジェンダーアイデンティティ理解増進関係の主な取組

- ◆ 性的マイノリティの方を含め、多様の価値観を有する人々が旅行を楽しめる環境の整備に向けて、旅行・宿泊・飲食等の観光に携わる関係者の理解促進のため、今年１月にセミナーを実施。
- ◆ 開催にあたって、関係団体、地方公共団体、観光地域づくり法人（DMO）、観光協会等が参加。
- ◆ 有識者による基調講演や当事者も含めたトークセッションを通じて、観光関係者へ具体的な事例を共有。

【事例】
- ✓ 性別を問わず利用可能な浴衣等のアメニティの用意
- ✓ 宿泊や飲食の場面における接客　　等

セミナー開催チラシ（令和４年度実績）

第17　最高裁判所令和5年10月25日大法廷決定

性別の取扱いの変更申立て却下審判に対する抗告棄却決定に対する特別抗告事件

https://www.courts.go.jp/app/files/hanrei_jp/446/092446_hanrei.pdf

令和2年（ク）第993号　性別の取扱いの変更申立て却下審判に対する抗告棄却決定に対する特別抗告事件
令和5年10月25日　大法廷決定

主　文

原決定を破棄する。

本件を広島高等裁判所に差し戻す。

理　由

抗告代理人吉田昌史、同南和行の抗告理由について

第1　事案の概要等

1　本件は、生物学的な性別は男性であるが心理的な性別は女性である抗告人が、性同一性障害者の性別の取扱いの特例に関する法律（以下「特例法」という。）3条1項の規定に基づき、性別の取扱いの変更の審判を申し立てた事案である。

2　特例法は、2条において、性同一性障害者について、生物学的には性別が明らかであるにもかかわらず、心理的にはそれとは別の性別であるとの持続的な確信を持ち、かつ、自己を身体的及び社会的に他の性別に適合させようとする意思を有する者であって、そのことについてその診断を的確に行うために必要な知識及び経験を有する二人以上の医師の一般に認められている医学的知見に基づき行う診断が一致しているものと定義し（以下、「性同一性障害者」というときは、この定義によるものをいう。）、3条1項において、家庭裁判所は、性同一性障害者であって同項各号のいずれにも該当するものについて、性別の取扱いの変更の審判（以下「性別変更審判」という。）をすることができる旨を規定している。

そして、特例法3条1項4号（以下「本件規定」という。）は、「生殖腺がないこと又は生殖腺の機能を永続的に欠く状態にあること。」と規定するところ、本件規定に該当するためには、抗がん剤の投与等によって生殖腺の機能全般が永続的に失われているなどの事情のない限り生殖腺除去手術（内性器である精巣又は卵巣の摘出術）を受ける必要があると解される。原審の確定した事実によれば、抗告人は、生殖腺除去手術を受けておらず、抗告人について上記事情があることもうかがわれない。

3　原審は、抗告人について、性同一性障害者であって、特例法3条1項1号から3号まではいずれも該当するものの、本件規定に該当するものではないとした上で、本件規定は、性別変更審判を受けた者について変更前の性別の生殖機能により子が生まれることがあれば、社会に混乱を生じさせかねないなどの配慮に基づくものと解されるところ、その制約の態様等には相当性があり、憲法13条及び14条1項に違反するものとはいえないとして、本件申立てを却下すべきものとした。

なお、原審は、「その身体について他の性別に係る身体の性器に係る部分に近似する外観を備えていること。」と規定する特例法3条1項5号（以下「5号規定」という。）に関する抗告人の主張、すなわち、抗告人は5号規定に該当するものであり、仮に該当するものではないとしても5号規定は憲法13条、14条1項に違反する旨の主張については、判断していない。

4　論旨は、本件規定は、憲法13条、14条1項に違反し、無効であるというものである。

第2　本件規定の憲法13条適合性について

1　本件に関連する事実等の概要は、次のとおりである。

(1)　性同一性障害について

性同一性障害とは、生物学的な性別と心理的な性別が不一致である状態をいい、医学的な観点からの治療を要するものである。今日では、心理的な性別は自己の意思によって左右することができないとの理解の下に、心理的な性別を生物学的な性別に合わせることを目的とする治療は行われておらず、性同一性障害を有する者の社会適応度を高めて生活の質を向上させることを目的として精神科領域の治療や身体的治療が行われている。

性同一性障害を有する者については、治療を受けるなどして、性自認に従って社会生活を送るようになっても、法令の規定の適用の前提となる戸籍上の性別（以下「法的性別」という。）が生物学的な性別によっているために、就職等の場面で性同一性障害を有することを明らかにせざるを得ない状況が生じたり、性自認に従った社会生活上の取扱いを受けられなかったりするなどの社会的な不利益を受けているとされている。

⑵　特例法の制定の背景等

ア　性同一性障害については、上記のとおり、性同一性障害を有する者の生活の質の向上を目的とした治療が行われているところ、特例法が制定された平成15年７月当時は、日本精神神経学会の定めた「性同一性障害に関する診断と治療のガイドライン」（以下、単に「ガイドライン」という。）第２版に沿って、いわゆる段階的治療という考え方に基づく治療が行われていた。段階的治療とは、原則として、第１段階では精神的サポート等の精神科領域の治療を行い、次に身体的治療として、第２段階ではホルモン療法ないし乳房切除術を、第３段階では性別適合手術（生殖腺除去手術、外性器の除去術又は外性器の形成術等）を行うという３段階の手順を踏んで治療を進める考え方であり、性別適合手術は、第２段階を経てもなお自己の生物学的な性別による身体的特徴に対する強い不快感又は嫌悪感が持続し、社会生活上の不都合を感じている者に対する最終段階の治療とされていた。なお、第１段階及び第２段階の各治療は必ずしも次の段階に移行することにより終了するものではなく、精神科領域の治療やホルモン療法は第３段階を経た後も継続するものとして予定されていた。

また、ガイドライン第２版においては、第３段階を経た性同一性障害を有する者について、法的性別の変更がされなければ、社会生活上大きな障害になるものとされていた。

イ　国会での審議における法案の提出理由等からすると、特例法は、性同一性障害が世界保健機関の策定に係るICD（国際疾病分類）第10回改訂版等にも掲載された医学的疾患であるとの理解を前提として、性同一性障害を有する者が、段階的治療の第３段階を経ることにより医学的に必要な治療を受けた上で、自己の性自認に従って社会生活を営んでいるにもかかわらず、法的性別が生物学的な性別のままであることにより社会生活上の様々な問題を抱えている状況にあることに鑑み、一定の要件を満たすことで性自認に従った法令上の性別の取扱いを受けることを可能にし、治療の効果を高め、社会的な不利益を解消するために制定されたものと解される。

ウ　特例法には、その立案段階における議論を踏まえ、附則において、性別変更審判を受けることができる性同一性障害者の範囲等については、特例法の施行の状況、性同一性障害者等を取り巻く社会的環境の変化等を勘案して検討が加えられ、必要があると認めるときは、その結果に基づいて所要の措置が講ぜられるものとする旨の規定が置かれた。

そして、特例法３条１項３号は、特例法の制定時には「現に子がいないこと。」と規定されていたが、平成20年法律第70号による改正（以下「平成20年改正」という。）によって、「現に未成年の子がいないこと。」に改められた。

⑶　性同一性障害に関する医学的知見の進展

ア　性同一性障害の治療は、特例法の制定当時は段階的治療という考え方に基づいていたところ、その後、臨床経験を踏まえた専門的な検討等を経てガイドラインの見直しがされ、平成18年１月に提示された第３版では、性同一性障害を有する者の示す症状は多様であり、どのような身体的治療が必要であるかは患者によって異なるとして、段階的治療という考え方は採られなくなった。具体的には、性同一性障害を有する者について、まず精神科領域の治療を行うことは異ならないものの、身体的治療を要する場合には、ホルモン療法、乳房切除術、生殖腺除去手術、外性器の除去術又は外性器の形成術等のいずれか、あるいは、その全てをどのような順序でも選択できるものと改められた。

イ　ICD第10回改訂版において、性同一性障害は「精神および行動の障害」の一つに分類されていた。その後、「障害」との位置付けは不適切であるとの指摘がされたため、2019年（令和元年）5月に承認された第11回改訂版において、性同一性障害は「性の健康に関する状態」に分類されるようになり、それに伴い名称が「性同一性障害」から「性別不合」に変更された。

⑷　性同一性障害を有する者を取り巻く社会状況等

平成16年7月の特例法の施行から現在までに、1万人を超える者が性別変更審判を受けるに至っている。

この間、国においては、法務省が、平成16年以降、性同一性障害を理由とする偏見等の解消を掲げて人権啓発活動を行い、文部科学省は、平成22年以降、学校教育の現場において性同一性障害を有する児童生徒の心情等に十分配慮した対応がされるよう、各教育委員会等にその旨を要請する通知を発出したり、教職員向けのマニュアルの作成、配布を行ったりしており、厚生労働省も、平成28年、労働者を募集する際の採用選考の基準において性的マイノリティを排除しないよう事業主に求めるなどの取組をしてきた。令和5年6月には、性的指向及びジェンダーアイデンティティの多様性に寛容な社会の実現に資することを目的として、「性的指向及びジェンダーアイデンティティの多様性に関する国民の理解の増進に関する法律」が制定された。また、地方公共団体においては、平成25年に、東京都文京区で性自認等を理由とする差別的な取扱いその他の性別に起因する人権侵害を行ってはならない旨の条項を含む条例が制定されて以降、相当数の地方公共団体の条例において同趣旨の条項が設けられている。さらに、一般社団法人日本経済団体連合会は、平成29年、企業において、性同一性障害を有する者を含むいわゆるLGBTへの適切な理解を促し、その存在を受容することに向けた取組を行っていくことが急務である旨の提言をしたほか、令和2年以降、一部の女子大学において法的性別は男性であるが心理的な性別は女性である学生が受け入れられるなどしている。

また、特例法の制定当時、法令上の性別の取扱いを変更するための手続を設けている国の大多数は、生殖能力の喪失を上記の変更のための要件としていたが、その後、生殖能力の喪失を要件とすることについて、2014年（平成26年）に世界保健機関等が反対する旨の共同声明を発し、また、2017年（平成29年）に欧州人権裁判所が欧州人権条約に違反する旨の判決をしたことなどから、現在では、欧米諸国を中心に、生殖能力の喪失を要件としない国が増加し、相当数に及んでいる。

2　以上を踏まえ、本件規定の憲法13条適合性について検討する。

⑴　憲法13条は、「すべて国民は、個人として尊重される。生命、自由及び幸福追求に対する国民の権利については、公共の福祉に反しない限り、立法その他の国政の上で、最大の尊重を必要とする。」と規定しているところ、自己の意思に反して身体への侵襲を受けない自由（以下、単に「身体への侵襲を受けない自由」という。）が、人格的生存に関わる重要な権利として、同条によって保障されていることは明らかである。

生殖腺除去手術は、精巣又は卵巣を摘出する手術であり、生命又は身体に対する危険を伴い不可逆的な結果をもたらす身体への強度な侵襲であるから、このような生殖腺除去手術を受けることが強制される場合には、身体への侵襲を受けない自由に対する重大な制約に当たるというべきである。

ところで、本件規定は、性同一性障害を有する者のうち自らの選択により性別変更審判を求める者について、原則として生殖腺除去手術を受けることを前提とする要件を課すにとどまるものであり、性同一性障害を有する者一般に対して同手術を受けることを直接的に強制するものではない。しかしながら、本件規定は、性同一性障害の治療としては生殖腺除去手術を要しない性同一性障害者に対しても、性別変更審判を受けるためには、原則として同手術を受けることを要求するものということができる。

他方で、性同一性障害者がその性自認に従った法令上の性別の取扱いを受けることは、法的性別が社会生活上の多様な場面において個人の基本的な属性の一つとして取り扱われており、性同一性障害を有する者の置かれた状況が既にみたとおりのものであることに鑑みると、個人の人格的存在と結び付いた重要な法的利益というべきである。このことは、性同一性障害者が治療として生殖腺除去手術を受けることを要するか否かにより異なるものではない。

そうすると、本件規定は、治療としては生殖腺除去手術を要しない性同一性障害者に対して、性自認に従った法令上の性別の取扱いを受けるという重要な法的利益を実現するために、同手術を受けることを余儀なくさせるという点において、身体への侵襲を受けない自由を制約するものということができ、このような制約は、性同一性障害を有する者一般に対して生殖腺除去手術を受けることを直接的に強制するものではないことを考慮しても、身体への侵襲を受けない自由の重要性に照らし、必要かつ合理的なものということができない限り、許されないというべきである。

そして、本件規定が必要かつ合理的な制約を課すものとして憲法13条に適合するか否かについては、本件規定の目的のために制約が必要とされる程度と、制約される自由の内容及び性質、具体的な制約の態様及び程度等を較量して判断されるべきものと解するのが相当である。

⑵　そこで、本件規定の目的についてみると、本件規定は、性別変更審判を受けた者について変更前の性別の生殖機能により子が生まれることがあれば、親子関係等に関わる問題が生じ、社会に混乱を生じさせかねないこと、長きにわたって生物学的な性別に基づき男女の区別がされてきた中で急激な形での変化を避ける必要があること等の配慮に基づくものと解される。

しかしながら、性同一性障害を有する者は社会全体からみれば少数である上、性別変更審判を求める者の中には、自己の生物学的な性別による身体的特徴に対する不快感等を解消するために治療として生殖腺除去手術を受ける者も相当数存在することに加え、生来の生殖機能により子をもうけること自体に抵抗感を有する者も少なくないと思われることからすると、本件規定がなかったとしても、生殖腺除去手術を受けずに性別変更審判を受けた者が子をもうけることにより親子関係等に関わる問題が生ずることは、極めてまれなことであると考えられる。また、上記の親子関係等に関わる問題のうち、法律上の親子関係の成否や戸籍への記載方法等の問題は、法令の解釈、立法措置等により解決を図ることが可能なものである。性別変更審判を受けた者が変更前の性別の生殖機能により子をもうけると、「女である父」や「男である母」が存在するという事態が生じ得るところ、そもそも平成20年改正により、成年の子がいる性同一性障害者が性別変更審判を受けた場合には、「女である父」や「男である母」の存在が肯認されることとなったが、現在までの間に、このことにより親子関係等に関わる混乱が社会に生じたとはうかがわれない。これに加えて、特例法の施行から約19年が経過し、これまでに１万人を超える者が性別変更審判を受けるに至っている中で、性同一性障害を有する者に関する理解が広まりつつあり、その社会生活上の問題を解消するための環境整備に向けた取組等も社会の様々な領域において行われていることからすると、上記の事態が生じ得ることが社会全体にとって予期せぬ急激な変化に当たるとまではいい難い。

以上検討したところによれば、特例法の制定当時に考慮されていた本件規定による制約の必要性は、その前提となる諸事情の変化により低減しているというべきである。

⑶　次に、特例法の制定以降の医学的知見の進展を踏まえつつ、本件規定による具体的な制約の態様及び程度等をみることとする。

特例法の制定趣旨は、性同一性障害に対する必要な治療を受けていたとしてもなお法的性別が生物学的な性別のままであることにより社会生活上の問題を抱えている者について、性別変更審判をすることにより治療の効果を高め、社会的な不利益を解消することにあると解されるところ、その制定当時、生殖腺除去手術を含む性別適合手術は段階的治療における最終段階の治療として位置付けられていたことからすれば、性別変更審判を求める者について生殖腺除去手術を受けたことを前提とする要件を課すことは、性同一性障害についての必要な治療を受けた者を対象とする点で医学的にも合理的関連性を有するものであったということができる。しかしながら、特例法の制定後、性同一性障害に対する医学的知見が進展し、性同一性障害を有する者の示す症状及びこれに対する治療の在り方の多様性に関する認識が一般化して段階的治療という考え方が採られなくなり、性同一性障害に対する治療として、どのような身体的治療を必要とするかは患者によって異なるものとされたことにより、必要な治療を受けたか否かは性別適合手術を受けたか否かによって決まるものではなくなり、上記要件を課すことは、医学的にみて合理的関連性を欠くに至っているといわざるを得ない。

そして、本件規定による身体への侵襲を受けない自由に対する制約は、上記のような医学的知見の進展に伴い、治療としては生殖腺除去手術を要しない性同一性障害者に対し、身体への侵襲を受けない自由を放棄して強度な身体的侵襲である生殖腺除去手術を受けることを甘受するか、又は性自認に従った法令上の性別の取扱いを受けるという重要な法的利益を放棄して性別変更審判を受けることを断念するかという過酷な二者択一を迫るものになったということができる。また、前記の本件規定の目的を達成するために、このような医学的にみて合理的関連性を欠く制約を課すことは、生殖能力の喪失を法令上の性別の取扱いを変更するための要件としない国が増加していることをも考慮すると、制約として過剰になっているというべきである。

そうすると、本件規定は、上記のような二者択一を迫るという態様により過剰な制約を課すものであるから、本件規定による制約の程度は重大なものというべきである。

⑷　以上を踏まえると、本件規定による身体への侵襲を受けない自由の制約については、現時点において、その必要性が低減しており、その程度が重大なものとなっていることなどを総合的に較量すれば、必要かつ合理的なものということはできない。

よって、本件規定は憲法13条に違反するものというべきである。

これと異なる結論を採る最高裁平成30年（ク）第269号同31年１月23日第二小法廷決定・裁判集民事261号１頁は変更することとする。

第３　結論

以上によれば、本件規定は憲法13条に違反し無効であるところ、これと異なる見解の下に本件申立てを却下した原審の判断は、同条の解釈を誤ったものである。論旨はこの趣旨をいうものとして理由があり、その余の抗告理由について判断するまでもなく、原決定は破棄を免れない。そして、原審の判断していない５号規定に関する抗告人の主張について更に審理を尽くさせるため、本件を原審に差し戻すこととする。

よって、裁判官三浦守、同草野耕一、同宇賀克也の各反対意見があるほか、裁判官全員一致の意見で、主文のとおり決定する。なお、裁判官岡正晶の補足意見がある。

裁判官岡正晶の補足意見は、次のとおりである。

私は、本件規定による制約が、現時点においては過剰なものとなっており、本件規定は憲法13条に違反し無効であるとの多数意見に賛同するものであるが、本決定後の立法府の対応について、補足的に意見を述べる。

本決定により本件規定が違憲無効となることを受け、立法府において本件規定を削除することになるものと思料されるが、その上で、本件規定の目的を達成するためにより制限的でない新たな要件を設けることや、本件規定が削除されることにより生じ得る影響を勘案し、性別の取扱いの変更を求める性同一性障害者に対する社会一般の受止め方との調整を図りつつ、特例法のその他の要件も含めた法改正を行うことは、その内容が憲法に適合するものである限り、当然に可能である。

本決定を受けてなされる法改正に当たって、本件規定の削除にとどめるか、上記のように本件規定に代わる要件を設けるなどすることは、立法府に与えられた立法政策上の裁量権に全面的に委ねられているところ、立法府においてはかかる裁量権を合理的に行使することが期待される。

裁判官三浦守の反対意見は、次のとおりである。私は、本件規定が現時点において憲法13条に違反して無効であることについて、多数意見に賛同するが、さらに、5号規定も、同条に違反して無効であるから、原決定を破棄し、原々審判を取り消して、抗告人の性別の取扱いを男から女に変更する旨の決定をすべきものと考える。以下理由を述べる。

1　本件規定について

⑴　私は、多数意見が引用する前掲最高裁平成31年1月23日第二小法廷決定（以下「平成31年決定」という。）において、本件規定がその当時の時点では憲法13条等に違反しないという法廷意見に賛成したが、鬼丸かおる裁判官との共同補足意見において述べたとおり、本件規定は、その当時、既に違憲の疑いが生じていた。

そして、平成31年決定の法廷意見が述べたとおり、本件規定の合理性については、性自認に従った性別の取扱いや家族制度の理解に関する社会的状況の変化等に応じて変わり得るものであって、その憲法適合性については不断の検討を要するものであり、現時点においては、その後の事情も踏まえて検討する必要がある。

⑵　特例法2条は、性同一性障害者の定義に係る要件について、一般に認められている医学的知見に基づく診断によるものとした上で、その要件の一つとして「自己を身体的に他の性別に適合させようとする意思」を定めているが、「身体的に」といっても、どのような範囲や程度で他の性別に適合させようとする意思を意味するかについては具体的に定めておらず、この点は、時代とともに進展する上記医学的知見を前提として、解釈に委ねるものと解される。

我が国における疾病の分類は、一般に、統計基準（統計法2条9項、28条）である疾病、傷害及び死因の統計分類（現在は、平成27年2月13日総務省告示第35号）によって行われており、これは、世界保健機関のICDに準拠している。

特例法制定当時のICD第10回改訂版においては、性同一性障害は、精神疾患に分類され、性同一性障害の下位分類のうち、性転換症は、「異性の一員として生活し受け入れられたいという願望。通常は、自身の解剖学的な性に対する不快感又は不適切感を伴い、自分の身体をできるだけ自分の好む性に合わせるために外科的治療やホルモン療法を望む。」とされていた。

ICD第10回改訂版を改訂した第11回改訂版は、2019年（令和元年）5月に承認され、2022年（令和4年）1月に発効した。第11回改訂版においては、性同一性障害や性転換症という名称に代えて、性別不合という名称が採用され、性の健康に関連する状態として、精神疾患とは異なるものに分類された。そして、その下位分類のうち、青年期又は成人期の性別不合については、「自ら実感する性と指定された性との明白かつ持続的な不一致によって特徴付けられる。しばしば、その実感する性の人間として生活し受け入れられるために、「移行」を願望するが、それは、自分の身体を、望む範囲で、できる限り、その実感する性に合わせるため、ホルモン療法、外科的治療又は他の保健医療サービスによって行われる。」旨の説明がされている。

ICD第11回改訂版における性別不合の示す症状及びこれに対する治療の在り方の多様性に関する認識は、アメリカ精神医学会のDSM（精神疾患の診断・統計マニュアル）第5版（2013年（平成25年））の性別違和に関する診断基準や、日本精神神経学会のガイドライン第4版改（第4版は平成23年、第4版改は平成30年）の性同一性障害に関する診断及び治療の指針等に示された医学的知見に沿うものと理解される。

このような現在の一般的な医学的知見の下において、自己の生物学的な性別による身体的な特徴に対する不快感等の症状は多様かつ個別的なものであり、特例法2条の「自己を身体的に他の性別に適合させようとする意思」には多様な意思が含まれるものと解される。性同一性障害を有する者の中には、必ずしも内外性器に関し他の性別に適合させることを望まないとしても、胸のふくらみ、髭、声等の第二次性徴に関し身体的に他の性別に適合させようとする意思を有する者がいることは、DSM第5版の診断基準等からも明らかであり、ICD第11回改訂版もこれを前提にするものと理解される。このような意思は、一般に認められている医学的知見を前提として、同条の上記意思に当たるものと解されるが、このような者にとっては、治療として生殖腺除去手術を含む性別適合手術を受けることを要しない。

多数意見が第2の2(3)に述べるように、本件規定に係る要件を課すことは、医学的にみて合理的関連性を欠くに至っているが、この点は、ICD第10回改訂版の下で進展し一般化してきた医学的知見に加えて、国際的に合意されたICD第11回改訂版によって裏付けられるとともに、それらを前提とする性同一性障害者の定義の解釈に照らしても、医学的な合理的関連性が認められないものとなっている。

(3)　地方公共団体においては、近年、いわゆるパートナーシップ制度が飛躍的に拡大している。この制度は、地方公共団体によって違いはあるものの、一般に、婚姻していない二人が生活上のパートナーである旨の宣誓の届出を受理して証明すること等を内容とする制度であり、性的指向や性自認等の点で性的少数者とされる者について、社会生活上の不利益を軽減し、人格や個性を尊重する社会の形成に資すること等を目的とする。平成27年、東京都渋谷区及び世田谷区がこれを始めた後、他の地方公共団体にも広がり、平成31年決定当時は、10程度の市区町であったが、東京都渋谷区等の調査によれば、令和5年6月28日時点において、東京都、大阪府等の14都府県を含め320を超える地方公共団体がこれを設け、これらがカバーする人口は、我が国の総人口の70％を超えているとされる。

当初は、同性の二人を対象とする制度であったが、現在は、異性の二人をも対象とする制度が一般的であり、性別変更審判等に関わらず性同一性障害を有する者の利用が広く考慮されている。さらに、最近では、パートナーシップ制度と併せて、子や親を含め、ファミリーシップ制度を設ける地方公共団体も増加している。

身近な地域社会において、このような制度が拡大し、特に大きな問題もなく運用されているとうかがわれることは、性同一性障害を有する者を含む性的少数者が、家族を形成して子育てをし、充実した社会生活を営むという、多様な家族の在り方に関する社会的状況の変化を示しているというべきである。

多数意見が第2の2(2)に述べるように、特例法の施行から約19年が経過する中で、性同一性障害を有する者に関する理解が広まりつつあり、その社会生活上の問題を解消するための環境整備に向けた取組等も社会の様々な領域において行われているが、パートナーシップ制度は、公的な制度という点でも、全国的な広がりという点でも、重要な意義を有するということができる。

(4)　平成31年決定の共同補足意見で述べた事情に加え、以上のような事情等を併せ考慮して、総合的に較量すると、現時点において、本件規定による身体への侵襲を受けない自由の制約は、必要かつ合理的なものとはいえず、本件規定は憲法13条に違反するというべきである。

そして、特例法の趣旨や、2条及び3条1項各号の規定の趣旨並びにそれらの関係等に鑑み、本件規定が違憲と判断される場合、特例法全体が無効となるものではなく、本件規定だけが無効になるものと解される。多数意見も同様に解していることは明らかである。

2　5号規定について

(1)　抗告人の論旨は、本件規定及び5号規定の憲法違反を内容とするものであるが、抗告人は、原審においても、両規定の違憲を主張していたところ、原決定は、本件規定を合憲と判断し、5号規定に関する抗告人の主張については判断していない。そこで、事案に鑑み、5号規定の憲法適合性についても検討することとする。

(2)　5号規定は、「その身体について他の性別に係る身体の性器に係る部分に近似する外観を備えていること。」と規定するところ、これに該当するためには、原則として、外性器の除去術及び形成術又は上記外観を備えるに至るホルモン療法（以下、これらの治療を「外性器除去術等」という。）を受ける必要があると解される。

このうち、外性器の除去術及び形成術は、生物学的な男性の場合は陰茎切除術及び外陰部形成術、生物学的な女性の場合は尿道延長術及び陰茎形成術であるが、これらの外科的治療は、生命又は身体に対する危険を伴い不可逆的な結果等をもたらす身体への強度の侵襲である。

ホルモン療法は、ホルモンに関する薬剤を投与することにより、身体的に他の性別に適合させる一定の効果が生ずるものであり、他の性別に係る外性器に係る部分に近似する外観を備えるという点で、相応の効果が得られる場合がある。これも、上記外科的治療より強度は低いものの、身体への侵襲である。そして、ホルモン療法は、生涯又は長期にわたって継続するものであり、精巣の萎縮や造精機能の喪失など不可逆的な変化があり得るだけでなく、血栓症等の致死的な副作用のほか、狭心症、肝機能障害、胆石、肝腫瘍、下垂体腫瘍等の副作用を伴う可能性が指摘され、さらに、原則として、糖尿病、高血圧、血液凝固異常、内分泌疾患、悪性腫瘍など、副作用のリスクを増大させる疾患等を伴わない場合に行うべきものとされること等からすると、生命又は身体に対する相当な危険又は負担を伴う身体への侵襲ということができる。

したがって、このような外性器除去術等を受けることが強制される場合には、身体への侵襲を受けない自由に対する重大な制約に当たるというべきである。

ところで、5号規定は、性同一性障害を有する者のうち自らの選択により性別変更審判を求める者について、原則として外性器除去術等を受けることを前提とする要件を課すにとどまるものであり、性同一性障害を有する者一般に対して外性器除去術等を受けることを直接的に強制するものではない。しかしながら、外性器の除去術及び形成術を望まない場合において、ホルモン療法によって他の性別に係る外性器に係る部分に近似する外観を備えるに至らないときや、現に副作用や疾患による困難があるためにホルモン療法を続けることを望まないときなど、性同一性障害の治療としては外性器除去術等を要しない性同一性障害者に対しても、性別変更審判を受けるためには、原則として外性器除去術等を受けることを要求するものということができる。

他方で、性同一性障害者がその性自認に従った法令上の性別の取扱いを受けることは、法的性別が社会生活上の多様な場面において個人の基本的な属性の一つとして取り扱われており、性同一性障害を有する者の置かれた状況に鑑みると、個人の人格的存在と結び付いた重要な法的利益というべきである。このことは、性同一性障害者が治療として外性器除去術等を受けることを要するか否かにより異なるものではない。

そうすると、5号規定は、治療としては外性器除去術等を要しない性同一性障害者に対して、性自認に従った法令上の性別の取扱いを受けるという重要な法的利益を実現するために、外性器除去術等を受けることを余儀なくさせるという点において、身体への侵襲を受けない自由を制約するものということができ、このような制約は、性同一性障害を有する者一般に対して外性器除去術等を受けることを直接的に強制するものではないことを考慮しても、身体への侵襲を受けない自由の重要性に照らし、必要かつ合理的なものということができない限り、許されないというべきである。

そして、5号規定が必要かつ合理的な制約を課すものとして憲法13条に適合するか否かについては、5号規定の目的のために制約が必要とされる程度と、制約される自由の内容及び性質、具体的な制約の態様及び程度等を較量して判断されるべきものと解される。

⑶ア　そこで、5号規定の目的についてみると、5号規定は、他の性別に係る外性器に近似するものがあるなどの外観がなければ、例えば公衆浴場で問題を生ずるなど、社会生活上混乱を生ずる可能性があることなどが考慮されたものと解される。

外性器に係る部分の外観は、通常、他人がこれを認識する機会が少なく、公衆浴場等の限られた場面の問題であるが、公衆浴場等については、一般に、法律に基づく事業者の措置により、男女別に浴室の区分が行われている。このうち、公衆浴場については、浴場業を営む者は、入浴者の衛生及び風紀に必要な措置を講じなければならないものとされ、上記措置の基準については都道府県等が条例で定める（公衆浴場法3条1項、2項、2条3項）。この条例の基準は、厚生労働大臣の技術的な助言（「公衆浴場における衛生等管理要領」平成12年12月15日付け生衛発第1811号厚生省生活衛生局長通知）を受け、一般に、一定年齢以上の男女を混浴させないことや、浴室は男女を区別すること等を定めており、これらを踏まえ、浴場業を営む者の措置により、浴室が男女別に分けられている。旅館業についても同様の規制があるところ（旅館業法4条1項、2項、3条1項）、旅館業における共同浴室については、条例の基準として上記の定めがない場合も多いが、一般に、旅館業を営む者の措置により、男女別に分けられている（「旅館業における衛生等管理要領」上記厚生省生活衛生局長通知参照）。

このような浴室の区分は、風紀を維持し、利用者が羞恥を感じることなく安心して利用できる環境を確保するものと解されるが、これは、各事業者の措置によって具体的に規律されるものであり、それ自体は、法令の規定の適用による性別の取扱い（特例法4条1項参照）ではない。実際の利用においては、通常、各利用者について証明文書等により法的性別が確認されることはなく、利用者が互いに他の利用者の外性器に係る部分を含む身体的な外観を認識できることを前提にして、性別に係る身体的な外観の特徴に基づいて男女の区分がされているということができる。事業者が営む施設について不特定多数人が裸になって利用するという公衆浴場等の性質に照らし、このような身体的な外観に基づく男女の区分には相当な理由がある。厚生労働大臣の技術的助言やこれを踏まえた条例の基準も同様の意味に解され（令和5年6月23日付け薬生衛発第0623号厚生労働省医薬・生活衛生局生活衛生課長通知参照）、上記男女の区分は、法律に基づく事業者の措置という形で社会生活上の規範を構成しているとみることができる。5号規定は、この規範を前提として性別変更審判の要件を規定するものであり、5号規定がその規範を定めているわけではない。

イ　これらを踏まえて検討すると、性同一性障害を有する者は社会全体からみれば少数である上、性別変更審判を求める者の中には、自己の生物学的な性別による身体的な特徴に対する不快感等を解消するために治療として外性器除去術等を受け、他の性別に係る外性器に係る部分に近似する外観を備えている者も相当数存在する。また、上記のような身体的な外観に基づく規範の性質等に照らし、5号規定がなかったとしても、この規範が当然に変更されるものではなく、これに代わる規範が直ちに形成されるとも考え難い。さらに、性同一性障害者は、治療を踏まえた医師の具体的な診断に基づき、身体的及び社会的に他の性別に適合しようとする意思を有すると認められる者であり（特例法2条）、そのような者が、他の性別の人間として受け入れられたいと望みながら、あえて他の利用者を困惑させ混乱を生じさせると想定すること自体、現実的ではない。これらのことからすると、5号規定がなかったとしても、性同一性障害者の公衆浴場等の利用に関して社会生活上の混乱が生ずることは、極めてまれなことであると考えられる。

その一方で、5号規定がない場合には、性別変更審判により、身体的な外観に基づく規範と法的性別との間にずれが生じ得ることについて、利用者が不安を感じる可能性があることは否定できない。しかし、その場合でも、上記規範の性質等に照らし、性別変更審判を受けた者を含め、上記規範が社会的になお維持されると考えられることからすると、これを前提とする事業者の措置がより明確になるよう、必要に応じ、例えば、浴室の区分や利用に関し、厚生労働大臣の技術的な助言を踏まえた条例の基準や事業者の措置を適切に定めるなど、相当な方策を採ることができる。また、特例法は、性別変更審判を受けた者に関し、法令の規定の適用については、その性別につき他の性別に変わったものとみなす旨を規定するが、法律に別段の定めがある場合を除外して、その例外を予定しており（4条1項）、公衆浴場等の利用という限られた場面の問題として、法律に別段の定めを設けることも考えられる。上記混乱の可能性が極めて低いことを考え併せれば、現在と同様に利用者が安心して利用できる状況を維持することは十分に可能と考えられる。

この点に関連して、5号規定がなければ、男性の外性器の外観を備えた者が、心の性別が女性であると主張して、女性用の公衆浴場等に入ってくるという指摘がある。しかし、5号規定は、治療を踏まえた医師の具体的な診断に基づいて認定される性同一性障害者を対象として、性別変更審判の要件を定める規定であり、5号規定がなかったとしても、単に上記のように自称すれば女性用の公衆浴場等を利用することが許されるわけではない。その規範に全く変わりがない中で、不正な行為があるとすれば、これまでと同様に、全ての利用者にとって重要な問題として適切に対処すべきであるが、そのことが性同一性障害者の権利の制約と合理的関連性を有しないことは明らかである。

これに加えて、特例法の施行から約19年が経過し、これまでに1万人を超える者が性別変更審判を受けるに至っている中で、性同一性障害を有する者に関する理解が広まりつつあり、その社会生活上の問題を解消するための環境整備に向けた取組等も社会の様々な領域において行われていることからすると、5号規定がなかったとしても社会的な混乱が生ずる可能性が低いことや、現在と同様に利用者が安心して利用できる状況を維持できること等については、社会全体にとってその理解が困難なものとはいい難い。

以上検討したところによれば、5号規定による制約の必要性は、現時点において、相当に低いものとなっているというべきである。

ウ　なお、トイレや更衣室の利用についても、男性の外性器の外観を備えた者が、心の性別が女性であると主張して、女性用のトイレ等に入ってくるという指摘がある。しかし、トイレ等においては、通常、他人の外性器に係る部分の外観を認識する機会が少なく、その外観に基づく区分がされているものではないから、5号規定がトイレ等における混乱の回避を目的とするものとは解されない。利用者が安心して安全にトイレ等を利用できることは、全ての利用者にとって重要な問題であるが、各施設の性格（学校内、企業内、会員用、公衆用等）や利用の状況等は様々であり、個別の実情に応じ適切な対応が必要である。また、性同一性障害を有する者にとって生活上欠くことのできないトイレの利用は、性別変更審判の有無に関わらず、切実かつ困難な問題であり、多様な人々が共生する社会生活の在り方として、個別の実情に応じ適切な対応が求められる。このように、トイレ等の利用の関係で、5号規定による制約を必要とする合理的な理由がないことは明らかである。

⑷　次に、特例法の制定以降の医学的知見の進展を踏まえつつ、5号規定による具体的な制約の態様及び程度等をみることとする。

特例法の制定趣旨は、性同一性障害に対する必要な治療を受けていたとしてもなお法的性別が生物学的な性別のままであることにより社会生活上の問題を抱えている者について、性別変更審判をすることにより治療の効果を高め、社会的な不利益を解消することにあると解されるところ、その制定当時、外性器の除去術及び形成術を含む性別適合手術は段階的治療における最終段階の治療として位置付けられ、ホルモン療法はその前段階の治療として位置付けられていたことからすれば、性別変更審判を求める者について外性器除去術等を受けたことを前提とする要件を課すことは、性同一性障害についての必要な治療を受けた者を対象とする点で医学的にも合理的関連性を有するものであったということができる。しかしながら、特例法の制定後、性同一性障害に対する医学的知見が進展し、性同一性障害を有する者の示す症状及びこれに対する治療の在り方の多様性に関する認識が一般化して段階的治療という考え方が採られなくなり、性同一性障害に対する治療として、どのような身体的治療を必要とするかは患者によって異なるものとされたことにより、必要な治療を受けたか否かは外性器除去術等を受けたか否かによって決まるものではなくなり、上記要件を課すことは、医学的にみて合理的関連性を欠くに至っているといわざるを得ない。

また、1⑵に述べたとおり、現在の一般的な医学的知見の下において、性同一性障害を有する者の示す症状の多様性を前提にすると、特例法2条の性同一性障害者の定義における「自己を身体的に他の性別に適合させようとする意思」には多様な意思が含まれるものと解され、治療としては外性器除去術等を要しない場合があり、このような定義の解釈に照らしても、上記要件を課すことは、医学的な合理的関連性が認められないものとなっている。

そして、5号規定による身体への侵襲を受けない自由に対する制約は、上記のような医学的知見の進展に伴い、治療としては外性器除去術等を要しない性同一性障害者に対し、身体への侵襲を受けない自由を放棄して強度の若しくは相当な危険や負担を伴う身体的侵襲である外性器除去術等を受けることを甘受するか、又は性自認に従った法令上の性別の取扱いを受けるという重要な法的利益を放棄して性別変更審判を受けることを断念するかという過酷な二者択一を迫るものになったということができる。また、前記の5号規定の目的を達成するために、このような医学的にみて合理的関連性を欠く制約を課すことは、治療を踏まえた医師の具体的な診断に基づいて認定される性同一性障害者を対象とすること等をも考慮すると、制約として過剰なものになっているというべきである。

そうすると、5号規定は、上記のような二者択一を迫るという態様により過剰な制約を課すものであるから、5号規定による制約の程度は重大なものというべきである。

⑸　以上を踏まえると、5号規定による身体への侵襲を受けない自由の制約については、現時点において、その必要性が相当に低いものとなり、その程度が重大なものとなっていることなどを総合的に較量すれば、必要かつ合理的なものということはできない。

よって、5号規定は憲法13条に違反するものというべきである。

⑹　5号規定が違憲と判断される場合、本件規定の場合と同様に、5号規定だけが無効になると解されるところであるが、本件規定及び5号規定が無効になるとすると、特例法3条1項1号から3号までに係る要件のほか、特例法2条の性同一性障害者の定義に係る要件だけが残ることになるから、特例法の趣旨等に照らし、特例法全体が無効となるのか、本件規定及び5号規定だけが無効となるのかについて更に検討する。残余の要件により性別変更審判がされるとすると、特例法の趣旨等に反することになり、司法の判断により新たな立法をするに等しく、立法権を侵害することにならないかという問題でもある。

特例法の制定趣旨は、性同一性障害に対する必要な治療を受けていたとしてもなお法的性別が生物学的な性別のままであることにより社会生活上の問題を抱えている者について、性別変更審判をすることにより治療の効果を高め、社会的な不利益を解消することにあると解される。そして、特例法3条1項は、性別変更審判を請求できる者の要件として、性同一性障害者であって同項各号のいずれにも該当するものと定めているが、このうち、2条に規定する性同一性障害者の定義に係る要件が全体の基本となる要件であるのに対し、3条1項各号に係る要件は、形式的にも内容的にも、それぞれ独立した個別的な要件である。

このような特例法の趣旨及び規定の在り方からみて、特例法は、生物学的には性別が明らかであるにもかかわらず、心理的にはそれとは別の性別であるとの持続的な確信を持ち、かつ、自己を身体的及び社会的に他の性別に適合させようとする意思を有するという、その心理的及び意思的な状態を基本的な要件とし、一般的な医学的知見に基づく医師の診断によりこれらが認められる者について、法令上の性別の取扱いの特例を認めることを基本的内容とするものと解される。

そして、1⑵に述べたとおり、現在の一般的な医学的知見の下において、特例法2条の「身体的に他の性別に適合させようとする意思」には多様な意思が含まれ、治療としては生殖腺除去手術や外性器除去術等を要しない場合がある上、本件規定及び5号規定は、それぞれ社会的な混乱を回避することを主な目的とし、両規定に係る身体的な状態はその原因を問わないものであることからすると、その身体的な状態が上記意思と不可分の関係にあるものとは解されない。また、特例法制定時の法律案の提案理由説明やその立法に関与した者の説明（南野知恵子参議院議員（当時）監修「解説性同一性障害者性別取扱特例法」日本加除出版（平成16年）等参照）においても、法令上の性別の取扱いの特例を認める趣旨について上記身体的な状態を不可欠の要素としたことはうかがわれない。

そうすると、本件規定及び5号規定に係る要件は、特例法の趣旨及び基本的内容と不可分の関係にあるということはできず、両規定に係る身体的な状態にない者であっても、治療を踏まえた医師の具体的な診断により、特例法2条に係る心理的及び意思的な状態が認められる場合に、これを上記特例の対象とすることが特例法の趣旨に合致することは明らかである。性同一性障害者がその性自認に従った法令上の性別の取扱いを受けることが、個人の人格的存在と結び付いた重要な法的利益であることからすると、むしろ、両規定の違憲を理由として特例法全体を無効にすることは、立法の目的に反するというほかない。

以上に鑑みると、本件規定及び5号規定が違憲と判断される場合、両規定だけが無効となり、残余の規定に基づいて審判を行うべきものと解されるが、それは、特例法の趣旨及び基本的内容を何ら変更するものではなく、立法権の侵害というべきものでないことは明らかである。

よって、本件規定及び5号規定だけが無効になるというべきである。

(7)　なお、本件規定及び5号規定が違憲無効となる場合も、特例法2条に係る心理的及び意思的な状態について、一般的な医学的知見に基づき、治療を踏まえた医師の診断により、適正な判断が行われる必要があることはいうまでもない。

この点に関し、特例法は、その診断を的確に行うために必要な知識及び経験を有する二人以上の医師の一般に認められている医学的知見に基づき行う診断が一致していることを要件とし（2条)、性別変更審判の請求をするには、上記診断の結果並びに治療の経過及び結果等が記載された医師の診断書を提出しなければならないものとしている（3条2項)。この診断書の記載事項については、同項のほか、平成16年5月18日厚生労働省令第99号により定められ、さらに、同日付け障精発第0518001号厚生労働省社会・援護局障害保健福祉部精神保健福祉課長通知により、診断書の参考様式とともに、記載要領が詳細に定められている。これらにより、診断書には、心理的に他の性別であるとの持続的な確信の有無及び自己を他の性別に適合させようとする意思の有無とそれらの根拠とともに、治療の経過及び結果について、精神的サポート、ホルモン療法、乳房切除術及び性別適合手術に区分して、それぞれ治療の期間、内容及び結果等を具体的に記載し、また、他の性別としての身体的及び社会的適合状況についても、具体的に記載することとされている。

本件規定及び5号規定が違憲無効となる場合、記載を要しないこととなる部分があるにしても、裁判所は、これまでと同様に、単に本人の主張や医師の抽象的な診断結果によるのではなく、治療の実績を踏まえた医師の具体的な診断であって、しかも、それが「その診断を的確に行うために必要な知識及び経験を有する二人以上の医師の一般に認められている医学的知見に基づき行う診断が一致しているもの」と認められる場合に限り、特例法2条の要件に該当するとの判断をする。

そして、日本精神神経学会は、これまで、性同一性障害に関する医学的知見や臨床経験を踏まえた専門的な検討等を経て、医療者に対する診断及び治療の指針として、詳細なガイドラインを定め、必要に応じこれを改訂している。また、性同一性障害に関する研究の推進、知識の向上等を目的とするGID学会（性同一性障害学会）は、一定の知識と能力を備え、専門家研修会での研鑽を積んだ臨床医を認定するGID学会認定医制度を設けるなどしている。これらは、上記要件に係る医師の診断に関し、その診断を的確に行うために必要な知識及び経験を有する医師か否か、一般に認められている医学的知見に基づき行う診断か否かについて判断する上で考慮すべき重要な事情ということができる。

以上を踏まえると、裁判所は、特例法が規定する要件について、適切な根拠に基づいて判断を行うものであり、その適正が担保されているということができる。

3　結論

以上のとおり、本件規定及び5号規定は違憲無効であり、5号規定の要件該当性について判断するまでもなく、特例法の残余の要件に照らし、抗告人の申立てには理由があるから、原決定を破棄し、原々審判を取り消して、抗告人の性別の取扱いを男から女に変更する旨の決定をすべきである。

4　私は、1に述べたとおり、本件規定の合憲性について、現時点における判断として、平成31年決定の結論を改めるものであるが、この4年余の間にも、本件規定により重大な影響を受けた者は少なくないと考えられることに鑑み、特に付言する。

特例法の一部を改正する平成20年法律第70号は、附則3項において、性同一性障害者の性別変更審判の制度については、この法律による改正後の特例法の施行の状況を踏まえ、性同一性障害者及びその関係者の状況その他の事情を勘案し、必要に応じ、検討が加えられるものとする旨を定めていた。そして、世界保健機関等による共同声明をはじめ、本件規定等の問題に関わる国の内外の見解や、諸外国の裁判例及び立法例が見られる中で、平成31年決定は、本件規定の憲法適合性については不断の検討を要する旨を指摘した。しかし、その後を含め、上記改正以来15年以上にわたり、本件規定等に関し必要な検討が行われた上でこれらが改められることはなかった。

全ての国民は、個人として尊重され、生命、自由及び幸福追求に対する国民の権利については、公共の福祉に反しない限り、立法その他の国政の上で、最大の尊重を必要とするものであり、状況に応じて適切な措置を講ずることは、国の責務である。取り分け、今日、性自認や性的指向等に関係なく、あらゆる分野において平等な参加が確保されるよう、社会的な障壁を取り除き、不適切な規範や慣習に対処して、あらゆる人々が生き生きとした人生を享受することができる社会の実現が求められている（令和5年（2023年）5月20日G7広島サミットの首脳コミュニケ、2022年（令和4年）6月28日G7エルマウ（ドイツ）サミットの首脳コミュニケ等参照）。

指定された性と性自認が一致しない者の苦痛や不利益は、その尊厳と生存に関わる広範な問題を含んでいる。民主主義的なプロセスにおいて、このような少数者の権利利益が軽んじられてはならない。

裁判官草野耕一の反対意見は、次のとおりである。

私は、本件規定を違憲無効であるとすることについては異存ないものの、本件事案に鑑みれば、5号規定についても違憲無効であるとした上で、抗告人に対して性別の取扱いの変更を認める旨の決定をすることが相当であると考えるものである。以下、そう考える理由を述べる。

1　5号規定が有効に存続する限り、特例法3条1項に基づき性別変更審判の申立てをする者（以下「申請者」という。）が性別の取扱いの変更を受けるためには、同人の身体が5号規定の要件を充たしていなければならない。しかるに、男性から女性への性別の取扱いの変更を求める者が5号規定の要件を確実に充たすためには、陰茎の切除と外陰部形成のための性別適合手術を受けなければならず、女性から男性への性別の取扱いの変更を求める者が5号規定の要件を確実に充たすためには、尿道延長と陰茎形成のための性別適合手術を受けなければならない（「確実に」といったのは、後記3で述べるように、これらの手術を受けなくても5号規定の要件を充足し得る場合があるとする見解があるためである。）。しかるに、これらの手術はそれ自体が申請者に恐怖や苦痛を与えるものであり、加えて、これらの手術を受ける者は感染症の併発その他の生命及び身体に対する危険を甘受しなければならない。

2　「性自認に従った法令上の性別の取扱いを受ける利益」は、多数意見が指摘するとおり、重要な法的利益である。そうである以上、既に特例法が存在するにもかかわらず申請者がこの利益を享受するためには上記の如き手術を受けなければならないとすることは憲法13条が保障している「身体への侵襲を受けない自由」の制約に当たるといえる。したがって、5号規定が合憲であるというためには、5号規定が上記の自由を制約していることの目的（以下、単に「制約目的」という。）に正当性があり、かつ、その目的を達成するために5号規定が選択した手段が制約目的に照らして相当なものといえることが必要である。そこで、以下、これらの点について順次検討を加える。

(1)　5号規定の制約目的としては、一般に、公衆浴場等で社会生活上の混乱が生じることを回避するためなどと説明されることが多いが、5号規定が申請者にもたらす不利益との比較を行うためにはこれをできる限り自然人の享受し得る具体的利益に還元した表現を用いるべきである。この点から考えると、5号規定の制約目的は「自己の意思に反して異性の性器を見せられて羞恥心や恐怖心あるいは嫌悪感を抱かされることのない利益」（以下、この利益を（読みやすさを考慮して常にかぎ括弧を付けたままで）「意思に反して異性の性器を見せられない利益」という。）を保護することにあると捉えることが適切であろう。しかるに、性器を公然と露出する行為が刑法174条の罪（公然わいせつ罪）に当たることは確立された判例となっており、一定の区域内において性器を露出することが例外的に許容されている施設の代表である公衆浴場においても公衆浴場法の委任を受けた各地方公共団体の条例が、浴室等を性別によって区別すべきことを定めてきた。これらの事実に鑑みれば、「意思に反して異性の性器を見せられない利益」は尊重に値する利益であり、これを保護せんとする５号規定の制約目的には正当性が認められる。

⑵　そこで、問題は、上記の制約目的を達成するために選択した手段（５号規定）が、上記の制約目的に照らして、相当であるといえるか否かということになる（以下、いわゆる目的手段審査のうち、手段の相当性に関する問題を「相当性問題」という。）。

相当性問題についての判断を下すに当たりいかなる判断枠組みを用いるべきかについては講学上様々な見解がある。しかしながら、相当性問題の実質は、共通の指標によって大小を計ることができない関係者間の利益を比較衡量することであるところ、かかる比較衡量を普遍的ないしは類型的に行い得るような判断枠組みがアプリオリに存在するとは考え難く、相当性問題を考えるに当たって採り得る最善の思考方法は、結局のところ、判断の相当性を最も明確に示し得る視点を試行錯誤的に模索し、その結果として発見された「最善の視点」に立って問題を論じ判断を下すことであるように思える。そして、本事件において用い得る「最善の視点」は、５号規定が合憲とされる場合に現出されるであろう社会（以下「５号規定が合憲とされる社会」という。）と５号規定を違憲としてこれを排除した場合に現出されるであろう社会（以下「５号規定が違憲とされる社会」という。）を比較し、いずれの社会の方が、憲法が体現している諸理念に照らして、より善い社会であるといえるかを検討することであろう。

3　最初に、５号規定が合憲とされる社会について考える。この社会においては、特例法上の性別の取扱いの変更を受けるための要件のうち５号規定の要件以外は全て充たしているが５号規定の要件は充たしていない申請者（以下「５号要件非該当者」という。）は、性別変更審判を受けることができない。したがって、５号要件非該当者は、公衆浴場等の施設において、性別によって区別されていて、自己の生物学的な性別と異なる性別の者については性器を露出したままで行動することが許容されている区域（以下「許容区域」という。）に入場することが許されず、その結果、「意思に反して異性の性器を見せられない利益」が５号要件非該当者によって損なわれる事態は起こり得ない。他方、５号要件非該当者が性別の取扱いの変更を確実に受けるためには性別適合手術を受けなければならないのであるから、５号要件非該当者は、身体への侵襲を受けない自由の侵害を甘受するか、あるいは、性自認に従った法令上の性別の取扱いを受ける利益の享受を断念するかしかない。これを要するに、５号規定が合憲とされる社会は、「意思に反して異性の性器を見せられない利益」が５号要件非該当者によって損なわれることがおよそ起こり得ないという点において、たしかに静謐な社会であるといえるが、その静謐さは５号要件非該当者の自由ないし利益の恒常的な抑圧によって購《あがな》われたものにほかならない。

なお、性同一性障害者はホルモン療法を相当の期間にわたって受けるなどすることによって自己の性器についても外形上顕著な変化が生ずる可能性があるところ、性別適合手術を受けずとも、このような顕著な変化をもって５号規定の要件を充足し得る場合もあるとする見解があるが、そのような変化が生ずる者がいるとしても、そうではない５号要件非該当者の自由ないし利益に対する恒常的抑圧が続くことに変わりはない。

4　次に、５号規定が違憲とされる社会について考える。この社会については、性別の取扱いの変更を受けた５号要件非該当者（以下、文脈上明らかである場合には、このような限定的意味で「５号要件非該当者」という言葉を用いることとする。）が許容区域に入場することによって当該許容区域の他の利用者が有している「意思に反して異性の性器を見せられない利益」が損なわれる事態が発生するのではないかとの懸念を抱く者がいるであろうことは理解し得るところである。しかしながら、ここにおいては二つの点に留意が払われなければならない。

第一に留意すべきことは、公表されている調査結果等によると、我が国の全人口に占める性同一性障害者の割合は非常に低く、その中でも（身体的特徴を他の性別のものと適合させたいとの気持ちから進んで性別適合手術を受ける性同一性障害者も少なくないであろうから）5号要件非該当者に当たる者はさらに少ない上に、「意思に反して異性の性器を見せられない利益」が尊重されてきた我が国社会の伝統的秩序を知りながらあえて許容区域に入場し、そこで自らの性器を他の利用者に見えるように行動しようとする者はもっと少なく、存在するとしても、ごく少数にすぎないであろうという点である。この点に鑑みるならば、以下に述べる点を措いて考えたとしても、5号要件非該当者によって許容区域利用者の「意思に反して異性の性器を見せられない利益」が損なわれる事態が発生する可能性はそもそも極めて低い。

第二に留意すべきことは、全ての許容区域は、これを公衆の用に供することを業として行う者の管理下にあるという点である。したがって、5号規定が違憲とされる社会に直面した許容区域の管理者は、①厚生労働大臣が各地方公共団体にする技術的助言及びこれを踏まえた許容区域の性別区分を定める諸条例においていうところの「男女」の解釈（なお、現行の上記技術的助言（令和5年6月23日付薬生衛発0623第1号）は「男女」の区分は専ら身体的な特徴によってなされるべきであるとしている。）や、②当該許容区域の利用者の意見等を勘案した上で、5号要件非該当者の当該許容区域への入場を禁止するか、許容するか（日時や曜日を限って入場を許容することなども考えられる。）、あるいは、その中間的な措置を講ずるか（無償又は有償で貸与する水着を着用することを条件として入場を許容することなども考えられる。）、いずれにせよ何らかのルールを利用規則として定める必要に迫られることになるであろう。しかるに、利用者間のトラブルの発生を未然に防止しつつより多くの利用者が満足し得るサービスを提供することは、許容区域の円滑な経営や適切な運営管理という観点からも許容区域の管理者が満たすべき喫緊の要請であるはずであるから、あらゆる許容区域の管理者は、5号要件非該当者の利用に関する当該許容区域の利用規則を定めるに当たっては、利用者が有している「意思に反して異性の性器を見せられない利益」が損なわれることのないよう細心の注意を払うとともに、定められた利用規則の内容を当該許容区域の利用者に周知徹底させるよう努めることが期待できる。この結果、許容区域の利用者の「意思に反して異性の性器を見せられない利益」が損なわれる可能性はさらに低くなるであろう。

以上を要するに、5号規定が違憲とされる社会であっても、「意思に反して異性の性器を見せられない利益」が損なわれる可能性は極めて低く、一方、この社会においては5号要件非該当者に性別適合手術を受けることなく性別の取扱いの変更を受ける利益が与えられるのであるから、同人らの自由ないし利益に対する抑圧は（許容区域への入場が無制限に認められるわけではない以上「完全に」とはいえないまでも）大幅に減少する。

なお、5号規定が違憲とされる社会においては、5号要件非該当者による許容区域の利用規則の有り様《よう》についての諸見解が、様々な公共空間において議論の対象となることが予想されるところ、そのような議論の結果によっては、追加的な立法措置や新たな司法判断により、5号要件非該当者とそれ以外の国民のいずれか又は双方の自由と利益に関して、上記に述べたものとは（もとより憲法上許容される限度においてではあるが）若干異なる事態が現出する可能性がないとはいえない。そして、この可能性がある点において、5号規定が違憲とされる社会は、5号規定が合憲とされる社会と比べるといささか喧《かまびす》しい社会であるといえるかもしれない。しかしながら、この喧《かまびす》しさは、5号要件非該当者とそれ以外の国民双方の自由と利益を十分尊重した上で、国民が享受し得る福利を最大化しようとする努力とその成果と捉え得るものである。

5　以上によれば、5号規定が違憲とされる社会は、憲法が体現している諸理念に照らして、5号規定が合憲とされる社会に比べてより善い社会であるといえる。よって、5号規定の制約手段は5号規定の制約目的に照らして相当なものであるとはいえず、5号規定は本件規定と同様に違憲であると解するのが相当である。そして、抗告人が本件規定と5号規定を除く特例法上の要件を充たしていることは一件記録上明らかであるから、原決定を破棄した上で本件申立てを認める旨の決定を下すことが相当であると思料する次第である。

裁判官宇賀克也の反対意見は、次のとおりである。

1　私は、本件規定による身体への侵襲を受けない自由の制約は必要かつ合理的なものということはできず、本件規定が違憲であるとする点については、多数意見に全面的に同調する。多数意見が述べるように、現在では、生殖腺除去手術は、治療の最終段階ではなく、基本的に本人の意思に委ねられる治療の選択肢の一つにすぎなくなっているのであるから、生殖腺除去手術は、医学的観点から必要性が肯定されることに加えて、本人の真の同意がある場合に限り認められるべきといえよう。したがって、医学的必要性の有無にかかわらず、また、本人が生殖腺除去手術を受けることを望んでいるかを問わず、生殖腺除去手術を受けなければ法的性別の変更を認めない制度は、自認する性別と法的性別の不一致により多大な不利益を受けている者に、法的性別を自認する性別と一致させるために生命・身体への危険を伴う生殖腺除去手術を受けることを選択するか、危険を伴う生殖腺除去手術を回避するために自認する性別と法的性別の不一致に伴う社会生活における様々な不利益を甘受するかという過酷な二者択一を迫ることになる。そして、本件規定は、生殖腺除去手術を受けない者は真正の性同一性障害者ではないという、医学的根拠のない不合理な認識を醸成してしまうおそれがあると思われる。

本件規定が設けられた主たる理由は、生殖能力を残存させたまま法的性別の変更を認めた場合、女である父、男である母が生じ得ることとなって、社会的混乱が生ずることであるが、多数意見が指摘するように、平成20年改正により、既に成人の子がいる場合には、女である父、男である母の存在が法的に認められており、同改正から15年以上を経過した今日において、そのことによって社会的混乱が生じているとは認められない。また、法的な観点とは別に、外見上は男性である者が子を出産する事態はあったとしても極めてまれであるのみならず、それは法的性別の変更如何と関わりなく生じ得る事態であり、本件規定には、かかる事態を防止する意義が認められない。さらに、性同一性障害者がホルモン療法や生殖腺除去手術の前に精子や卵子を凍結保存し、性別変更後にそれを利用して子をもうけることが医学的に可能になっているが、そのような事態は生ずるとしても極めてまれであるのみならず、本件規定によってかかる事態を防止することはできないから、その点においても、本件規定の存在意義は認められない。

そもそも、性同一性障害者は、法的性別の変更によって、突然、自認する性別による生活を開始するわけではなく、ホルモン療法等によって外見上の性別が変化し、さらに家庭裁判所の許可を得て名の変更を行い、外見も名も自認する性別に合致した生活をしているのが一般的であると考えられる。したがって、外見や名からうかがわれる性別と法的性別が不一致であることの方が、社会的混乱を招くことが少なくないように思われる。

2　本件規定は、生殖に関する自己決定権であるリプロダクティブ・ライツの侵害という面においても重大な問題を抱える。この点については、前掲最高裁平成31年1月23日第二小法廷決定の共同補足意見においても、性別適合手術による卵巣又は精巣の摘出が、生命ないし身体に対する危険を伴うとともに、生殖機能の喪失という重大かつ不可逆的な結果をもたらすと指摘されていたところである。リプロダクティブ・ライツも、憲法13条により保障される基本的人権と解してよいと思われるところ、自認する性別と法的性別を一致させるために、自己の生殖能力を喪失させる生殖腺除去手術を不本意ながら甘受しなければならないことは、過酷な二者択一を迫るものであり、リプロダクティブ・ライツに対する過剰な制約であると考える。

リプロダクティブ・ライツについては、身体への侵襲を受けない自由とは別に保障されていると解することもできるが、身体への侵襲を受けない自由に包摂されるという理解もあり得ると思われる。すなわち、2011年（平成23年）、ドイツの連邦憲法裁判所は、性別取扱いの変更について生殖能力喪失を要件とする規定を違憲であると判示したが、そこでは、人間の生殖能力は、基本法2条2項によって保護されている身体不可侵の権利の要素であると述べられている。

3　私見によれば、身体への侵襲を受けない自由のみならず、本件のように、性同一性障害者がその性自認に従った法令上の性別の取扱いを受けることは、幸福追求にとって不可欠であり、憲法13条で保障される基本的人権といえると思われる。身体への侵襲を受けない自由との関連で問題になるのは本件規定及び5号規定に限られるが、性自認に従った法令上の性別の取扱いを受ける権利が憲法13条により保障された基本的人権であるとすれば、特例法3条1項の他の規定に関しても、基本的人権への制約が許されるかが問われることになる。

性自認に従った法令上の性別の取扱いを受ける権利が憲法上の権利として認められるという見解は、我が国の学説において有力であるのみならず、海外においても、国際人権法上又は憲法上、かかる権利が保障されるという考え方は、相当に有力であるといってよいと思われる。すなわち、2011年（平成23年）に、ドイツの連邦憲法裁判所は、性別適合手術を性同一性障害者による法的性別の変更のための要件とすることは違憲であると判示したが、その理由として、（ⅰ）基本法2条2項によって保障される個人の身体的不可侵性に対する過剰な制約、及び（ⅱ）人間の尊厳を定める基本法1条1項及び人格の自由を定める基本法2条1項によって保障される基本的人権の過剰な制約、の2点を挙げている。後者の（ⅱ）について、ドイツ連邦憲法裁判所は、人間の尊厳は、人格の保護を求める基本的人権と結合し、自己の性自認の法的な承認を要求すると判示している。また、2017年（平成29年）に、欧州人権裁判所は、法的性別の変更に生殖不能要件を課すことは、欧州人権条約に違反するとしたが、そこにおいては、性同一性障害者の性自認に従った法的性別への変更に生殖不能要件を課すことは、身体的完全性の権利の侵害のみならず性的アイデンティティの権利の侵害についても、欧州人権条約に違反すると判示している。

性自認は多様であるので、性自認に従った法令上の性別の取扱いを受ける利益といっても、その外延が明確性を欠くという議論はあり得るが、特例法2条が定義する性同一性障害者がその性自認に従った法令上の性別の取扱いを受ける利益に限れば、その外延は必ずしも不明確とはいえないと思われる。また、いささかでも外延が不明確であれば、憲法13条後段に基づく新しい基本的人権として認めないという考えをとれば、憲法に列挙されていない新しい基本的人権はおよそ考え難いことになる。当審がこれまで憲法13条後段に基づく新しい基本的人権として明確に認めた「みだりにその容ぼう・姿態（…）を撮影されない自由」（最高裁昭和40年（あ）第1187号同44年12月24日大法廷判決・刑集23巻12号1625頁）、「みだりに指紋の押なつを強制されない自由」（最高裁平成2年（あ）第848号同7年12月15日第三小法廷判決・刑集49巻10号842頁）、「個人に関する情報をみだりに第三者に開示又は公表されない自由」（最高裁平成19年（オ）第403号、同年（受）第454号同20年3月6日第一小法廷判決・民集62巻3号665頁）にしても、いずれも「みだりに」という不確定概念が用いられており、何が「みだりに」に当たるかは決して一義的に明確ではなく、その外延をめぐり学界で多様な議論があり、また、訴訟で争われることがあることは周知のとおりである。さらにいえば、憲法13条以外で規定された基本的人権も、表現の自由や信教の自由を考えれば明らかなとおり、決してその外延は明確ではなく、憲法学者の研究の大部分は、憲法上基本的人権として明記された権利の外延についての様々な解釈の優劣に関するものといってよいと思われる。検索エンジンやSNSの登場によって、表現の自由の外延について新たな議論が必要になったように、技術の進展等を含む社会情勢の変化に伴い、基本的人権の外延は変動の可能性を伴うのであり、変動する外延を確定していく努力は、判例や学説に委ねざるを得ないであろう。また、性自認が多様であり得ることは、日本に固有の事情ではないにもかかわらず、ドイツの連邦憲法裁判所や欧州人権裁判所が、前述のように、性自認に従った法令上の性別の取扱いを受ける権利を基本的人権として承認したことも、外延を完全に明確にできないからといって基本的人権としての承認を拒むのではなく、コアの部分を基本的人権として認めた上で、その外延をより明確化する作業は、その後の判例や学説に委ねるという立場をとったものと思われる。

そして、自認する性別と生物学的な性別が一致する者が誤って自認する性別と異なる性別を戸籍に記載され、その訂正が許されず、生涯、自認する性別と異なる法的性別を甘受しなければならない状況を想像すれば、性自認に従った法令上の性別の取扱いを受ける利益が人格的生存にとって不可欠であることについて、大方の賛同を得られると思われる。さらに、性別変更審判が認められた例は、累計で1万件を超えているが、それによって社会的な混乱が生じていることはうかがわれず、また、特例法に基づく法的性別の変更が記載される戸籍は、一般に公開されないものであり、通常は既に変更されている外見や名に合致した法的性別に変更するものである以上、他者の権利侵害が、性同一性障害者の法的性別の変更に伴って生ずるとは考え難い。したがって、性同一性障害者が性自認に従った法令上の性別の取扱いを受ける利益は、憲法13条によって保障されると考えてよいと思われる。

4　抗がん剤の投与等によって生殖腺の機能が永続的に失われているような特別の事情がある場合には生殖腺除去手術なしに生殖能力が失われることによって本件規定の要件を充足する場合があり得る。5号規定についてもホルモン療法等によって手術をすることなくその要件を満たすことはあり得る。女性から男性への性別変更審判を受けた者については、そのような例が多いという調査結果も存在する。もっとも、5号規定についても、男性から女性への性別変更審判を求める者の場合には通常は手術が必要になるところ、その手術も、身体への侵襲の程度が大きく、生命・身体への危険を伴い得るものである。また、5号規定の要件を充足するための手術は不要な場合であっても、当該要件を満たすために行われるホルモン療法も、重篤な副作用が発生する危険を伴うものである。したがって、5号規定も、性自認に従った法令上の性別の取扱いを受ける権利と身体への侵襲を受けない自由との過酷な二者択一を迫るものであることは、本件規定の場合と異ならないといえる。他方において、5号規定を廃止した場合に社会に生じ得る問題は、もとより慎重に考慮すべきであるが、三浦裁判官、草野裁判官の各反対意見に示されているとおり、上記のような過酷な選択を正当化するほどのものとまではいえないように思われる。したがって、私は、5号規定も、本件規定と同様に違憲であるとする点で、三浦裁判官、草野裁判官の各反対意見に同調する。

そして、抗告人が本件規定及び5号規定以外の特例法の要件を充たしていることは明らかであるから、原決定を破棄し、本件申立てを認める旨の自判をすべきものと考える。

(裁判長裁判官　戸倉三郎　　裁判官　山口　厚　　裁判官　深山卓也　　裁判官　三浦　守　　裁判官　草野耕一　　裁判官　宇賀克也　　裁判官　林　道晴　　裁判官　岡村和美　　裁判官　長嶺安政　　裁判官　安浪亮介　　裁判官　渡　惠理子　　裁判官　岡　正晶　　裁判官　堺　徹　　裁判官　今崎幸彦　　裁判官　尾島　明)

おわりに

筆者のもとには、現在、多くの自治体担当者から相談がひっきりなしに来る。

今回の法律をどのように理解すればよいのだろうか。女性の人権を守れ、女性トイレに入ってくるトランスジェンダーを排除しろとの声にどう対処すればよいのか。

一方で、今回の法律を機にLGBTQの当たり前の権利利益を尊重してほしい、日常的なヘイト的スピーチを始めとする差別と偏見によって日々希死念慮と闘っている性的マイノリティ当事者らの権利利益を、他の人々の人権と同様に保障してほしい（特権を与えてほしいのではなく、同じレベルで保障してほしいだけ）との声にどうやって応えればよいのだろうか。

［女性の安全・安心、プライバシーを守るVS性的マイノリティの安全・安心という構図］で困っているというのである。

しかし、私はこうした対立構図の議論には与しない。

理由は明白である。行政（職員）は、憲法尊重擁護義務を負い、多様性の尊重規定といえる憲法第13条、差別を禁じる憲法第14条を体現する役割を果たす立ち位置を求められているからである。対立軸を前提として、どちらか一方のみの意見を取り入れ、ジャッジするのが仕事ではない。多様な立ち位置に立ってみて、そこから見える景色を踏まえて、多種多様な人々の多種多様な権利利益を守って、安全安心な共生社会をつくることが行政の使命なのである。

本書はまさに対立ではなく、対立関係を生じさせられている背景や原因を分析し、その対立を解消するための書である[1]。行政実務の羅針盤・指針を提

1　詐称のトイレ利用の問題に論点をフォーカスすべきではない。SNS等で、事実と明らかに異なる言説や噂が広められて対立や不安が煽られる状況を憂う。確かに、トイレ利用に関しては多くの人々の関心事であり、対立が生じやすい論点といえる。しかし、この問題の解決策はハード面でもソフト面でも相当数ある。例えば、ハード面では、男女どちらかのトイレを減らすのではなく、現状の男女別トイレに加えて個室トイレ（オールジェンダートイレや誰でもトイレ等）の種類と

示することを目的として逐条解説を編んだ。

これまでの国会での議論を詳細に辿ることによって、立法者意思としての、立法提案者・政府答弁者の息吹を正確に残すように努めた。紆余曲折はあったものの、法律の目的や基本理念を踏まえ、正しく議論を辿ってみれば、今後の性的マイノリティにかかる施策を着実に進め、安全安心な世の中を築いていく一歩になり得る、そういう土台とし得る法律であるように思う。

きちんと使いこなしていくことを行政現場の職員に求めたい。本書では、そのための基礎資料を手間暇かけて作成した（本書は実際の国会の場での答弁を私自身が視聴・テープ起こし等を行い作成しているので、その意味での正確性は担保されていると考える）。資料編も充実させた。

令和５年７月11日、性的マイノリティにかかる（トイレの利用制限を含む職員の人格的利益を害された事案に関する）最高裁判決が下された。行政へのメッセージとなるので、以下判決から一部抜粋をする。

資料編にも全文をアップしたが、人事院の判断に対し、「具体的な事情を踏まえることなく他の職員に対する配慮を過度に重視し、上告人の不利益を不当に軽視するものであって、関係者の公平並びに上告人を含む職員の能率の発揮及び増進の見地から判断しなかったものとして、著しく妥当性を欠いたものといわざるを得ない。……したがって、本件判定部分は、裁量権の範囲を逸脱し又はこれを濫用したものとして違法となるというべきである。」との判決が下された。全裁判官一致の結論であり、さらに補足意見もつけられている。

宇賀克也裁判官は、「上告人が戸籍上は男性であることを認識している同僚

数を増やすことで対立を解消することができる。またソフト面での人的対応の拡充も必要であろう。様々な理由でトイレ利用が不安な人の相談を受け付け、アウトリーチ的支援を導入したり（様々な行政サービスへのアクセス弱者（被害者等含む）支援としての付き添いや見守り同行支援などの拡充）、又は警察と連携して巡回を強化してもらうなど、行政として対応し得る策は多数考えられるのである。一つのパイの奪い合いの発想に追い込まれ、追い込んでしまっていることから対立が生じるのである。多様で複数の共存・共生のための策を、みんなで出し合って、優しい社会を実現できるはずである。

の女性職員が上告人と同じ女性トイレを使用することに対して抱く可能性があり得る違和感・羞恥心等は、トランスジェンダーに対する理解が必ずしも十分でないことによるところが少なくないと思われるので、研修により、相当程度払拭できると考えられる。」「多様性を尊重する共生社会の実現に向けて職場環境を改善する取組が十分になされてきたとはいえない」「上告人がMtFのトランスジェンダーで戸籍上はなお男性であることを認識している女性職員が抱くかもしれない違和感・羞恥心等を過大に評価し、上告人が自己の性自認に基づくトイレを他の女性職員と同じ条件で使用する利益を過少に評価しており、裁量権の逸脱があり」とする。

長嶺安政裁判官は、「自認する性別に即して社会生活を送ることは、誰にとっても重要な利益であり、取り分けトランスジェンダーである者にとっては、切実な利益である」とする。

渡邉惠理子裁判官・林道晴裁判官は、「性別は、社会生活や人間関係における個人の属性として、個人の人格的な生存と密接かつ不可分であり、個人がその真に自認する性別に即した社会生活を送ることができることは重要な法益として、その判断においても十分に尊重されるべきものと考える。」「女性職員らの利益を軽視することはできないものの、上告人にとっては人として生きていく上で不可欠ともいうべき重要な法益であり、また、性的マイノリティに対する誤解や偏見がいまだ払拭することができない現状の下では、両者間の利益衡量・利害調整を、感覚的・抽象的に行うことが許されるべきではなく、客観的かつ具体的な利益較量・利害調整が必要」「女性職員らの利益が本当に侵害されるのか、侵害されるおそれがあったのかについて具体的かつ客観的に検討されるべき」「上告人に対してのみ一方的な制約を課すものとして公平性を欠くものといわざるを得ない。」「いずれにしても、施設管理者等が、女性職員らが一様に性的不安を持ち、そのためトランスジェンダー（MtF）の女性トイレの利用に反対するという前提に立つことなく、可能な限り両者の共棲を目指して、職員に対しても性的マイノリティの法益の尊重に理解を求める方向での対応と教育等を通じたそのプロセスを履践していくことを強く期待したい。」とする。

今崎幸彦裁判官は、「トランスジェンダーの人々が、社会生活の様々な場面において自認する性にふさわしい扱いを求めることは、ごく自然かつ切実な欲求であり、それをどのように実現させていくかは、今や社会全体で議論されるべき課題」「教訓を挙げるとすれば、この種の問題に直面することとなった職場における施設の管理者、人事担当者等の採るべき姿勢であり、トランスジェンダーの人々の置かれた立場に十分に配慮し、真摯に調整を尽くすべき責務があることが浮き彫りになった」とした。

また、令和５年10月25日には、戸籍上の性別変更を求めていた申立人（戸籍上は男性、性自認は女性）が身体的負担などを理由に、手術せずに性別変更を認めるよう申し立てた事案について、最高裁判所は、性同一性障害者の性別の取扱いの特例に関する法律第３条に規定する５要件のうち、「生殖腺がないこと又は生殖腺の機能を永続的に欠く状態にあること」との要件、いわゆる手術要件について、違憲との判断を下した。具体的には、本件規定は、人格的生存に関わる重要な権利として、憲法13条が保障する意思に反して体を傷つけられない自由を制約しており、手術を受けるか、戸籍上の性別変更を断念するかという過酷な二者択一を迫っているとして憲法に違反して無効であると判断し、2019（平成31）年１月23日の最高裁決定（最高裁平成30年（ク）第269号・裁判集民事261号）を変更したのである。

なお、詳細は資料編に譲るが、この決定には、三浦守、草野耕一、宇賀克也裁判官による外観要件（５要件）も違憲であるとの重要な反対意見が付けられている。

どのような社会を私達が作っていくべきかについて、人権尊重の砦としての最高裁判所からのこれらのメッセージを重く受け止め、行政（立法）に反映していかねばなるまい。

最後に本書の結びとして、①最高裁の決定の一部と、②東京高裁判決の一部をそれぞれ一部引用抜粋して、行政担当者へのメッセージにかえたい。

① 最高裁令和５年10月25日決定

上記最高裁決定には、次の記述がある。

「(4) 性同一性障害を有する者を取り巻く社会状況等」の項目において、

「また、地方公共団体においては、平成25年に、東京都文京区で性自認等を理由とする差別的な取扱いその他の性別に起因する人権侵害を行ってはならない旨の条項を含む条例が制定されて以降、相当数の地方公共団体の条例において同趣旨の条項が設けられている。」

この条例は、筆者が立案担当者として、当時は未だ先例がなく、国や他の行政機関からの十分な理解が進まない中で、当事者の方々の様々な声をアウトリーチして収集し、意見交換を行い、更に議会や関係機関に何度も説明を重ね、粘り強く働きかけて全身全霊をかけて制定したものである。

全国の自治体の先駆けとなる条例として、今回の画期的な違憲決定に至る最高裁判所の決定文に、自らの取組が記述されていることを発見し、驚きとともに、公職にある者として、自己の役割と責任の果たし方が評価されたことは、感慨深い。

行政担当者がその担当ポストにいる意味、そして、権限と責任を担う行政担当者の使命感の果たし方について、皆さんにも考えてほしいし、感じてほしい。

もう一つ、この分野における金字塔ともいうべき東京高裁判決がある。筆者自身が行政担当者として何度も読み込んだ判決である。裁判官の熱い血潮を感じる。

② 東京高裁平成９年９月16日判決

「平成二年当時は、一般国民も行政当局も、同性愛ないし同性愛者については無関心であって、正確な知識もなかったものと考えられる。しかし、一般国民はともかくとして、都教育委員会を含む行政当局としては、その職務を行うについて、少数者である同性愛者をも視野に入れた、肌理の細かな配慮が必要であり、同性愛者の権利、利益を十分に擁護することが要請されているものというべきであって、無関心であったり知識がないということは公権力の行使に当たる者として許されないことである。このことは、現在ではもちろん、平成二年当時においても同様である。」（損害賠償請求控訴（東京都府中青年の家）事件　東京高裁平成6年（ネ）1580号平成9年9月16日第4民事部判決・判例タイムズ986号206頁）[2]

本書上梓に当たり、第一法規株式会社の小野寺佳奈子さん、西島理津子さんが一緒に伴走してくださいました。本当にありがとうございます。この場を借りて厚くお礼申し上げます。

2023（令和5）年11月吉日

～今、生きづらさを抱えた人々が少しでも生きやすい社会を創っていくために
そして、未来の子どもたちの一人ひとりの笑顔を創っていくために

日本大学大学院危機管理学研究科教授
日本大学危機管理学部教授　鈴木秀洋

2　鈴木秀洋『自治体職員のための行政救済実務ハンドブック（改訂版）』（第一法規、2021年）事例17で紹介検討をしている。

なお、筆者もパネリストとして参加した2023年度九州弁護士会連合会第76回定期大会シンポジウム『虹をかけよう、LGBTQ＋と、SOGIEと、それから私、』（2023年9月22日城山ホテル鹿児島エメラルドホール、九州弁護士会連合会・鹿児島県弁護士会）において、シンポジウム実行委員会委員長新倉哲朗弁護士（前鹿児島弁護士会会長）は、「我々は、「LGBTQ＋の人たちがかわいそうだから助けましょう」と考えているものではありません。SOGIEは人それぞれ違うことを理解し、自分のSOGIEと異なる人を排斥したり、攻撃したりしない、寛容な社会を求めるものです。言い換えれば、性の多様性を認め、これを尊重し、差別や偏見のない社会を目指すものです。我々は、基本的人権を擁護し、社会正義の実現を使命とする弁護士です。少数者の人権を守ることこそ弁護士の本分なのであり、LGBTQ＋／SOGIEの問題は、まさしく弁護士が対処すべき人権問題だということを強く意識すべきものと考えます。そのための一助となるよう、本シンポジウムを開催するものです。」と述べている（大会冊子一部引用）。

著者紹介

鈴木　秀洋（すずき　ひでひろ）

日本大学大学院危機管理学研究科教授・同危機管理学部教授

【研究分野】DEI（Diversity, Equity & Inclusion）、こども、ジェンダー、災害（要配慮者・ジェンダー）、虐待・DV・ストーカー対策、行政と刑事の架橋、福祉と保健・医療と教育との連携、学校事故・学校防災、多機関連携・地域連携など、多様な一人ひとりの命（心と体）を継続的に守り抜くための法制度設計や運用について学際的に研究するとともに、実務に具体的に還元する実践活動を行っている。授業としては、行政法、地方自治法、災害・危機管理法制のほか、社会安全政策と法（中大院）、自治体政策訟務（明大院）も担当する。講演・授業では、日々のニュース（紛争、裁判例含む）を行政法・地方自治法の理念や原理原則の観点から切り込み、実務の分析・具体的改善提言まで行う講義が人気である。

【略歴】元文京区子ども家庭支援センター所長、男女協働課長、危機管理課長、総務課課長補佐（秘書総括）、監査事務局主査、総務部文書係、東京23区法務部等。

【資格・所属学会】法務博士（専門職）、保育士。日本公法学会、警察政策学会、日本子ども虐待防止学会、ジェンダー法学会、日本公衆衛生看護学会等。

【審議会委員歴等】［厚労省・こども家庭庁］児童虐待（市町村の制度設計含む）関係。［内閣府］男女共同参画の視点からの防災・復興、防災研修プログラム、ストーカー被害者支援マニュアル。［東京都］防災会議委員、国民保護協議会委員、避難所運営WG等。その他北海道から沖縄県まで、全国の県・政令市・市区町村の審議会、死亡・重大事件・事故調査委員会等で会長・委員長職を務める。

【主要著書等】〔単著・編著〕『必携市区町村子ども家庭総合支援拠点スタートアップマニュアル』（明石書店、2021）、『自治体職員のための行政救済実務ハンドブック改訂版』（第一法規、2021）、『虐待・DV・性差別・災害等から市民を守る社会的弱者にしない自治体法務』（第一法規、2021）、編著『子を、親を、児童虐待から救う』（公職研、2019）、編著『行政法の羅針盤』（成文堂、2020）等。

〔共著〕『行政訴訟の実務』（第一法規、加除式）、『行政不服審査の実務』（第一法規、加除式）、『家族の変容と法制度の再構築―ジェンダー／セクシュアリティ／子どもの視点から』（法律文化社、2022）、『行政法学の変革と希望―傘寿を記念して』（信山社、2023）等。

詳細は、HP鈴木秀洋研究室：https://suzukihidehiro.com/をご参照ください。

サービス・インフォメーション

通話無料

①商品に関するご照会・お申込みのご依頼
TEL 0120(203)694／FAX 0120(302)640
②ご住所・ご名義等各種変更のご連絡
TEL 0120(203)696／FAX 0120(202)974
③請求・お支払いに関するご照会・ご要望
TEL 0120(203)695／FAX 0120(202)973

●フリーダイヤル(TEL)の受付時間は、土・日・祝日を除く
9:00～17:30です。
●FAXは24時間受け付けておりますので、あわせてご利用ください。

自治体職員のための
LGBTQ 理解増進法逐条解説ハンドブック

2023 年 12 月 25 日　初版発行

著　　者　鈴　木　秀　洋
発 行 者　田　中　英　弥
発 行 所　第一法規株式会社
〒107-8560　東京都港区南青山2-11-17
ホームページ　https://www.daiichihoki.co.jp/

LGBTQ自治　ISBN 978-4-474-09421-5　C2032（9）